Andreas Buchholz · Wolfram Wördemann
DER WACHSTUMS-CODE
FÜR SIEGERMARKEN

Andreas Buchholz · Wolfram Wördemann

DER WACHSTUMS-CODE FÜR SIEGERMARKEN

Econ

Besuchen Sie den Econ-Verlag im Internet:
http://www.econ-verlag.de

Der Econ Verlag ist ein Unternehmen
der Econ Ullstein List Verlag GmbH & Co. KG

ISBN 3-430-11581-7

Lektorat: Markus Kohler
Gesetzt aus der Optima bei Franzis print & media GmbH, München
Druck und Bindung: Graphischer Großbetrieb Pößneck

Für Zdenka. Für Arnold. Und für Kathy.

INHALT

ÜBERBLICK

Der Weg zu einer neuen Methode
Wie wir bei Siegermarken aus aller Welt jene *Wachstums-Codes* entdeckten, die deren Wachstum auslösten
Portal 1: Nutzen und Vorteil
Wie Sie gezielt einen *virtuellen Mehrwert* für Ihre Marke erschaffen, wo ein faktischer Qualitätsvorteil fehlt
Portal 2: Normen und Werte
Wie Sie an Pflichtbewusstsein, Eitelkeit, Ehre und Moral des Verbrauchers appellieren, um den Markterfolg zu steigern
Portal 3: Wahrnehmung und Programmierung
Wie Sie Ihre Marke in der Wahrnehmung des Verbrauchers grundsätzlich und dauerhaft verändern
Portal 4: Identität und Selbstdarstellung
Wie Sie Ihre Marke zum »Sprachrohr« machen, mit dem der Verbraucher etwas Faszinierendes über seine Persönlichkeit ausdrücken kann
Portal 5: Emotionen und Liebe
Wie Sie *so starke Gefühle* für Ihre Marke wecken, dass der Verbraucher sie »aus Liebe« kauft
So arbeitet man mit Wachstums-Codes
Wie Sie scheinbar unlösbare Markenprobleme mit Wachstums-Codes bewältigen
Wachstums-Codes im Internet-Zeitalter
Wie Sie im Internet mit den Wachstums-Codes arbeiten können

Wachstums-Codes – was steckt dahinter?

Es gibt etwas, das so gut wie alle Siegermarken der Welt gemeinsam haben: Sie arbeiten – ob absichtlich oder intuitiv – mit **universellen Wachstums-Codes**. Darunter verstehen wir verblüffende Gesetzmäßigkeiten, die Sie anwenden können, um den Absatz Ihres Produktes oder Ihrer Dienstleistung gezielt zu steigern.

Was steckt dahinter? Wir haben sechs Jahre lang aus über 20 000 Marken die allerbesten analysiert, nämlich 1 045 Siegermarken aus allen Ländern und Branchen. Alles Marken, die jährlich zwei- oder sogar dreistellige Wachstumsraten erzielen. Dabei hat uns eines interessiert: Was machen diese Siegermarken anders als die überwältigende Flut von Marken, die wenig oder gar nicht wachsen? Wie lösen sie in den Köpfen von Millionen Verbrauchern diesen »Klick« aus, der zum Kauf animiert?

Das Ergebnis unserer Forschung sind *Wachstums-Codes*, die man praktisch anwenden kann, um sogar scheinbar hoffnungslose Marken wieder auf Erfolgskurs zu bringen:

• Wie mausert sich ein unbekanntes Katzenfutter zu einer der Topmarken des Landes, obwohl es keinerlei Qualitätsvorteil gegenüber den großen etablierten Wettbewerbern aufweist?

- Wie verdreifacht ein mittelmäßiger Automobilclub die Zahl seiner Neumitglieder, obwohl er keine besonderen Leistungs- oder Servicevorteile gegenüber den mächtigen Marktführern aufweisen kann?

- Wie kann eine weltweit führende Sportartikelmarke ausgerechnet die eigenwilligen Skateboarder erobern, die »Massenmarken« grundsätzlich ablehnen?

Solche Erfolge können Sie mit Hilfe von Wachstums-Codes gezielt erreichen. Auf den folgenden 200 Seiten werden wir Ihnen die Methode vorstellen, mit der *jede* Marke wachsen kann.

VORWORT

Was gibts Neues?

Falls Sie unser erstes Buch »Was Siegermarken anders machen« schon kennen, werden Sie sich wahrscheinlich fragen, welche Neuigkeiten es nun gibt.

Tatsächlich ist in den vergangenen zwei Jahren viel passiert. Unsere neue Vermarktungsmethode hat sich um einen Quantensprung weiterentwickelt.

Aus unserer *Studie* über die erfolgreichsten Marken der Welt ist nun eine ausgereifte *Methode* geworden, die mittlerweile von namhaften nationalen und internationalen Unternehmen eingesetzt wird. Im Mittelpunkt dieser Methode stehen die so genannten **Wachstums-Codes**. Darunter verstehen wir universelle Gesetzmäßigkeiten, mit denen Sie im Kopf des Verbrauchers gezielt jenen »Klick« auslösen können, der zum Kauf animiert.

Was ist im Einzelnen neu?

1. *Mehr Forschung:* Wir haben aus weiteren 10 000 Marken die erfolgreichsten 5 Prozent herausgefiltert, um ihren Erfolgsfaktoren auf die Spur zu kommen.
2. *Neue Erkenntnisse:* Dieses Buch enthält 50 Prozent völlig neuer strategischer Prinzipien, Techniken, Schachzüge. Der gesamte Inhalt wurde auf der Basis neuer Erfahrungen fundamental überarbeitet, geschliffen und zugespitzt.
3. *Neue Fallstudien:* Wir stellen Ihnen circa 35 neue Fallbeispiele vor, die zeigen, wie Marken durch geniale strategi-

sche Manöver scheinbar ausweglose Situationen meistern.

4. *Mehr praktische Anwendung:* Die neuen Wachstums-Codes sind auf den praktisch denkenden Markenprofi zugeschnitten, der selbst Siegermarken aufbauen möchte.

5. *Übungsbeispiele:* Sie können Ihre eigenen strategischen Erfahrungen an einigen verzwickten Fallstudien testen (wir bieten natürlich mögliche Lösungswege an).

6. *Anbindung an das Internet-Zeitalter:* Sie erfahren, wo Sie die Wachstums-Codes im Internet finden, um dort im Dialog mit einem Großrechner verblüffende neue Strategien für Ihre Marke zu entwickeln.

Für die Leser, die »Was Siegermarken anders machen« noch nicht kennen, haben wir uns erlaubt, eine Auswahl der spektakulärsten Fallstudien, unsere »Klassiker«, noch einmal zu zitieren. Wir bitten dafür um Verständnis.

Übrigens hat die Entdeckung der Wachstums-Codes schon jetzt ein beträchtliches internationales Interesse geweckt. Die englischsprachige Lizenz dieses Buches wird vom Verlag Wiley&Sons weltweit vertrieben.* Und was uns besonders gefreut hat: Demnächst erscheinen die »Siegermarken« sogar in chinesischer Sprache.

Wir wünschen Ihnen viel Spaß beim Lesen!

Andreas Buchholz   *Wolfram Wördemann*

---

* »What makes winning brands different. The hidden method behind the world's most successful brands«, Wiley&Sons 2000

DER WEG ZU EINER NEUEN METHODE

1. Die Marketingkatastrophe

Wenn Sie heute zum Einkaufen einen Verbrauchermarkt betreten, stehen Sie etwa 30 000 Artikeln gegenüber – und das ist nur ein Bruchteil aller Produkte und Dienstleistungen, die täglich um Ihre Aufmerksamkeit ringen. Das Angebot für den Verbraucher explodiert geradezu – allein in den letzten zwei Jahrzehnten hat es sich mehr als verdoppelt. Gleichzeitig schrumpft aber die Zahl der Verbraucher. In den USA, in Europa und Japan wird sich die Zahl der Konsumenten aufgrund der geringen Geburtenrate in den kommenden zwei Generationen halbieren. Zwar entwickeln sich die neuen Märkte – China, Indien und Südamerika – weiter, aber nicht schnell genug, um die Verluste auszugleichen.

Immer mehr Produkte für immer weniger Konsumenten. Hier bahnt sich eine Marketingkatastrophe an. Sie wird dadurch verstärkt, dass sich Produkte und Dienstleistungen qualitativ immer mehr einander angleichen. Oft ist es unmöglich, attraktive Verkaufsargumente zu finden, die das eigene Produkt von der Konkurrenz abheben. Worin unterscheiden sich beispielsweise konkurrierende Waschmittel, Papiertaschentücher oder Radios voneinander? Ganz zu schweigen von Zigaretten, Mineralwasser oder Biersorten? Schon heute erlebt der Verbraucher 70 Prozent der Produkte einer Branche als qualitativ austauschbar. Kürzlich stellte sich bei einem Test sogar heraus, dass Topmanager deutscher Bierbrauereien nicht in der Lage sind, mit verbundenen Augen ihr eigenes Bier am Geschmack zu erkennen. Wie soll es also der Verbraucher können? Es ist nicht verwunderlich, dass der *Preis* mehr und mehr zum entscheidenden Kaufkriterium wird. Discountmarken wachsen weltweit am stärksten. Und diese Tendenz verstärkt sich durch den E-Commerce, denn über das Internet werden Märkte und Preise transparenter als je zuvor.

Gleichwertige Produkte im Preiskrieg – ein zweiter Faktor der Marketingkatastrophe. Es gibt aber auch einen dritten, nämlich die Informationsüberflutung des Verbrauchers. In den USA hat sich die Zahl der TV-Stationen von 96 im Jahre 1950 auf 1216 im Jahr 1999 erhöht. Im gleichen Zeitraum haben sich die Media-Ausgaben mehr als vertausendfacht: von 170 Millionen US-Dollar (im Jahr 1950) auf 210 Milliarden (im Jahr 1999). Die explosionsartige Entwicklung der Medienlandschaft führt aber nur begrenzt zu einer intensiveren Nutzung von Medien. Eine Untersuchung zeigt beispielsweise, dass amerikanische Haushalte mit mehr als 80 TV-Kanälen durchschnittlich nur etwa 15 (!) davon nutzen. Vier von fünf Kanälen bleiben also ungenutzt. Der Verbraucher wird mit Informationen überfüttert, die er unmöglich verarbeiten kann. Wissenschaftler gehen sogar davon aus, dass die Menschen heute höchstens 2 bis 3 Prozent der Informationen wahrnehmen, die täglich auf sie niedertrommeln.

Aus all diesen Gründen scheitern unzählige Marken. Etwa 40 bis 60 Prozent müssen bereits im Jahr ihrer Einführung aufgeben. Entsprechend gering ist die Wirksamkeit von Werbekampagnen: Der New Yorker Professor John Philip Jones fand heraus, dass nur 46 Prozent der 2000 von ihm untersuchten Markenkampagnen in den USA über einen Beobachtungszeitraum von zwölf Monaten den Absatz positiv beeinflussten. 54 Prozent der Werbeausgaben verpuffen also wirkungslos – das macht über 100 Milliarden US-Dollar pro Jahr. Jede Markenkampagne hat also nur eine statistische Chance von etwa 50:50, überhaupt etwas zu bewegen – ähnlich wie bei einem Glücksspiel.

So katastrophal sehen die Bedingungen für die Vermarktung von Produkten heute aus. Nicht nur in den USA, sondern in praktisch allen westlichen Industrieländern. Aber damit genug der negativen Schlagzeilen. Zum Glück gibt es auch ein paar gute Nachrichten ...

2. Ein neuer Denkansatz

In allen Branchen und Ländern gibt es einige wenige Marken, die trotz der schwierigen Marktbedingungen überaus erfolgreich sind. Das zeigt beispielsweise ein Blick auf die großen Weltmarken, deren Wert von der Zeitschrift *Financial World* ermittelt wurde. Jede von ihnen hat über die Jahre einen Milliardenwert aufgebaut und beweist damit eindrucksvoll, dass Markenführung sich lohnt – wenn man es nur richtig macht ...

	Markenwert in Mio. US-Dollar
Coca-Cola	48 000
Marlboro	47 600
McDonald's	19 900
Walt Disney	17 100
Sony	14 700
Kodak	14 400
Intel	13 300
Gillette	12 000
Budweiser	12 000
Nike	11 100
Kellogg's	10 700
Nescafé	10 300
Pepsi	9 300
Levi's	8 200

Wohlgemerkt: Hier wurde der reine Wert der *Marken* ermittelt, nicht die dahinter stehenden *Firmen*. Sämtliche Herstellungskosten wie Fabriken, Maschinen, Material, Personal und Vertrieb sind in den Beträgen also gar nicht enthalten. Ausgewiesen ist der reine Markenwert, der sich Jahr für Jahr in den Bilanzen niederschlägt. Aber warum sollen wir uns darauf beschränken, nur die Erfolgsstorys der weltgrößten Marken anzuschauen? Es gibt in allen Ländern und Branchen einige wenige Marken, die jährlich zwei- bis dreistellige Zuwachsraten erzielen.

Auf der einen Seite die Marketingkatastrophe, unter der mindestens 50 Prozent aller Marken leiden. Auf der anderen Seite eine kleine Gruppe der Top-5-Prozent-Marken mit astronomischen Zuwachsraten. Daraus ergibt sich fast zwangsläufig eine provozierende Frage, nämlich: Was machen die Siegermarken anders? Diese einfache Frage ist für uns in den letzten Jahren zum Mittelpunkt einer umfassenden Forschungsarbeit geworden.

Die Idee: **den Erfahrungsschatz der erfolgreichsten Marken der Welt *systematisch* zu erschließen und praktisch nutzbar zu machen – für Produkte und Dienstleistungen aller Art.**

Bisher sind die weltbesten Marken noch nie systematisch untersucht worden. Jetzt ist es an der Zeit, ihre Erfolgsgeheimnisse zu analysieren, denn Siegermarken bergen einen Erfahrungsschatz von unermesslichem Wert. Sie sind wie eine Goldmine, die immer noch brachliegt. Wir wollen sie erschließen und die Ergebnise so aufbereiten, dass man komfortabel damit arbeiten kann. Bei unserer Analyse konzentrieren wir uns bewusst auf die Top-5-Prozent-Siegermarken, weil diese tatsächlich *überragende* Erfolge verbucht haben. Jedes Jahr wuchsen sie um 10 Prozent, 30 Prozent, 50 Prozent oder sogar noch mehr. – Was machen diese Siegermarken anders? Der Markterfolg lässt sich nicht nur mit exzellenter Qualität erklären. Die weniger erfolgreichen Wettbewerber von *Marlboro, Levi's, Bacardi, Wrigley's* oder *Kodak* machen sicherlich auch sehr gute Produkte. Das Geheimnis der Siegermarken muss einen anderen Grund haben als Qualität, und es lohnt sich, danach zu suchen.

Warum gab es bisher noch keine Siegermarkenanalyse? Dafür gibt es eine einfache Erklärung: Es ist nämlich äußerst schwierig, verschiedene Marken miteinander zu vergleichen, die auf den ersten Blick keine Gemeinsamkeiten haben: zum Beispiel eine Biermarke aus Australien, eine Versicherungsgesellschaft aus den USA, ein Scheuermittel aus Skandinavien und ein Reiseveranstalter aus Japan. Stellen Sie sich vor, Sie stehen vor einem Regal, in dem die Erfolgsstorys von über 1000 solcher Siegermarken in dicken Aktenordnern abgelegt sind. Wie würden Sie vorgehen, um ihre Erfolgsformeln auf einen gemeinsamen Nenner zu bringen? Unmöglich, denken viele, denn es handelt sich um 1000 absolut individuelle Fälle – *spezifische* Produkte, die in einer *spezifischen* Marktsituation gegenüber einer *spezifischen* Zielgruppe einen durchschlagenden Markterfolg erzielt haben. Es bringt daher wenig, die Siegermarken einfach nur zu *katalogisieren* – nach Alphabet, Branchen, Ländern oder Zielgruppen. Wir müssen viel tiefer in die Marken eindringen, um ihnen ihre Geheimnisse zu entlocken. Aber wie? Unsere Überlegungen führten zu folgender Idee:

Die Forschungsfrage: **Wie sprechen die Siegermarken im Kopf des Verbrauchers ein Kaufmotiv an? Wie lösen sie jenen »Klick« aus, der zum Kauf animiert?**

Es ist doch logisch: Jede stark wachsende Marke spricht im Kopf des Verbrauchers ein Kaufmotiv an – sei es nun ein sachliches Nutzenversprechen oder ein psychologisches beziehungsweise emotionales Kaufmotiv. Umgekehrt gesagt: Keine Marke der Welt wird groß, *ohne* im Kopf der Verbraucher jenen »Klick«auszulösen.

3. Sechs Jahre Forschung

Wir stellen ein Forschungsteam zusammen, das im Laufe von sechs Jahren insgesamt 1045 Siegermarken aus aller Welt auswählt. Jede Marke gehört zu den Top-5-Prozent ihrer Branche. Alle zusammen bilden die Spitze eines Eisbergs, der über 20 000 Marken umfasst. Alle wichtigen Branchen werden berücksichtigt, nämlich

- Food,
- Nonfood,
- Gebrauchsgüter,
- Investitionsgüter und
- Dienstleistung.

Die Siegermarken haben wir rund um den Globus aufgespürt: in den USA, Europa, Südamerika, Asien und Australien. Es handelt sich überwiegend um Fallstudien, die von Marketinginstituten, in Fachjournalen oder im Internet veröffentlich wurden. Ihre herausragenden Wachstumsquoten sind belegt. Einige internationale Konsumgüter-Hersteller haben uns freundlicherweise interne Daten über ihre eigenen Siegermarken zur Verfügung gestellt. (Wir werden zwar bei den meisten der von uns zitierten Fallstudien die positive Marktentwicklung mit Daten belegen, können dies aber aus Gründen der Vertraulichkeit nicht in jedem Fall tun.)

Bewusst haben wir uns für eine *branchenübergreifende* Markenanalyse entschieden. Warum? Weil wir unseren Blickwinkel unnötig verengen, wenn wir nur *innerhalb* einer Branche nach Erfolgsfaktoren suchen. Es ist schließlich nur allzu offensichtlich, dass heute hunderte von Auto-, Waschmittel- oder Bierkampagnen auf der ganzen Welt einander gleichen wie ein Ei dem anderen. Kein Wunder, denn sie haben immer nur versucht, aus der eigenen Branche zu lernen, und damit eine höchst unproduktive »Markeninzucht« betrieben. Große neue Ideen entstehen erst, wenn wir die Branchenbrille ablegen und den Kopf für Inspirationen anderer Branchen öffnen. Etliche

Großkonzerne haben bereits damit begonnen. *Kraft Jacob Suchard* stellt Markenprofis aus der Zigarettenindustrie an, *Mercedes-Benz* kauft Quereinsteiger von *Coca-Cola* ein. Natürlich haben die *Produkte* beider Firmen keine Gemeinsamkeiten. Der Ingenieur von *Mercedes-Benz* kann vom *Coca-Cola*-Experten nicht lernen, bessere Autos zu bauen. Aber beide können sich sehr wohl darüber austauschen, wie man Marken macht.

4. Die Entdeckung der Wachstums-Codes

Sechs Jahre später. Die Ergebnisse unserer Studie liegen vor. Nach vielen tausend Arbeitsstunden haben wir nun eine recht klare Vorstellung darüber, was Siegermarken anders machen ...

Die Entdeckung: **Siegermarken befolgen ganz präzise, aber universelle Gesetzmäßigkeiten, mit denen sie im Kopf des Verbrauchers ein Kaufmotiv aktivieren. Diese Gesetzmäßigkeiten nennen wir Wachstums-Codes.**

Mithilfe der Wachstums-Codes können Sie beispielsweise ein neues emotionales Kaufmotiv für eine ganz normale Biermarke finden. Oder für eine Automarke, deren Absatz seit Jahren abnimmt. Oder für eine Versicherung, die der Verbraucher als teuer empfindet. Zugegeben, das klingt noch sehr abstrakt. Wie sieht ein Wachstums-Code in der Praxis aus? Das schauen wir uns am besten an einem Beispiel an:

Die Aufgabe:
Vermarkten Sie ein Fruchtsaftgetränk!

1. Das Problem: Sie wollen ein kränkelndes Fruchtsaftgetränk wieder auf Erfolgskurs bringen. Bei einer Marktforschungsstudie stellt sich jedoch heraus, dass die Verbraucher Ihr Getränk wässriger, künstlicher, süßer und weniger fruchtig finden als die richtigen 100-prozentigen Säfte. Es gibt also kein klares Kaufmotiv. Wie machen Sie trotzdem innerhalb weniger Monate aus diesem Getränk eine stark wachsende Marke? Denken Sie bitte einen Moment darüber nach, bevor Sie weiterlesen ...

2. Der Wachstums-Code: Eine Analyse des Problems führt zu einem Wachstums-Code, den wir das »Kategorie-Prinzip« nennen. Es besagt: *»Positionieren Sie Ihre Marke überraschend in eine andere geistige Schublade als bisher, wo es seine Stärken besser entfalten kann.«*

3. Die Anwendung des Codes: Wir überlegen: Bisher hat der Verbraucher unser Fruchtsaftgetränk in die »Saft-Schublade« eingeordnet und daher mit den hochwertigen 100-prozentigen Säften verglichen. Jetzt sollen wir unsere Marke in eine *andere* Schublade positionieren, die mehr Erfolg verspricht – aber in welche? Zum Beispiel zu den Softdrinks! Das klingt viel versprechend: Wir vermarkten unser Fruchtsaftgetränk wie einen Durstlöscher, der sich in Zukunft gegen *Coca-Cola*, *Fanta* und *Sprite* behaupten muss. Überprüfen wir die drei Erfolgsfaktoren:

– *Akzeptanz:* Akzeptiert der Verbraucher unser Getränk als »Durstlöscher«? – Wir glauben schon, denn es ist – wie oben erwähnt – eher wässrig bzw. dünnflüssig, also gut gegen Durst.
– *Marktgröße:* Bietet die neu gewählte Schublade mehr Wachstumschancen als die bisherige? Auch das trifft zu, denn der Softdrinkmarkt ist nämlich bis zu zehnmal größer als der Saftmarkt.

– *Alleinstellung:* In der neuen geistigen Schublade vergleicht sich unser Produkt nun mit Colas und Limonaden – und wirkt plötzlich wie ein Star: nämlich gesünder, fruchtiger, weniger künstlich und weniger süß. Das heißt, alle Eigenschaften, die vorhin noch negativ erschienen, haben sich durch den Schubladenwechsel plötzlich in positive Eigenschaften verwandelt. Kaufgründe gibt es jetzt also genug.

4. Der Markterfolg: Der Wachstums-Code greift sofort! Mithilfe der »Kategorie«-Strategie wächst unser Fruchtsaftgetränk plötzlich um 35 Prozent pro Jahr.

Es wird deutlich, dass das Kategorie-Prinzip nicht nur als spezifische Strategie für eine spezifische Marke in einer spezifischen Marktsituation taugt. Man kann es vielmehr auf alle Branchen anwenden – ob Lebensmittel, Gebrauchsgüter, Investitionsgüter, Dienstleistungen oder Firmen. Ein einziger Wachstums-Code kann unzählige verschiedene Marken wieder in Fahrt bringen. In den folgenden Kapiteln werden wir Ihnen noch 25 weitere Wachstums-Codes vorstellen, die ebenso leistungsfähig sind.

Zum Wachsen braucht eine Marke nicht nur einen Markenkern, sondern gleichzeitig auch einen Wachstums-Code. Dass ein starker Markenkern allein nicht ausreicht, sehen wir am Beispiel jener »Marken-Dinosaurier«, die langsam dahinsiechen, obwohl sie zweifellos über einen starken Markenkern verfügen (z. B. der Cadillac). Man muß ihnen einen Wachstums-Code einpflanzen, damit sie den Verbraucher wieder zum Kauf aktivieren.

5. Die b l w-Methode

Die Wachstums-Codes bilden die Basis einer neuen Marketing-Methode, die wir blw-Methode (BuchholzlWördemann-Methode) nennen. Wie man damit arbeitet, haben wir bereits am obigen Fruchtsaftbeispiel vorgestellt. Im siebten Kapitel (»So arbeitet man mit Wachstums-Codes«) werden wir noch sehr viel genauer darauf eingehen. Wie finden Sie aber nun den richtigen Wachstums-Code möglichst schnell und komfortabel? Um Ihnen die Orientierung zu erleichtern, unterscheiden wir fünf große Zugänge – oder Portale – zum Kopf des Verbrauchers:

1. Nutzen und Vorteil
2. Normen und Werte
3. Wahrnehmung und Programmierung
4. Identität und Selbstdarstellung
5. Emotionen und Liebe

Jetzt stellt sich natürlich die Frage, wie sich diese fünf Portale genau gegeneinander abgrenzen. Hier ein kurzer Überblick:

Portal 1: Nutzen und Vorteil
KERNTHESE: **»Der Verbraucher bevorzugt Ihre Marke, weil sie ihm einen einzigartigen (virtuellen) Nutzen bietet.«**
Oft schwört der Verbraucher Stein und Bein, dass »sein« Bier am hochwertigsten sei oder »seine« Zahncreme am besten gegen Karies schützt – obwohl es dafür keine faktischen Beweise gibt. Solche Marken genießen einen rein »virtuellen« Qualitätsvorsprung, der so tief im Kopf des Verbrauchers verankert ist, dass sich die Käufer nicht einmal zu einem »faktisch« besseren Produkt bekehren lassen. Es gibt bewährte Wachstums-Codes, mit denen man einen solchen »virtuellen« Mehrwert aufbauen kann.

Es ist allerdings gar nicht unbedingt erforderlich, über Qualität und Nutzen zu sprechen, um eine Siegermarke aufzubauen. Werfen wir einen Blick hinter die vier weiteren Portale zum Kopf des Verbrauchers. Dahinter finden Sie Wachstums-Codes, die auf ganz andere Weise zum Kauf animieren ...

Portal 2: Normen und Werte

KERNTHESE: **»Der Verbraucher bevorzugt Ihre Marke, um einen inneren Konflikt (mit seinen Normen und Werten) zu vermeiden oder zu lösen.«**

Normen und Werte beeinflussen unser Verhalten – von früh bis spät, das ganze Leben lang. Sie spielen immer eine Rolle, wenn wir etwas Bestimmtes aus Prinzip, aus Pflichtbewusstsein, Eitelkeit, Dankbarkeit, Rücksicht, Schuld oder Scham tun. Auch bei Kaufentscheidungen sind Normen wichtig, zum Beispiel wenn eine Marke

* bestehende Schuldgefühle beseitigt;
* empfindlich an Stolz, Ehre oder Eitelkeit des Verbrauchers kratzt;
* Tabus aus dem Weg räumt, die den Abverkauf behindern (z. B. Slipeinlagen).

Portal 3: Wahrnehmung und Programmierung

KERNTHESE: **»Der Verbraucher bevorzugt Ihre Marke, weil seine (unbewussten) Wahrnehmungsprogramme exakt darauf ausgerichet sind.«**

Alle menschlichen Wahrnehmungen und Verhaltensweisen werden durch »Programme« in unserem Kopf gesteuert, die teils angeboren, teils im Laufe des Lebens erworben wurden. Auch Kaufentscheidungen hängen wesentlich von solchen Programmen ab. Das einfachste Beispiel dafür ist das »Schubladendenken«: Wenn der Verbraucher ein Hustenbonbon in die geistige Schublade der »Hustenmittel« einsortiert, wird er es unwillkürlich sehr viel seltener kaufen, als wenn er es in die geistige Schublade der »Bonbons« einordnet. Fallstudien *aus allen Branchen* beweisen, dass man eine verblüffende Hebelwirkung auf den Erfolg einer Marke ausüben kann, wenn man unvorteilhafte Wahrnehmungsprogramme gegen vorteilhafte austauscht.

Portal 4: Identität und Selbstdarstellung
KERNTHESE: **»Der Verbraucher bevorzugt Ihre Marke, weil er damit seine (Wunsch-) Identität vor sich selbst und vor anderen markant zum Ausdruck bringen kann.«**

Marken helfen dem Verbraucher, seine Identität zu bestimmen und nach außen plakativ darzustellen. Das gilt für die Modemarken, die Sie bevorzugen. Das Auto, das Sie fahren. Die Zeitschrift, die Sie sich unter den Arm geklemmt haben. Und vielleicht sogar das Waschmittel, das Sie auswählen. Eine einzelne Marke kann ihren Verbraucher umfassend beschreiben, in Sekundenbruchteilen ein *ganzheitliches* Bild über seinen Charakter, seine Persönlichkeit und seine Identität entwerfen. Die Markenwahl kann jemanden als Erfolgsmenschen oder als Verlierer ausweisen, als Proleten oder Snob, als Macho oder als Softie. Mit Hilfe von Siegermarken kann der Verbraucher quasi zum »Regisseur« seiner eigenen Persönlichkeit werden.

Portal 5: Emotionen und Liebe
KERNTHESE: **»Der Verbraucher bevorzugt Ihr Produkt oder Ihre Dienstleistung, weil er die Marke liebt.«**

Es gibt Produkte, die der Verbraucher einfach »liebt«. Denken Sie an Ihren Lieblingspulli, den geliebten Teddybär eines Kindes oder an den Deutschen, dessen Auto sein liebstes Kind ist. Wichtig ist: Es liegt ein Quantensprung dazwischen, ob der Verbraucher eine Marke »sympathisch« findet, oder ob er sie »liebt«. Denn nur Liebe ist ein exklusives Gefühl, das zur Markentreue führt. Übrigens ist eine »geliebte« Marke für den Verbraucher unersetzlich. Genauso, wie man das geliebte Andenken an eine alte Romanze nicht einfach austauschen kann. Auch hier gibt es Wachstums-Codes, mit denen man »Markenliebe« ganz gezielt aufbauen kann.

Die fünf Portale
zum Kopf des Verbrauchers

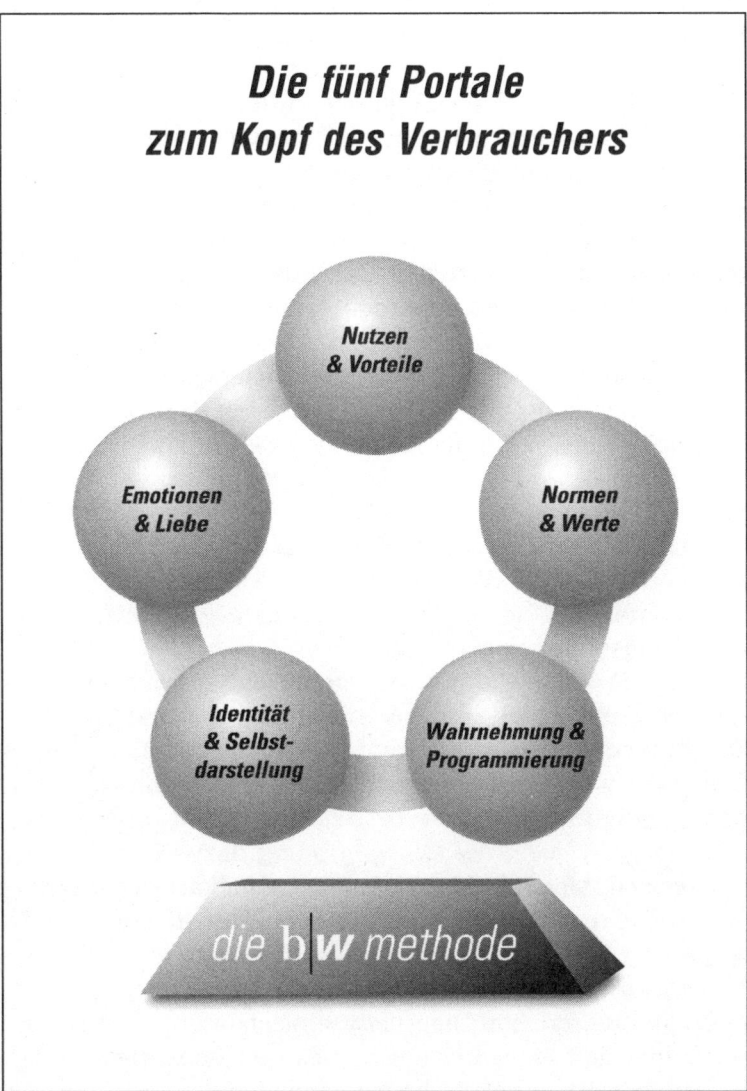

6. Die große Chance

Die blw-Methode ist universell anwendbar – für alle Produkte, Dienstleistungen und Firmen, in allen Ländern der Welt, heute genauso wie in ferner Zukunft. Warum ist das so? Weil sich die Wachstums-Codes *am Gehirn des Verbrauchers* orientieren, das immer nach den gleichen rationalen und emotionalen Gesetzen funktioniert. Ganz gleich, was Sie kaufen – ein Waschmittel oder eine Versicherung. Ganz gleich, ob Sie ein Deutscher oder ein Eskimo sind. Ganz gleich, ob Sie heute einkaufen oder einer Ihrer Nachfahren in tausend Jahren. Das menschliche Gehirn verändert sich nicht – und die Mechanismen der Kaufentscheidung auch nicht. Daraus folgt etwas sehr Wichtiges, nämlich: Wachstums-Codes enthalten *kein* Know-how über Ihren spezifischen Markt oder Ihre spezifische Zielgruppe! Dieses ganze Wissen fließt erst ein, wenn Sie die Wachstums-Codes auf Ihr individuelles Markenproblem *anwenden*. Sie können die Wachstums-Codes umso vielseitiger und effektiver einsetzen, je mehr Sie über Ihr Produkt, die Branche, Verbraucherprofile, Wettbewerbskonstellationen, Zeitgeistströmungen und aktuelle Trends wissen.

Bringen wir es auf den Punkt: Was kann die blw-Methode genau leisten?

> *Die b l w-Methode bietet ein Höchstmaß an <u>Sicherheit</u>, um für jede Marke gezielt einen neuen Wachstumskurs zu finden.*

Dies gilt für Produkte, Dienstleistungen, Firmen aller Art. Ausgenommen sind natürlich solche Marken, die eindeutig überflüssig oder minderwertig sind. Es darf nicht das Ziel sein, den Verbraucher zu überlisten.

Es geht hier also um die *Sicherheit* einer Markeninvestition. Natürlich gibt es keine *absolute* Sicherheit, keine *Garantie* für Wachstum. Aber es gibt eine maximale Annäherung, die wir durch pragmatische Gesetzmäßigkeiten zu erreichen versu-

chen. Worin liegen die Chancen der blw-Methode im Einzelnen?

1. Zugriff auf den weltweiten Erfahrungsschatz

Mit den Wachstums-Codes greifen Sie auf den Erfahrungsschatz der Siegermarken zu. Alle bewährten strategischen
Ansätze, Schachzüge und Kunstgriffe sind darin gespeichert
und komfortabel abrufbar. Sie können konkrete Erfolgsgesetze anwenden, um die Energien und Kräfte zu entfesseln, die
heute noch in Ihrer Marke schlummern. Von Siegermarken
lernen – das halten wir für den sichersten Weg, um *neue* Siegermarken aufzubauen. Allerdings ist die Frage berechtigt, ob
man denn mit dem Erfahrungsschatz *heutiger* Marken auch
etwas völlig Neues, Innovatives, noch nie Dagewesenes *für
die Zukunft* entwickeln kann. Ja, man kann. Denn Wachstums-Codes machen es möglich, dass alle Branchen sich
gegenseitig »befruchten«, so verschieden sie auch sein
mögen. Biermarken lernen von Zigarettenmarken, Pharma-
marken von Konsumgütermarken und Investitionsgütermarken
von Lebensmittelmarken. So entstehen unablässig neue strategische Impulse. Der Effekt potenziert sich sogar noch, wenn
man Wachstums-Codes zu so genannten Supercodes kombi-
niert.

2. Verknüpfung jeder Marke mit einem Kaufmotiv

Denken Sie an all die bekannten Marken, die einen soliden
und wertvollen Markenkern aufgebaut haben und trotzdem
ständig Marktanteile verlieren. Ihnen allen fehlt ein starker
Wachstums-Code. *Cadillac* ist beispielsweise eine Marke mit
starkem Markenkern – aber ohne Wachstums-Code. Investieren Sie also nicht in den Markenkern, ohne den Wachstums-
Code bestimmt zu haben, der den Absatz steigern soll. Sogar
typische Imagemarken – wie Zigaretten, Bier oder Mode – können, sollen, müssen in Zukunft an ihrem Return-on-Investment
gemessen werden.

3. Lösung komplizierter Markenprobleme

Manche Markenprobleme scheinen fast unlösbar: Ein über-mächtiger Wettbewerber überrollt den Markt. – Das eigene Produkt gilt unter Verbrauchern als altmodisch oder minderwertig. – Der Preis wirkt überteuert und so weiter.

Wachstums-Codes helfen, solche typischen Positionierungs-probleme systematisch und effizient zu lösen. Sie leisten also etwas Ähnliches wie Formeln in der Mathematik. Eine schwierige Aufgabe kann – ohne Formeln – vielleicht nur ein Genie lösen, mit Formeln hingegen fast jeder. Es ist immer wieder verblüffend, welche kreativen Lösungen man durch Anwendung der Wachstums-Codes findet, an die zuvor noch niemand gedacht hat. Im siebten Kapitel (»So arbeiten Sie mit der blw-Methode«) werden wir Ihnen sechs Fallbeispiele von Marken vorstellen, die auf den ersten Blick hoffnungslos erscheinen, sich aber mit Hilfe der Wachstums-Codes elegant lösen lassen.

Wachstums-Codes öffnen neue Horizonte. Die Erfahrungen der weltbesten Marken werden *anfassbar*. Man kann sie akkumulieren, systematisieren, gegeneinander abgrenzen und miteinander kombinieren. Es ist sogar möglich, den gesamten Erfahrungsschatz in zentralen Großrechnern zu speichern und über ein Expertensystem verfügbar zu machen. Sie können also nach einem Dialog mit dem Computer genau die strategischen Schachzüge abrufen, die zur Lösung Ihres individuellen Markenproblems relevant sind (vergleichen Sie hierzu bitte die Ausführungen im Schlusskapitel). In Zukunft werden wir jedes Jahr neue Siegermarken recherchieren und auswerten, um die blw-Methode immer weiter zu verfeinern.

Soweit der Überblick über die blw-Methode und ihre Vorgeschichte. Jetzt werden wir die fünf Portale zum Kopf des Verbrauchers nacheinander öffnen und Ihnen zeigen, wie jede Marke wachsen kann: mit Wachstums-Codes.

PORTAL 1:
NUTZEN UND VORTEIL

KERNTHESE: **Der Verbraucher bevorzugt Ihre Marke, weil sie ihm einen einzigartigen (virtuellen) Nutzen bietet.**

Wer etwas verkaufen möchte, muss dem Verbraucher einen einzigartigen Nutzen versprechen. Diese Binsenweisheit wirft eine provozierende Frage auf: Welche Vermarktungschancen hat eigentlich ein Produkt, das nur eine durchschnittliche Qualität bietet? Wie bauen Sie eine starke Marke auf, wenn Ihr Produkt *keine* greifbaren Vorzüge gegenüber der Konkurrenz aufweist? Um solche Fragen zu beantworten, müssen wir zunächst einmal den Begriff *Qualität* klären: Einerseits steht die *faktische* Qualität eines Produkts (oder einer Dienstleistung) fest, die sich anhand objektiver wissenschaftlicher Kriterien messen lässt. Andererseits gibt es die *virtuelle* Qualität, die der Verbraucher subjektiv seinem Produkt zuschreibt. Dazwischen kann eine breite Kluft liegen: Es gibt herausragende Produkte, die ein Schattendasein als billige Handelsmarken fristen, weil der Verbraucher ihre *faktische* Qualität nicht anerkennt. Und es gibt Produkte durchschnittlicher Qualität, die primär durch ihre hohe *virtuelle* Qualität zu globalen Siegermarken avancieren.

Manche glauben, die *faktische* Qualität spiegele die objektive Wirklichkeit wider, während der *virtuelle* Mehrwert nur eine flüchtige Illusion ist, die bei der ersten Berührung wie eine Seifenblase platzt. Darüber mag man lange philosophische Diskurse führen. Im Marketing ist die Sache jedoch völlig klar:

Nur eine Wirklichkeit zählt: *die Wahrnehmung der Verbraucher.* Was nutzt die beste faktische Produktqualität, wenn der Verbraucher sie nicht anerkennt?

Vor einiger Zeit wies ein unabhängiges Warentestinstitut beispielsweise nach, dass eine billige Gesichtscreme aus dem Supermarkt besser gegen Falten wirkt als diverse Luxusmarken der Wettbewerber. Was für eine erfreuliche Entdeckung: Der Verbraucher kann in Zukunft viel Geld sparen. Eigentlich müsste unsere Billigmarke an die Spitze des Marktes schießen, während den Edelmarken die Marktanteile wegbrechen. Nichts dergleichen geschieht. Stattdessen ignorieren die meisten Verbraucher das wissenschaftliche Gutachten und vertrauen unbeirrt dem *virtuellen* Qualitätsvorsprung der Luxusmarken. Er kann so stabil wie eine »Festung« sein, die sich nicht so einfach niederreißen lässt. Auch nicht durch wissenschaftliche Fakten und Beweise.

Die subjektive Wahrnehmung der Verbraucher stellt die höchste Instanz für die Kaufentscheidung dar. Wissenschaftliche Testergebnisse spielen dagegen eher die untergeordnete Rolle von »Beweismitteln«, die im Entscheidungsprozess herangezogen werden. Daten und Fakten sind so die Dienstmagd unserer Wahrnehmung – und nicht etwa umgekehrt.

Angenommen, Sie würden 100 typische Haushaltsartikel einzeln auf einer Qualitätsskala einstufen, um Ihre persönliche Bewertung anschließend mit wissenschaftlichen Testergebnissen zu vergleichen. Gut möglich, dass Ihr subjektives Wertempfinden in mehr als 90 Prozent aller Fälle von den wissenschaftlichen Fakten abweicht. Heißt das nun, dass Sie sich in 90 Prozent der Fälle geirrt haben? Sind etwa 90 Prozent Ihrer Wahrnehmungen nichts weiter als Illusionen, die einer »Aufklärung« bedürfen? Natürlich nicht. Wer die subjektive Wahrnehmung als »Scheinwirklichkeit« degradiert, kritisiert damit nichts Geringeres als die Evolution des menschlichen Gehirns, das unsere Wahrnehmung konstruiert.

Marken aufbauen heißt virtuelle Werte schaffen

Markenprofis haben den Auftrag, den Wert eines Produkts zu steigern, also einen *virtuellen Mehrwert* im Kopf des Verbrauchers zu erschaffen: Ihr Produkt wird wertvoller als zuvor, ohne dass sich an seinen physischen Eigenschaften irgendetwas ändert. Sie schaffen beispielsweise ein Erlebnis im Kopf, für das der Verbraucher Geld auszugeben bereit ist. Stellen Sie sich jemanden vor, der ein Glas *Bacardi*-Rum trinkt. Was macht das Genusserlebnis aus? Einerseits natürlich das reine Geschmacksempfinden zwischen Zunge und Gaumen. Hinzu kommt aber, dass in seinem Kopf ein »geistiger Film« abläuft, der das Geschmackserlebnis wesentlich bereichert: Dieser »Film« handelt von karibischer Sonne, Palmen, Party. Das »Kino im Kopf« macht also einen virtuellen Mehrwert aus, der genauso fest mit dem Produkt verbunden ist wie seine Ingredienzien. Wenn der Verbraucher dagegen einen preiswerten No-Name-Rum probiert, mag der Geschmack auf der Zunge genauso gut sein. Aber die geistige Leinwand im Kopf bleibt schwarz. Darum hat der Verbraucher völlig Recht, wenn er sagt: »Bacardi schmeckt besser.« Er unterliegt keiner Illusion. Was passiert aber, wenn wir unserem *Bacardi*-Freund die Augen verbinden und ihn mehrere Rums testen lassen? Jetzt wird das »Kino im Kopf« künstlich ausgeschaltet; der virtuelle Mehrwert ist nicht mehr wahrnehmbar.

Wie hoch kann der virtuelle Mehrwert einer Marke sein?

Viele Verbraucher entscheiden sich bewusst für das virtuell überlegene Produkt, selbst wenn sie wissen, dass ein anderes »objektiv« besser ist. Das zeigt der klassische Wettbewerb zwischen *Coca-Cola* und *Pepsi*:

    Coca-Cola genoss hundert Jahre lang (von 1885 bis 1985) weltweit den virtuellen Vorsprung, das »Original« zu sein; *Pepsi* war der ewige Zweite. Doch eines Tages machten die *Pepsi*-Marktforscher die Entdeckung, dass sie zu Unrecht auf

Platz zwei standen. Denn ihre Brause schmeckte den Verbrauchern im Blindtest viel besser als die von *Coca-Cola*. Das war die Geburtsstunde eines gewaltigen Werbefeldzugs: »Mach den Pepsi-Test!« Millionen Verbraucher wurden in Fußgängerzonen und Einkaufszentren aufgefordert, mit verbundenen Augen verschiedene Cola-Sorten zu testen. Das Motto: »Nur Dein Geschmack entscheidet.« Die meisten Verbraucher entdeckten dabei zu ihrer eigenen Überraschung, dass *Pepsi* ihnen besser schmeckte. Mit der Augenbinde neutralisierte *Pepsi* also den virtuellen Mehrwert von *Coca-Cola* und zwang den Verbraucher, sich allein auf sein Geschmacksurteil zu verlassen. So gelang es *Pepsi,* den Giganten *Coca-Cola* im hundertsten Jahr von Platz 1 des 25-Milliarden-Dollar schweren US-amerikanischen Getränkemarkts auf Platz 2 zu verdrängen.

Jetzt gerieten die *Coca-Cola*-Manager in Zugzwang. Sie vertrauten ihrem virtuellen Mehrwert (das »Original«) nicht mehr und entschieden, ihr Produktrezept zu verbessern. So wurde die *Coca-Cola* süßer und rückte im Geschmack näher an die *Pepsi*-Cola heran. Die Maßnahme erwies sich jedoch als Bumerang: Die Verbraucher liefen Amok und protestierten gegen die Rezeptänderung. Sie wollten ihr »Original« zurück, koste es, was es wolle. Palettenweise erstanden sie die braune Brause, um sie daheim zu horten. Die Tatsache, dass die neue, veränderte *Coca-Cola*-Rezeptur besser schmeckte (!), wurde ignoriert. Der virtuelle Nutzen (das »Original«) war weitaus wichtiger als der Geschmack. Als die *Coca-Cola*-Manager ihren Irrtum einsahen, zogen sie das besser schmeckende Produkt vom Markt und führten das »Original« wieder ein. Eine neue Markenkampagne appellierte nun an die Ehre der Verbraucher, sich nicht mit einer Kopie zufrieden zu geben. Diese Kampagne machte *Coca-Cola* noch stärker als zuvor. Der virtuelle Mehrwert hatte sich gegen den faktischen Geschmacksvorteil des Wettbewerbers durchgesetzt.

Die Wachstums-Codes, die auf »Nutzen und Vorteile« basieren

Wir haben gezeigt: Der virtuelle Wert eines Produkts ist oft viel wichtiger für die Kaufentscheidung als die »objektive« faktische Qualität. Was folgt nun daraus? Wie genau schaffen Sie einen virtuellen Mehrwert, der Ihr Produkt in eine durchschlagende Siegermarke verwandelt? Erforschen Sie die fünf folgenden gedanklichen Richtungen:

1. Lebensinteressen befriedigen:
Platzieren Sie Ihr Produkt gezielt auf die »Agenda« der wichtigsten Lebensinteressen im Kopf des Kunden. Wie kann Ihr Produkt dazu beitragen, die wichtigsten Ziele, Träume, Wünsche und Absichten des Verbrauchers zu erfüllen? Selbst banale Alltagsprodukte – Milch, Weichspüler oder Videospiele – katapultieren sich mit diesem Ansatz aus ihrem aggressiven Wettbewerbsumfeld heraus und erobern einen privilegierten Sonderstatus im Kopf.

2. Ängste ausschalten:
Sorgen, Befürchtungen und Ängste plagen den Verbraucher in vielfältiger Weise. Etablieren Sie Ihr Produkt als wirksame »Waffe« gegen nagende Sorgen, Befürchtungen und Ängste, unter denen die Lebensqualität leidet. Nicht nur Versicherungen können damit herausragende Markterfolge erzielen, sondern überraschenderweise auch so alltägliche Haushaltprodukte wie Katzenstreu oder Frischhaltefolien.

3. Eine Geisteshaltung kultivieren:
Bereichern Sie Ihre Marke um eine »geistige« Dimension: nämlich die Ambition, die Leidenschaft, die Denkweise oder die Philosphie, die hinter ihr steht. Ohne die richtige Geisteshaltung sind keine Spitzenleistungen möglich. Weder im Sport – noch in der Wirtschaft. Wie Sie den »Geist« Ihrer Marke kultivieren, um verblüffende »harte« Verkaufserfolge zu erzielen,

werden wir am Beispiel eines Autovermieters, einer Bank und einer Cornflakes-Sorte zeigen.

4. Magie entfalten:
Erforschen Sie das Geheimnis, das tief in Ihrer Marke verborgen liegt. Entdecken und entfalten Sie das »magische Etwas«, das den Verbraucher überrascht, fasziniert, fesselt und nicht mehr loslässt. Nicht nur der Heilige Gral wird durch sein Geheimnis zu einer Kostbarkeit, sondern erstaunlicherweise auch Limonaden, Halstabletten und Biermarken.

5. Kino im Kopf abspielen:
Verknüpfen Sie Ihre Marke mit einem stimulierenden »geistigen Film«, der im Kopf des Verbrauchers abläuft, wenn er an Ihre Marke denkt. So entsteht ein faszinierender Mehrwert, der Ihre Wettbewerber als »langweilige« Problemlöser verblassen lässt.

Hinter diesen fünf grundsätzlichen Denkrichtungen stehen universelle Wachstums-Codes, die alle Branchen für ihre Produkte systematisch verwenden können. Schauen wir uns diese Wachstums-Codes einmal genauer an.

1. Lebensinteressen befriedigen

Welche Rolle spielt Ihr Produkt im Leben der Verbraucher? Seien wir ehrlich: Die meisten Produkte sind hoffnungslos unwichtig. Tausende Produkte buhlen um die Gunst des Verbrauchers, der jedem einzelnen Produkt nur einen Bruchteil seiner Aufmerksamkeit widmen kann. Wie unwichtig sind doch Weichspüler, Papiertaschentücher und gebackene Bohnen, gemessen an den Themen, die den Verbraucher *wirklich* beschäftigen: Familie, Karriere, Freunde, Hobbys, Urlaub, Vermögen, Gesundheit, Sicherheit und so weiter. Diese Themen beschäftigen 95 Prozent unserer grauen Zellen im Kopf. Die restlichen 5 Prozent unserer Aufmerksamkeit teilen sich die zigtausend Produkte, die unentwegt von uns gekauft werden sollen.

Jetzt die spannende Herausforderung: Wie kann Ihr Produkt den gewaltigen Sprung aus der relativen Bedeutungslosigkeit auf die »Agenda« der wichtigsten Lebensinteressen des Verbrauchers schaffen? Beispiel: Ein Weichspüler hat sich jahrelang über das Versprechen »flauschig weicher Wäsche« profiliert. Er spricht damit ein Bedürfnis an, das unter den wichtigsten Lebensinteressen vielleicht nur auf Platz 860 rangiert. Aber was wäre, wenn unser Weichspüler umdenkt und nun *Wohlbefinden nach einem harten Arbeitstag* verspricht? Damit zielt er plötzlich auf die Top-10-Lebensinteressen. Ein gewaltiger Sprung! Unsere Marke katapultiert sich quasi aus dem Umfeld seiner Wettbewerber heraus und erwirbt einen Logenplatz im Kopf des Verbrauchers. Das Fundament für neues Wachstum ist geschaffen.

Wenn Sie nun die Lebensagenda Ihrer Verbraucher erforschen, denken Sie bitte nicht nur an seine großen Visionen, Strategien und Pläne. Ganz im Gegenteil: Zu unseren wichtigsten Lebensinteressen gehören gerade die zahlreichen »kleinen« emotionalen Momente, die sozialen Triumphe, die unser tägliches Glück ausmachen. Zum Beispiel der Moment, sich nach einem harten, stressigen Arbeitstag in sein eigenes, ganz privates Universum zurückzuziehen und für wenige prickelnde Stunden nur sich selbst zu gehören. Oder der Moment, in dem Sie über seinen Widersacher triumphieren. Oder der Moment, in dem Sie ein lang ersehntes Ziel soeben erreichen. Oder der Moment, in dem Sie einen spannenden Flirt erleben. Es gibt unzählige solcher kleinen Momente, die das Leben wirklich lebenswert machen. Wenn eine Marke solche Momente *herbeizuführen* verspricht, dann wird der Verbraucher sie auf seine Lebensagenda setzen. Es reicht also nicht aus, solche Momente mit Ihrer Marke zu *assoziieren*. Ihr Produkt muss sich vielmehr verantwortlich fühlen, sie zu *verursachen*. Nur so entsteht ein virtueller Mehrwert.

Das Agenda-Prinzip:

Positionieren Sie Ihre Marke auf die »Agenda« der Lebens-
interessen, denen Ihr Verbraucher (derzeit) die höchste
Priorität beimisst. Inwiefern kann Ihre Marke dazu bei-
tragen, eine dieser Lebensinteressen zu erfüllen?

Die Erfolgsfaktoren:

1. *Produktbezug:* Knüpfen Sie immer am *Grundnutzen*
   Ihres Produktes an, um daraus möglichst direkt seine
   wichtige Rolle für das Leben der Verbraucher abzuleiten. Je zwangsläufiger Sie Grundnutzen und Lebensnutzen miteinander verkoppeln, desto mehr Glaubwürdigkeit gewinnt Ihre Markenstrategie.
   Beispiel: Es ist durchaus glaubwürdig, dass ein bestimmter Herrenduft durch seinen funktionalen Grundnutzen
   (»angenehmer Duft«) ein dominierendes *Lebensinteres-*
   se vieler Männer erfüllt (»Sex-Appeal steigern«). Die
   sexuelle Anziehungskraft resultiert also direkt aus dem
   guten Duft. Es ist dagegen *wenig glaubwürdig*, dass eine
   Margarinemarke für mehr Familienglück am Frühstückstisch sorgt. Das Familienglück mag zwar ein relevanter
   Lebensnutzen sein, hängt aber in keiner nachvollzieh-
   baren Weise mit dem Grundnutzen der Margarine (z. B.
   »guter Geschmack«) zusammen.

2. *Konkretisierung:* Präzisieren Sie das Lebensinteresse des
   Verbrauchers, das Ihr Produkt zu erfüllen verspricht.
   Beispiel: Es reicht nicht aus, wenn ein bestimmtes Vita-
   min-Aufbaupräparat einfach nur »mehr Leistungsvermögen« verspricht. Es ist zum einen wichtig, spezifische
   Schlüsselsituationen im Alltag des Verbrauchers zu iden-
   tifizieren, in denen sein Leistungsvermögen bisher ver-
   sagte. Zum anderen sollte man dem Verbraucher einen
   Anhaltspunkt geben, *in welchem Ausmaß* das Leistungsvermögen gesteigert wird.

3. *Wettbewerbssituation:* Das Lebensagenda-Prinzip funktioniert am besten, wenn Ihre Wettbewerber sich über
   ihre funktionalen Produktvorteile profilieren: also mit
   praktischen Qualitäts- und Leistungsargumenten.

Die folgenden Fallbeispiele illustrieren, wie Produkte und Dienstleistungen durch das Agenda-Prinzip zu starken Siegermarken avancieren konnten. Zum Beispiel die Kreuzfahrtlinie *Norwegian Cruise Line*, die jahrelang an rückläufigen Buchungen litt:

FALLBEISPIEL Norwegian Cruise Line (USA)

Die *Norwegian Cruise Line* bietet das, was andere Kreuzfahrten auch bieten: Wasser, Sonne, gutes Essen, Spaß, Unterhaltung und Erholung. Warum sollen Touristen beträchtliche Summen in eine Kreuzfahrt investieren, obwohl man doch auch zu Discountpreisen einen erlebnisreichen Urlaub buchen kann? Und warum sollen sich die relativ wenigen Kreuzfahrtfans ausgerechnet für die *Norwegian Cruise Line* entscheiden?

Wenn wir über die Lebensinteressen des Verbrauchers nachdenken, wird deutlich, dass eine Kreuzfahrt bei den meisten Menschen ziemlich weit unten in der Prioritätenliste rangiert. Um die *Norwegian Cruise Line* ganz weit oben auf der Agenda des Verbrauchers zu platzieren, müssen wir das *Lebensinteresse* befriedigen, das sich hinter all den oberflächlichen Annehmlichkeiten einer Kreuzfahrt verbirgt. Was wollen die Verbraucher wirklich? *Sie wollen sich einmal aus der Zwangsjacke des Alltags befreien, von den Pflichten, von der Unterordnung, von der Routine.* Dieses Lebensinteresse kann die *Norwegian Cruise Line* befriedigen – und kann sich damit herauskatapultieren aus dem Umfeld ihrer Wettbewerber. Das neue Markenversprechen lautet: »The laws of the land do not apply. – Die Gesetze des Landes gelten hier nicht.« Die *Norwegian Cruise Line* verspricht dem Verbraucher also viele lustvolle Aktivitäten, die in seinem reglementierten Alltag »nicht erwünscht« oder »nicht erlaubt« sind. Auf den Kreuzfahrtschiffen gibt es beispielsweise »kein Gesetz, das Ihnen verbietet, dienstags nachmittags um 4 Uhr Sex zu haben«. Also weg mit den Alltagszwängen, hinein in das »sündhafte« Vergnügen. Raus aus der Welt der Regeln und Gesetze, eintauchen in eine Welt voller Freiheiten. Das Resultat: Die *Norwe gian Cruise Line* kann ihre Kapazitäten zum ersten Mal seit vielen Jahren wieder voll auslasten. Wohlgemerkt: An der *faktischen* Qualität der Kreuzfahrt hat sich nichts verändert. Aber sie hat einen *virtuellen* Mehrwert geschaffen.

Sehr erfolgreich positionierte sich auch der US-Bundesstaat Illinois gegenüber Touristen: »a million miles away from Monday – eine Million Meilen vom Montag entfernt.« Wie verlockend! Endlich eine Region, die sich nicht primär über Natur- und Kulturattraktionen profiliert, sondern sich direkt in die Lebensinteressen der Menschen einklinkt. Die wünschen sich nämlich am Wochenende nichts sehnlicher, als einen möglichst großen Abstand von der Berufswelt zu gewinnen.

Lassen Sie uns nun zu den Alltagsprodukten zurückkehren. Wie können sie ein Lebensinteresse erfüllen? Die folgende Fallstudie zeigt, wie das Agenda-Prinzip dazu beitrug, den Milchverbrauch in England beträchtlich anzukurbeln.

FALLBEISPIEL Milch (England)

Stellen Sie sich vor: Der britische Pro-Kopf-Verbrauch von Milch ist in den vergangenen Jahre um 30 Prozent gesunken. Wie kann Milch wieder als Marke profiliert werden? Milch macht munter, Milch ist frisch, Milch schmeckt unvergleichlich gut? Solche Positionierungsansätze sind schwach, abgegriffen, langweilig. Interessant wird es, wenn wir über die Rolle von Milch *für das gesamte Leben* von Kindern und Jugendlichen nachdenken. Glauben Sie nicht auch, dass junge Milchfans nach ein paar Jahren kräftiger, gesünder und leistungsfähiger sind als eingeschworene Softdrinker? Die britischen Milch-Marketer formulierten ihre Strategie nach dem Lebensagenda-Prinzip: »Milch fördert die körperliche Entwicklung und somit die Leistungsfähigkeit von Kindern und Jugendlichen.« Oder, kindgerecht formuliert: *Nur wer Milch trinkt, kann später einmal ein großer Sportstar werden.* Wie viel höher rangiert dieses Versprechen auf der Agenda von Kindern als beispielsweise »guter Geschmack«! Entsprechend positiv war auch der Markterfolg: Der Milchkonsum stieg in der Zielgruppe der 2- bis 15-Jährigen um 12 Prozent an. Schauen wir uns mal einen der TV-Spots an, der auf britischen Schulhöfen zu einem Kulterfolg wurde: Zwei Schuljungen unterhalten sich nach dem Sport: »Gibts hier Limonade?« – »Nein, aber Milch.« »Milch? Iih!« Der kleine Milchtrinker hält dagegen, dass ein bekannter Sportstar Milch empfiehlt und warnt: »*Ohne Milch wirst Du irgendwann für die Accrington Stanley spielen.*« – »Accrington Stanley, wer ist denn das?«, fragt der eine. »Eben«, lautet die schlagfertige Antwort. Und damit ist alles gesagt: Wer auf Milch verzichtet, landet später unweigerlich in einer unbekannten Provinzmannschaft.

So viel zum Agenda-Prinzip, das Produkte aller Branchen wieder auf Wachstumskurs bringen kann. Versetzen Sie sich in die Rolle Ihres Kunden, um herauszufinden:

• Welche Ziele, Pläne, Wünsche und Idealvorstellungen strebt er an, um seine Lebenssituation kurz-, mittel- oder langfristig zu verbessern?
• Welche Situationen, welche Augenblicke erzeugen in seinem Leben das größte Glücks- oder Zufriedenheitsgefühl?
• Was sind die größten Hindernisse, die ihm bei der Verwirklichung seiner Wünsche im Wege stehen?
• Das Wichtigste: Welche Rolle kann Ihr Produkt genau spielen, um dem Verbraucher bei der Erfüllung seiner Träume zu helfen?

2. Ängste ausschalten

Die Lebensagenda der Menschen hat auch eine Kehrseite: Sorgen, Befürchtungen, Ängste. Haben Sie schon einmal darüber nachgedacht, wie viele Dinge es gibt, vor denen sich die Menschen fürchten? Einerseits natürlich vor Jobverlust, Krankheit, Unfall und Tod. Andererseits aber auch vor Falten, Pickeln und Übergewicht. Der eine leidet unter Lampenfieber bei öffentlichen Auftritten. Der Zweite fürchtet Strafmandate wegen Falschparkens. Der Dritte sorgt sich über Mundgeruch und der Vierte meidet Hühnereier, weil er Angst vor hohen Cholesterinwerten hat. Der Fünfte besorgt sich eine rutschfeste Duschmatte, um nicht auszurutschen, und der Sechste hat immer einen Regenschirm dabei. Angst ist eines der wichtigsten Motive, die unsere Handeln bestimmen.

An Ängste zu appellieren ist natürlich eine naheliegende Strategie, um Versicherungen, Alarmanlagen oder auch Mundwasser zu verkaufen. Wir wollen Ihnen in diesem Kapitel zeigen, dass *selbst alltäglichste Haushaltsprodukte* überragendes Marktwachstum erzielen, indem sie Ängste adressieren und zu beseitigen versprechen.

Das Risiko-Prinzip:

Vergegenwärtigen Sie dem Verbraucher ein (langfristig) drohendes Risiko und positionieren Sie Ihre Marke als ideales Mittel, um es zuverlässig abzuwenden.

Die Erfolgsfaktoren:

1. *Ausmaß der Gefahr:* Fürchtet die Zielgruppe tatsächlich den Risikofall, den Sie ansprechen? Falls ja, ist dennoch Vorsicht geboten: Denn wenn Sie zu große Angst erzeugen, rebellieren viele Menschen innerlich dagegen – und Ihre Strategie kann zu einem »Bumerang« werden.
2. *Wahrscheinlichkeit der Gefahr:* Prüfen Sie, für wie wahrscheinlich der Verbraucher den Risikofall hält. Zitieren Sie gegebenenfalls eine statistische Erfahrung oder versuchen Sie nachzuweisen, wie *allgegenwärtig* die Gefahr im täglichen Leben der Zielgruppe ist.
3. *Kompetenz:* Traut die Zielgruppe Ihrer Marke zu, den Risikofall abzuwenden oder zu entschärfen? Psychologische Studien zeigen, dass nur dann Angst ein starkes Kaufmotiv darstellt.

Können Sie sich vorstellen, dass ausgerechnet eine Katzenstreumarke auf die Ängste des Verbrauchers abzielt und damit ihr Wachstum ankurbelt? Hier ist die Story:

FALLBEISPIEL **Tidy Cat (USA)**

Tidy Cat ist Katzenstreu für Hauskatzen, das unangenehme Gerüche bindet. Das versprechen allerdings die Wettbewerber ebenfalls. Wie kann man die Verbraucher überzeugen, dass *Tidy Cat* besser ist? Harte Qualitätsbeweise gibt es leider keine. *Tidy Cat* schaute nun hinter das Problem aufdringlicher Gerüche, um herauszufinden, welche *Ängste* die Marke ansprechen und beseitigen kann. So entstand eine völlig neue Positionierung: Tidy Cat *ist die Katzenstreu, die eine Blamage vor Gästen (durch Geruchsbelästigung) zuverlässig abwendet.* Hier haben wir also ein reales, nachvollziehbares soziales Risiko, das den Verbraucher viel stärker alarmiert als das reine Geruchsproblem.

Ein TV-Spot erzählt die Geschichte eines gesellschaftlichen Dinners in einem vornehmen Haus. Überall turnen und springen übermütige Katzen herum. Plötzlich schnuppert der Gast ein wenig irritiert. Was für ein strenger Geruch liegt hier in der Luft? Er schnuppert erneut, runzelt die Stirn, rümpft die Nase. Der stechende Geruch will nicht weichen. Schließlich beugt sich der Mann zur Gastgeberin vor, einer älteren aristokratischen Dame, und fragt mit mühsam verhaltenem Widerwillen: »Do I smell ... *pie?* – Riecht das hier nach ... *Pastete?*« Das Ende dieser peinlichen Episode überlässt *Tidy Cat* der Fantasie seiner Zielgruppe. Der Spot schließt mit einer freundlichen Drohung: »If it's anything less than *Tidy Cat,* you'll know. – Wenn Sie sich mit weniger zufrieden geben als *Tidy Cat,* werden Sie es schon merken.«

So weit das Risiko-Prinzip. Es gibt aber noch einen zweiten bewährten Wachstums-Code, der sich ebenfalls um die Ängste der Verbraucher dreht: das so genannte *Feindbild-Prinzip.* Hier geht es darum, ein vages, abstraktes oder scheinbar nebensächliches Problem für den Verbraucher greifbar, erlebbar und somit »furchtbar« zu machen. Geben Sie dem Problem einen abschreckenden Namen oder ein hässliches Gesicht. Vergleichen Sie es mit einem (lebendigen) Feind, der eine böse Absicht verfolgt und daher mit allem Nachdruck bekämpft werden muss.

Wie Feindbilder entstehen, können wir wohl am besten aus

der Politik lernen. Ein Beispiel: Das Problem der Umweltverschmutzung gewann in Deutschland beträchtlich an Dringlichkeit, als der Begriff »Waldsterben« geprägt wurde. Das »Waldsterben« wurde zum öffentlichen Feindbild, das die Umweltdiskussion in den Medien über viele Jahre beherrschte. Zwar konnte kaum ein Normalbürger das *wahre* Ausmaß der Umweltverschmutzung sachlich korrekt einschätzen, aber allein der Begriff »Waldsterben« reichte aus, um die Gemüter der Menschen in Wallung zu bringen. Er weckt die Vorstellung toter Bäume, die ausgedörrt in den Himmel ragen und nicht länger den Sauerstoff erzeugen, den wir alle zum Leben brauchen. Erst nach Jahren entlarvte der ehemalige Bundeskanzler Helmut Schmidt das Waldsterben als ein kollektives Hirngespinst: »Der Wald ist vital.« Er bezog sich dabei auf eine 12-Länder-Studie, die besagte, dass der Gesamtholzbestand seit 1950 europaweit um 43 Prozent zugenommen hatte. Der nur in den Köpfen der Menschen existierende Feind »Waldsterben« war also stark genug, um 15 Jahre lang einen ganzen Staatsapparat in Bewegung zu setzen.

Nach welchen Regeln werden im Marketing Feindbilder geschaffen? Welche Gesetzmäßigkeiten liegen dem universellen Wachstums-Code zugrunde?

Das Feindbild-Prinzip:

Erheben Sie das Problem, das Ihre Marke löst, zu einem Feindbild – geben Sie ihm einen abschreckenden Namen und/oder ein hässliches Gesicht. Positionieren Sie Ihre Marke als ideale Waffe gegen diesen Feind.

Die Erfolgsfaktoren:

1. Angst-Potenzial: Der neue Feind muss so abschreckend wirken, dass der Verbraucher ihn wirklich bekämpfen will. Das hängt von dem Namen und von dem Gesicht ab, das sie ihm geben. Ist er gemein genug? Objektiv betrachtet, hat es diesen Feind natürlich immer gegeben. Aber erst durch das Feindbild-Prinzip nimmt der Verbraucher ihn wirklich ernst.

2. Kompetenz: Das Feindbild-Prinzip funktioniert nur, wenn der Verbraucher Ihr Produkt tatsächlich als wirksame »Waffe« gegen den Feind akzeptiert. Besitzt Ihr Produkt irgendeine Besonderheit (z. B. Name, Farbe oder Form), die seine besondere Kompetenz im Kampf gegen den Feind unterstreicht?

Das folgende Fallbeispiel einer Siegermarke erzählt, wie das bis dahin unbekannte Phänomen »Gefrierbrand« zum gefürchteten Feindbild deutscher Hausfrauen und -männer aufgebaut wurde:

FALLBEISPIEL **Melitta Toppits (Deutschland)**

Gibt es ein unspektakuläreres Produkt als Gefrierbeutel? Auch für verantwortungsvolle Hausfrauen dürfte es kaum etwas Unwichtigeres geben als die Frage nach der zeitgeistgemäßen Gefrierbeutelmarke. Warum überhaupt Geld für eine teure Marke ausgeben, wo es doch genügend billige No-Name-Produkte gibt? Kein Wunder, dass der Absatz von *Melitta Toppits* innerhalb weniger Jahre um 13 Prozent abbröckelte.

Die große Kehrtwende setzte ein, als die *Melitta*-Experten ihr Problem aus einem neuen Blickwinkel betrachteten: *Wer ist der Feind?* Ja, wir wissen, dass *Melitta Toppits* Lebensmittel in der Tiefkühltruhe schützt – aber gegen was? Vielleicht denken Sie jetzt an das Risiko geplatzter Gefrierbeutel, das bei extrem niedrigen Temperaturen schon mal auftreten kann. Aber das allein ist noch kein faszinierendes Kaufmotiv. Also noch einmal, wer ist der Feind? Melitta Toppits *schützt Ihre Lebensmittel vor »Gefrierbrand«!* So lautet der abschreckende Name unseres Feindes. Dazu abschreckende Bilder der durch Gefrierbrand entstellten Folienbeutel und der drohende Hinweis, dass dadurch wertvolle Vitamine zerstört werden. Es ist anzunehmen, dass die Verbraucher seit Jahren mit dem Problem geplatzter oder verzogener Gefrierbeutel bestens vertraut waren. Nur hatte dieses Problem ihren Seelenfrieden bislang nicht erheblich gestört. Bis es seinen schauerlichen Namen bekam: Gefrierbrand. Damit kann man sich nicht so einfach abfinden; so etwas muss bekämpft werden. Der Absatz von *Melitta Toppits* stieg innerhalb von 3 Jahren um 42 Prozent.

Wir sehen: Ängste können zu überraschend wirksamen Strategien führen – sogar für Produkte und Dienstleistungen, die Sie nie zuvor mit Ängsten in Verbindung gebracht haben.

3. Eine Geisteshaltung kultivieren

Stellen Sie sich bitte ein Paar hochwertige Markenschuhe vor, die in jeder Hinsicht perfekt erscheinen: Design, Lederqualität, Verarbeitung, Farbe, Komfort. Und doch geht so mancher Verbraucher daran vorbei und entscheidet sich lieber für Schuhe, die in einer kleinen, italienischen Manufaktur per Hand hergestellt wurden. Warum macht der Konsument das? Was hat das zweite Paar Schuhe, was das erste nicht hat? Sie können sich vorstellen, dass die obigen Markenschuhen mit Präzisionswerkzeugen und Hightech-Nähmaschinen gefertigt wurden und daher eine objektiv bessere Qualität (oder zumindest ein wesentlich besseres Preis-Leistungs-Verhältnis) erreichen als die Handarbeit eines Schuhmachers. Und doch besitzt diese einen beachtlichen virtuellen Mehrwert: Es sind seine Ambition, seine Leidenschaft, vielleicht sogar sein »Herzblut«, die seine Handarbeit so wertvoll machen. Wir stoßen hier also auf die *geistige Qualität* einer Marke, die durch technische Perfektion allein niemals aufzuholen ist.

Ein ähnliches Phänomen kennt wohl jeder aus dem Alltag: Großmutters Pflaumenmarmelade schmeckt immer am besten. Nicht weil sie perfekt ist, sondern weil sie »mit Liebe gemacht« ist. Hier liegt ihr geistiger bzw. virtueller Mehrwert. Ob Omas Marmelade hingegen in einem Blindvergleich immer Bestnoten erzielen würde, ist fraglich. Schwer vorstellbar, dass die Großmütter aller Länder zufällig immer bessere Marmeladenrezepte austüfteln als die Marmeladenindustrie mit ihren hoch bezahlten Experten.

Der »Geist«, der hinter einer Marke steckt und ihren Wert erhöhen kann, kann sich ausdrücken

- als besondere Leidenschaft (z. B. eine Quarkspeise, die »mit Liebe gemacht« ist);
- als Ambition oder Ehrgeiz (z. B. ein Kaufhaus mit der kompromisslosen Parole »Gut ist uns nicht gut genug«);
- als eine Attitüde oder Geisteshaltung (z. B. eine Bank »Wir verdienen unser Geld auf die altmodische Weise: wir arbeiten dafür«);
- als Mission oder Philosophie (z. B. ein Hersteller von Babynahrung, der »Zurück zur Natur« will).

Wie können Sie den Geist entfesseln, der zur treibenden Kraft für neues Markenwachstum wird? Stellen Sie sich die entscheidende Frage: »Welcher Geist ist in meiner Branche notwendig, um Spitzenleistungen zu erbringen?« Die Anwort variiert sehr stark von Branche zu Branche: Bei einer Katzenfuttermarke könnte beispielsweise eine *leidenschaftliche Liebe* zu diesen Haustieren als geistige Voraussetzung gelten, um Spitzenqualität zu liefern. Der Verbraucher schlussfolgert also: Eine Firma, die Katzen über alles liebt[*], stellt bestimmt auch besonders gutes Katzenfutter her. Ein ganz anderer Geist wäre erforderlich, um eine Computerfirma gegen den Wettbewerb zu profilieren: Hier ist beispielsweise der kompromisslose Wille zum Querdenken (»Think different«) ein optimaler geistiger Nährboden für überlegene Produktqualität. Und jetzt denken Sie bitte an eine Whiskymarke. Welcher Geist führt hier zu Spitzenleistungen? Eine innovative Gesinnung sicherlich nicht. Der beste Whisky ist vielmehr derjenige, der von einem *traditionsreichen Geist* durchdrungen ist.

---

[*] Denken Sie beispielsweise an die Marke *Sheba* von Effem, die Katzen als gleichwertige Partner des Menschen darstellt. Die Katzen essen von einem Teller. Die Mahlzeit wird mit einer Gabel (!) zerteilt, mit Petersilie garniert. Katze und Menschen sitzen sich beim Festmal Aug in Aug bei Kerzenschein gegenüber.

Wie gehen Sie nun aber vor, um den Geist Ihrer Marke oder Firma zum starken Motor für Wachstum zu machen? Die Strategie besteht darin, den »richtigen« Geist Ihrer Marke möglichst dramatisch gegen den »falschen« Geist Ihrer Wettbewerber zu polarisieren. Einige Beispiele:

- Die britische Fluggesellschaft *Virgin Atlantic* parodiert die typischen Flugbegleiter ihrer Wettbewerber, die sich oft wie eitle Models oder befehlsgewohnte Feldwebel aufführen (die »falsche« Haltung). Die Flugbegleiter von *Virgin Atlantic* hingegen wollen nichts anderes sein als die Diener ihrer Kunden (die »richtige« Haltung).

- Die *Washington Mutual Savings Bank*, eine lokale Bank in den USA, musste sich einmal gegen die großen nationalen Wettbewerber mit all ihren erstklassigen Serviceangeboten verteidigen. Der große strategische Wurf gelang mit der Enthüllung, dass die mächtigen Gegner gar nicht wirklich am Wohlergehen dieser ganz spezifischen Heimatregion interessiert sind (der »falsche« Geist). Hier liegt eine starke Motivation, doch lieber die lokale *Washington Mutual Savings Bank* zu bevorzugen, die sich durch freundlichen, persönlichen und verbindlichen Service profiliert (der »richtige« Geist).

- Zum Schluss noch ein Klassiker: Der Autovermieter *Avis*, einst die Nummer 2 im Markt, setzte sich mit der Philosophie »Als die Nummer 2 geben wir uns mehr Mühe« gegen Hertz durch, die ewige Nummer 1. Und tatsächlich leuchtete es den Kunden ein, dass sich die Nummer 2 für ihre Kunden ganz besonders ins Zeug legt (der »richtige« Geist), während sich die Nummer 1 womöglich auf ihren Lorbeeren ausruht (der »falsche« Geist).

Das Ambitions-Prinzip:

Definieren Sie den Geist (also die Ambition, Philosophie, Geisteshaltung oder Mission) Ihrer Marke so, dass der Verbraucher Spitzenqualität erwartet. Entlarven Sie gleichzeitig den »falschen« Geist Ihrer Konkurrenz.

Die Erfolgsfaktoren:

1. **Relevanz:** Der Verbraucher sollte allein aus dem Geist Ihrer Marke so direkt wie möglich auf Spitzenleistung bzw. Spitzenqualität schließen. Es geht also an dieser Stelle nicht um Gesinnungen wie gesellschaftsethische Verantwortung, Integrität oder humanitäre Bestrebungen, die in der Regel keinen Bezug zur Produktqualität haben. Unser Anliegen ist vielmehr, einen eindrucksvollen virtuellen Mehrwert zu erschaffen.

2. **Glaubwürdigkeit:** Das Ambitions-Prinzip wird nur funktionieren, wenn Ihre Firma den neuen Geist tatsächlich *lebt.* Enttäuschen Sie also Ihren Kunden nicht, sonst kann sich Ihre neue Philosophie wie ein Bumerang gegen Sie richten.

3. **Polarisierung:** Die Ambitions-Strategie braucht immer einen Pluspol und einen Minuspol. Der Pluspol sagt aus, *wofür* Ihre Firma oder Marke steht. Der Minuspol sagt aus, *wogegen* Sie sich richten: nämlich gegen eine *falsche* Denkhaltung Ihrer Wettbewerber. Ihre Philosophie kann eine Doppelwirkung erzielen: Erstens erzeugt Ihre »richtige« Gesinnung einen *virtuellen Vorteil* für Ihre Marken. Zweitens schreiben Sie den Wettbewerbern eine »falsche« Gesinnung zu, die zu einem *virtuellen Nachteil* werden kann.

Das folgende Beispiel zeigt, wie das Ambitions-Prinzip auf verblüffende Weise zu neuem Markenwachstum führt.

FALLBEISPIEL **Post Waffle Crisp (USA)**

Post Waffle Crisps sind gesüßte Frühstückszerealien von *Kraft General Foods.* Der Zerealienmarkt ist so hart umkämpft, dass schon ein Marktanteil von 0,5 Prozent als Erfolg gilt. Wie aber machen Sie eine Siegermarke aus einem Produkt, das – faktisch betrachtet – kein einzigartiges Qualitätsmerkmal für sich verbuchen kann? Was kann *Post Waffle Crisp* tun? Es scheint wenig sinnvoll, die traditionelle Rezeptur zu ändern, die im Wesentlichen aus Weizen, Zucker und Vitaminen besteht. Aber man kann etwas anderes hinzufügen, das unsere Marke aus seinem Wettbewerbsumfeld geradezu herauskatapultiert: den »richtigen« Geist! Post Waffle Crisps *sind mit Liebe gemacht!* Hier liegt ein attraktives Kaufmotiv. Außerdem entsteht hier ein starker Gegenpol zu allen anderen Zerealien, die nämlich »ohne Liebe gemacht« sind. Sie gelten vielmehr als industriell gefertigtes Fast Food. Auch wenn der Unterschied nur im Kopf der Kunden existiert – würden Sie nicht ein *liebevoll* zubereitetes Frühstück einem *lieblosen* Massenprodukt vorziehen? In der Markenkampagne etablierte *Post Waffle Crisp* eine skurrile Fabrik, in der eine Vielzahl Großmütter mit Mini-Waffeleisen jedes *Waffle Crisp* einzeln (!) herstellen. Sie sind mit rührender Liebe und Leidenschaft bei der Sache. So entsteht ein virtueller Mehrwert, der die Verbraucher zum Kauf animiert.

Was glauben Sie, wie Verbraucher *Ihre* Firmenphilosophie in einem Satz beschreiben würden? Lässt sich daraus eher ein virtueller Mehrwert oder Minderwert für Ihre Produkte ableiten? Und wie steht es mit Ihren Wettbewerbern? Ist deren Gesinnung in jeder Hinsicht einwandfrei? Oder treffen Sie sie hier an der Achillesferse?

4. Magie entfalten

Eine der wertvollsten virtuellen Qualitäten, die eine Marke besitzen kann, ist Magie. Marken ohne Magie sind oft nur praktische Problemlöser – ohne emotionale Faszination. Haben Sie jemals gezielt nach dem »magischen Etwas« in Ihrem Produkt gesucht, das Ihre Wettbewerber verblassen lässt? Sagen Sie nicht leichtfertig, Ihr Produkt besitze keine Magie. Wir werden Ihnen Alltagsprodukte vorstellen, die durch ihre Magie zu nationalen oder internationalen Siegermarken aufstiegen: darunter ein Softdrink, eine Halsschmerztablette und ein Keksgebäck. Magie ist keine plakative Äußerlichkeit eines Produkts. Man muss sie erst *entdecken*, denn sie liegt meist tief im Markenkern verborgen. Wie bei einem Kieselstein, der sich plötzlich als kostbarer Rohdiamant entpuppt, als ein Experte ihn genau unter die Lupe nimmt.

Aber was ist eigentlich Magie genau? Wir verstehen darunter eine faszinierende Unmöglichkeit, die mit einem Produkt oder einer Dienstleistung verbunden ist. Es ist das gewisse Etwas, das sich mit unserer Logik, unserer Lebenserfahrung, unserem Wissen über die Welt nicht (ganz) erklären lässt. Wohl alle Kulturen der Welt kennen Objekte, denen sie magische Kräfte oder Wirkungen zuschreiben. Magie kann ein Produkt unermesslich aufwerten, kann ihm sogar einen »heiligen« Status verleihen, wie beispielsweise dem Heiligen Gral. Magische Produkte fordern uns heraus, provozieren uns, lassen uns keine Ruhe. Sie aktivieren den Kopf, stimulieren die Fantasie, wecken Faszination. Die meisten Menschen leben in einer so geordneten, so erklärbaren, so wohl bekannten Alltagswelt. Wir kennen ihre Möglichkeiten und Grenzen, ihre Gesetze und Abläufe. Und gerade deshalb ist es so reizvoll, einmal auf dem Grat zwischen dem *Möglichen* und dem *Unmöglichen* zu balancieren.

Nun geht es um die geradezu paradoxe Frage, wie Sie die Magie Ihres Produkts in den Griff bekommen. Wie setzen Sie diese gezielt ein, um den Absatz Ihres Produkts zu steigern? Hier ist der Wachstums-Code mit seinen universellen Gesetzmäßigkeiten:

Das Magie-Prinzip:

Definieren Sie die »faszinierende Unmöglichkeit«, die in Ihrer Marke steckt und die Ihre Wettbewerber als »langweilig« verblassen lässt.

Die Erfolgsfaktoren:

1. *Faszination:* Bedenken Sie, dass sich die Magie Ihres Produkts mit den möglicherweise sachlichen Verkaufsargumenten der Wettbewerber messen muss. Wenn Sie die faszinierende Unmöglichkeit Ihres Produkts definiert haben, testen Sie per Marktforschung, ob Sie damit die Wettbewerber aus dem Feld schlagen können.

2. *Glaubwürdigkeit:* Machen Sie dem Verbraucher plausibel, wie die Magie in Ihr Produkt gelangt ist. Ist ein bestimmtes Ingrediens dafür verantwortlich? Oder gibt es eine andere äußerlich wahrnehmbare Besonderheit, die als wahrnehmbares Indiz für die Magie taugt? Am besten eignen sich Merkmale, die in irgendeiner Weise neuartig, fremdartig oder andersartig erscheinen: z. B. eine exotische Herkunft, ein fremdländischer Name oder seltene Inhaltsstoffe.

Wie man diesen Wachstums-Code einsetzt, um über Jahre hinweg verblüffende Wachstumsraten zu erzielen, zeigen die folgenden drei Siegermarken-Fallstudien. Zum Beispiel *Red Bull*, der »magische« Trank aus dem fernen Osten ...

FALLBEISPIEL **Red Bull (Deutschland)**

Red Bull ist eine koffeinhaltige Limonade, die ursprünglich aus Südostasien stammt. Das Produkt soll »Körper und Geist beleben«, ähnlich wie eine starke Tasse Kaffee. Der Geschmack erinnert allerdings eher an einen klebrigen Limonadensirup. Kein Wunder, dass renommierte Marktforschungsunternehmen vor der Produkteinführung eindringlich warnten. Die Herausforderung bestand nun darin, den richtigen Wachstums-

Code zu implantieren. *Red Bull* setzte auf Magie und löste damit einen internationalen Sensationserfolg aus. Anknüpfungspunkte für das Magie-Prinzip gibt es genug: In *Red Bull* steckt ein Ingrediens namens Taurin, das Körper und Geist einen »Kick« versetzt. Hinzu kommt die orientalische Herkunft des Produktes, sein geheimnisvoll viel versprechender Name, der eigenartige Geschmack. Wie aber lässt sich der »Kick« als *faszinierende Unmöglichkeit* deuten? Mit der Formel »Red Bull verleiht Flügel«. Jetzt wird die Vorstellungskraft des Verbrauchers aktiv: Wie fühlt es sich an, wenn mir ein Getränk Flügel verleiht? – Die Magie wird zum Kaufmotiv und der Verbraucher findet die Magie bestätigt. Noch heute, Jahre nach der Einführung, besitzt der Genuss von *Red Bull* eine viel höhere Faszination als eine »langweilige« Tasse Kaffe. *Red Bull* bewahrt immer noch sein Geheimnis und beweist damit, dass sich das Magie-Prinzip als tragfähige Basis einer langfristigen Markenstrategie eignet, auch auf internationalem Terrain. Selbst im vierten Jahr nach Einführung verzeichnet *Red Bull* noch 42 Prozent Zuwachs, mit einem 4- bis 5-mal höheren Marktanteil als der zweitbeste Wettbewerber. Wie lässt sich »Magie« kreativ umsetzen? Die Werbespots zeigen Comicfiguren in prekären Situationen, denen nach dem Genuss von *Red Bull* buchstäblich rettende Flügel wachsen. So können zwei Missionare – nach einem kräftigen Schluck *Red Bull* – aus dem Kochtopf der Kannibalen einfach herausflattern.

Es sind keineswegs nur exotische Produkte, die mit dem Magie-Prinzip einen Wachstumsschub auslösen. Auch ein ganz konventionelles Halsschmerzmittel kann damit seinen Absatz beflügeln.

FALLBEISPIEL **Halls Soothers (England)**

Die Firma *Halls* führte *Soothers Halsbonbons* in Großbritannien ein, die nicht bitter schmecken, sondern schön fruchtig süß. Wir haben also einen Doppelnutzen, »wirkt und schmeckt«. Aber reicht das aus, um eine neue Marke in einen gesättigten Markt zu drücken? Wahrscheinlich nicht. Die Marketer suchten nach dem Geheimnis ihres Produkts und entdeckten offenbar, dass es ein neuartiges Wirkgefühl im Hals hervorrief, für das sie eine magische Deutung fanden: »Halls Soothers is *kissing* it better – Halls Soothers *küsst* dich gesund.« Eine faszinierende Unmöglichkeit: Eine Tablette kann mich nicht küssen. Aber gerade diese Abweichung von meiner Lebenserfahrung stimuliert die Vorstellungskraft: Wie mag es sich anfühlen, wenn ein Lutschbonbon mich im Hals gesundküsst? Der Kuss regt die Fantasie der Verbraucher an und weckt Vorfreude auf das Produkterlebnis. Stellen Sie sich vor, Sie stehen mit leichten Halsschmerzen vor dem Regal in der Drogerie, um ein Halsschmerzmittel zu kaufen. Welches würden Sie wählen? Ein konventionelles Lutschbonbon, das »wirkt und schmeckt«, oder eines dieser neuen *Halls Soothers*, das Ihren Hals »gesundküsst«? Wahrscheinlich werden Sie zugeben, dass »Magie« tatsächlich ein starkes Kaufmotiv sein kann. *Halls Soothers* gewann damit jedenfalls einen Marktanteil von 12 Prozent über anderthalb Jahre: doppelt so viel wie geplant.

Wenn wir von der »magischen Wirkung« eines Produkts sprechen, meinen wir durchaus nicht nur eine bestimmte körperliche Wirkung wie den Gesundkuss von *Halls Soothers*. Manche Produkte lösen insgesamt eine *unmögliche Reaktion* bei ihren Verbrauchern aus.

- Die amerikanische Eiskrem *Baskin-Robbins Choco Blast* verspricht beispielsweise, jeden Genießer dieser Marke auf der Stelle in einen »Schokoholiker« zu verwandeln. Hier liegt eine faszinierende Unmöglichkeit, die *Choco Blast* von allen Wettbewerbern unterscheidet.

- Die amerikanische Keksmarke *Snackwell's Devil's Food-Cookies* treibt ihre Fans angeblich (in der Werbekampagne) zu solcher Gier, dass sie den armen bebrillten Kekslieferanten eines Tages durch die ganze Stadt jagen. Bei einer solch rasenden Verfolgungsjagd geht auch schon mal ein unbeteiligter LKW in Flammen auf.

- Und das belgische Premium-Lager *Stella Artois* verführt Menschen zu verblüffenden persönlichen Opfern. Es soll Leute geben, die einen ganzen Tag lang körperliche Knochenarbeit erdulden, nur um sich abends ein Glas dieser teuren Köstlichkeit leisten zu können.

Solange es Marken gibt, wird »Magie« immer ein starkes Kaufmotiv sein. Auch für äußerlich unscheinbare Alltagsprodukte. Auch über viele Jahre und internationale Grenzen hinweg. Es kommt nur darauf an, die »faszinierende Unmöglichkeit« in seiner Marke zu entdecken.

5. Kino im Kopf abspielen

Stellen Sie sich den Kopf des Verbrauchers einmal wie ein gigantisches Filmarchiv vor. Sobald ein bestimmtes Stichwort fällt, läuft auf der Leinwand vor Ihrem inneren Auge der passende Film dazu ab. Stichwort New York. Schließen Sie die Augen – was passiert? Sie sehen eine Folge von Bildern, einen kleinen geistigen Film, der Ihre persönlichen Assoziationen widerspiegelt: die New Yorker Skyline, der Broadway, der Times Square usw. Eine ähnliche Wirkung erzeugen Millionen anderer Stichwörter: von der Französischen Revolution bis zum Kosovo-Konflikt, von Monica Lewinsky bis Bill Clinton, von Grönland bis Fiji, von Urzeit bis Universum. Fast alle uns bekannten Begriffe sind mit kleinen geistigen Filmen verknüpft. Diese bieten allerdings unterschiedliche Qualität: Einige bestehen nur aus wenigen Bildern, andere setzen sich aus zusammenhängenden Sequenzen zusammen. Einige sind schemenhaft, andere sind gestochen scharf, plastisch, voller Leben und Farbe.

Auch viele Produkte sind mit einem »geistigen Film« verbunden, der ihnen einen beträchtlichen virtuellen Mehrwert verleiht. Stellen Sie sich beispielsweise vor, Sie besuchen einen Antiquitätenladen und bewundern zwei antike Kommoden. Die erste wirkt optisch ein wenig vorteilhafter. Dafür ist die zweite Kommode aber mit einem »geistigen Film« verbunden. Sie stammt nämlich aus der Welt der Französischen Revolution, stand jahrzehntelang im Schloss einer französischen Adelsfamilie. Welche Kommode würden Sie kaufen? Wahrscheinlich die zweite, denn sie löst einen kleinen geistigen Film aus: Sie stellen sich das Schloss in Frankreich vor, eine Familie, die sich während der Französischen Revolution verstecken musste, geheime Briefe, die in einem Geheimfach verborgen liegen ... Die erste Kommode wirkt dagegen nur wie ein funktionaler Gebrauchsgegenstand aus Holz, Lack und Ornamenten. Auf der geistigen Leinwand sehen wir nicht viel mehr als das Produkt selbst.

Das Beispiel zeigt: Der geistige Film macht den virtuellen Mehrwert aus, der die Kaufentscheidung motiviert. Die Zielgruppe macht sogar Abstriche bei der Qualität, weil ihr der geistige Film so wichtig ist.

Wie nutzen Markenprofis diese Erkenntnisse, um aus ihrem unbekannten oder unspektakulären Produkt eine Siegermarke zu machen? Die Kunst besteht darin, aus dem »Filmarchiv« im Kopf der Verbraucher denjenigen geistigen Film abzurufen und mit Ihrem Produkt zu verknüpfen, der ihm den *höchsten virtuellen Mehrwert* verleiht. Wie das geht, zeigt ein Fallbeispiel, das die amerikanischen Unternehmensberater Jack Trout und Al Ries in ihrem Klassiker »Positioning« beschreiben: Die Aufgabe war seinerzeit, die damals weithin unbekannte Insel Jamaika zu vermarkten. Jamaika bot zwar eine Vielzahl attraktiver Vorzüge, nicht aber eine markante Alleinstellung gegenüber anderen karibischen Inseln. Die Marketing-Experten lösten das Problem, indem sie einen weltbekannten geistigen Film («Hawaii«) im Kopf der Verbraucher aktivierten und mit Jamaika verknüpften: »Jamaika ist das Hawaii der Karibik«, lautete die neue Positionierung. Was geschieht nun im Kopf der Verbraucher? Das Stichwort »Hawaii« weckt ein ganzes Paket voller Bilder, Kenntnisse, Erfahrungen und Erwartungen, die auf Jamaika übertragen werden. Plötzlich besitzt auch Jamaika in den Köpfen der Menschen einen hohen virtuellen Wert. Dieser lässt sich sogar mit Fakten untermauern, denn Jamaika bietet tatsächlich ähnliche Merkmale wie Hawaii: in puncto Sonnentage pro Jahr, Länge der Sandstrände, Zahl und Höhe der Berge usw. Warum ist die neue Positionierung so clever? Weil sie unglaublich effizient funktioniert: Anstatt monate- oder jahrelang mit einem hohen Markenbudget eine eigene Positionierung von null aufzubauen, »entleihen« sich die Jamaika-Strategen einfach die wichtigsten Markenwerte von einer anderen Insel. All die Millionen Dollar, die Hawaii über Jahre hinweg in seine eigene Vermarktung investiert hat, arbeiten nun auch für Jamaika.

Wenden wir uns nun der praktischen Seite zu: Woran erkennen Sie genau, ob Sie den »richtigen« geistigen Film im Kopf des Verbrauchers entdeckt haben? Woher wissen Sie, ob er Ihr Produkt tatsächlich auf einen neuen Wachstumskurs führen kann? Aus unserer Erfahrung resultiert eine zentrale Anforderung: Der geistige Film muss spezifische *Werte* auf Ihr Produkt abstrahlen, die für die Kaufentscheidung des Verbrauchers höchst relevant sind. So wie im Jamaika-Beispiel.

Wie finden Sie nun den idealen geistigen Film für Ihr Produkt? Wir empfehlen Ihnen eine Vorgehensweise in drei Schritten, und zwar am Beispiel der skandinavischen Wodkamarke *Finlandia*, die in den USA vermarktet werden soll. Die Herausforderung besteht darin, diese kleine europäische Wodkamarke so stark zu machen, dass sie sogar die Front der etablierten russischen Originale aufbrechen kann.

1. Schritt: Definieren Sie diejenigen Werte Ihrer Marke, die für die Kaufentscheidung am wichtigsten sind
Denken Sie darüber nach, welche Erwartungen der Verbraucher an ein »Idealprodukt« stellt. Ein *idealer* Wodka muss beispielsweise (1) aus Russland kommen und (2) absolut klar, rein und pur sein. Für unseren *Finlandia* ist die Sache klar: Einer russischen Herkunft kann er sich leider nicht rühmen. Aber er kann bei den Qualitätsmerkmalen klar, rein und pur anknüpfen.

2. Schritt: Suchen Sie einen dazu passenden »geistigen Film«
Gibt es im Kopf der Verbraucher einen geistigen Film, der die Werte klar, rein und pur verkörpert? Starten Sie die Suche nach diesem Film immer möglichst nah am Ursprung Ihres Produktes: bei seiner Heimat oder Herkunft, seiner Herstellung oder Entstehung, seiner äußeren Erscheinung oder seinem Namen, seinen Kunden oder Verwendungssituationen. Für unseren finnischen Wodka liegt die Lösung auf der Hand: Das Stichwort finnische Heimat löst bereits eine geistige Bildfolge aus, die relativ gut zu den Werten klar, rein und pur passt.

3. Schritt: Editieren Sie den geistigen Films
Der geistige Film »Finnland« ist leider noch viel zu wenig fokussiert: Bilder von Landschaften, Menschen, Tieren, aber auch von politischen, wirtschaftlichen oder sozialen Themen wandern über die geistige Leinwand. Darum müssen wir den geistigen Film *editieren*: Er soll *ausschließlich* auf die Werte kalt, klar und rein reduziert werden. Alle anderen Assoziationen und Bilder werden konsequent ausgeblendet. So entsteht für *Finlandia* die Positionierung: »Wodka from the top of the world«. Finnland wird also als Teil der nordpolaren Region dargestellt, die nur aus kristallklarem Eis, blitzender Wintersonne und sprudelfrischer Luft besteht. Keine Menschen, keine Städte, kein Grün, keine Elche. Der geistige Film »Finnland« strahlt *nur* die drei kaufrelevanten Werte (kalt, klar und rein) auf die Marke ab, sonst nichts.

Für *Finlandia* ging die Strategie auf: Mit dem geistigen Film schaffte es unser Wodka, die russischen Originale zurückzudrängen. *Finlandia* hat viel mehr geleistet als andere Wodkamarken, die ebenfalls behaupten, kalt, klar und rein zu sein. Denn erst der geistige Film verschmelzt diese drei Werte mit dem Produkt zu einer durchschlagenden Kraft. Um *Finlandia* zu übertrumpfen, müsste ein Wettbewerber erst einmal einen stärkeren Film im geistigen Archiv des Verbrauchers entdecken.
    Fassen wir die Erkenntnisse noch einmal in einem prägnanten Wachstums-Code zusammen:

Das Film-Prinzip:

Verknüpfen Sie Ihre Marke mit einem existierenden »geistigen Film«, der spezifische Werte auf Ihr Produkt abstrahlt, die für den Kauf relevant sind.

Die Erfolgsfaktoren des »geistigen Films«:

1. **Produktbezug:** Suchen Sie den geistigen Film möglichst aus dem unmittelbaren Assoziationskreis um Ihre Marke herum: seiner Herkunft, Entstehung, Herstellung oder Verwendung.

2. **Relevanz:** Der geistige Film soll möglichst direkt auf die *Qualität* und/oder *Wertigkeit* Ihrer Marke abstrahlen. Manchmal gelingt dies, indem Sie einfach den geistigen Film verwenden, der zur Heimat Ihrer Marke gehört, so wie im obigen *Finlandia*-Beispiel. Aber Vorsicht: Stellen Sie sich einen Wodka aus Argentinien vor. Der geistige Film über Argentien steht für Werte («feurig, heiß, temperamentvoll«), die zu einem Wodka überhaupt nicht passen. Für einen Brandy hingegen könnten sie durchaus funktionieren.

3. **Faszination:** Wie aufregend ist der Film, den Sie im geistigen Archiv für Ihre Marke entdeckt haben? Wie scharf, wie farbenfroh, wie lebendig sind die Bilder, die im Kopf damit verbunden sind? Je mehr Faszination in diesen Bildern steckt, desto mehr Faszination strahlt auch auf Ihre Marke ab.

Testen Sie Ihre Marke mit geschlossenen Augen: Läuft überhaupt ein »geistiger Film« auf der Leinwand im Kopf ab? Wenn ja, welche Werte strahlt er auf Ihr Produkt ab? Lassen Sie sich Ihre Vermutungen im Zweifelsfall von der Marktforschung bestätigen. Könnte es vielleicht noch einen anderen »geistigen Film« im Kopf der Verbraucher geben, der einen noch höheren virtuellen Mehrwert für Ihr Produkt erzeugt?

FAZIT

Wir haben nun das Portal »Nutzen und Vorteile« geöffnet und dabei eine Auswahl von fünf universellen Wachstums-Codes kennen gelernt. Sie alle sind darauf zugespitzt, einen virtuellen Mehrwert für Ihre Marke zu erzeugen, der den Verbraucher zum Kauf animiert.
Denken Sie in folgende Richtungen:

- Wie kann Ihre Marke den Sprung aus der relativen Bedeutungslosigkeit auf die Agenda der wichtigsten Lebensinteressen des Verbrauchers schaffen?

- Wie können Sie dazu beitragen, akute Ängste des Verbrauchers auszuschalten?

- Welcher Geist (also welche Ambition, Philosophie oder Mission) ist in Ihrer Branche erforderlich, um Spitzenleistungen zu erbringen?

- Wo liegt die Magie, die faszinierende Unmöglichkeit, die in Ihrer Marke steckt?

- Gibt es einen faszinierenden geistigen Film in den Köpfen der Verbraucher, mit dem Sie Ihr Produkt von allen Wettbewerbern abgrenzen können?

Jetzt werden wir nacheinander die anderen vier Portale zum Verbraucher aufstoßen. Dort geht es primär um psychologische und emotionale Kaufmotive, die mit der Qualität eines Produktes nur wenig oder nur indirekt zu tun haben. Aha, denken Sie vielleicht, jetzt geht es um »Softselling«. Das Gegenteil ist richtig: Wir werden Ihnen universelle Wachstums-Codes vorstellen, mit denen es gelingen kann, sogar qualitativ überlegene Wettbewerber strategisch auszuhebeln.

PORTAL 2:
NORMEN UND WERTE

KERNTHESE: **Der Verbraucher bevorzugt Ihr Produkt, um einen inneren Konflikt (mit seinen Normen und Werten) zu lösen oder zu vermeiden.**

Normen und Werte können das menschliche Handeln – also auch Kaufentscheidungen – stärker prägen als die Aussicht auf einen attraktiven Nutzen. Unter Werten meinen wir hier die Gesamtheit aller ethischen, moralischen und sozialen Orientierungen im Kopf, also Pflichtbewusstsein, Treue, Fairness, Anstand usw. Aus abstrakten Werten resultieren konkrete Normen, also kleine Verhaltensbefehle des Gehirns, die uns von früh bis spät ins Ohr flüstern, wie wir uns »richtig« zu verhalten haben und was »falsch« ist. Schon wenn morgens der Wecker klingelt, starten die ersten Verhaltensbefehle: »Du musst jetzt aufstehen.« – »Du musst jetzt Zähne putzen.« – »Du musst dir eine Krawatte umbinden.« – »Du musst pünktlich im Büro eintreffen.« So geht es den ganzen Tag weiter. Wenn wir nun aber gegen unsere eigenen Normen verstoßen, regen sich in uns Schuldgefühle. Sie sind wie ein innerer »Stachel«, der uns wieder auf den richtigen Weg bringen soll.

Vereinfacht gesagt sind Normen und Werte die großen *moralischen Gegenspieler* von Nutzen und Vorteilen. Wir öffnen einen neuen Zugang zum Kopf der Verbraucher, ein neues Portal, hinter dem sich eine neue Gruppe möglicher Handlungsmotive verbirgt. Nicht die Frage »Was habe ich davon?« steht im Vordergrund, sondern die Frage »Was ist *richtig* – was ist *falsch*?« Bei jeder Handlungsentscheidung prüfen wir automatisch, ob moralische, ethische oder soziale Norm dafür oder dagegen sprechen. Im Kopf konkurrieren einerseits *Nutzen* und andererseits *Normen* ständig miteinander wie zwei polarisierende Kräfte: Soll ich das Wochenende lieber im Freibad verbringen (mehr Nutzen) oder lieber einem Freund beim Umzug helfen (Norm erfüllen)? Soll ich eine sterbenslangweilige Party nach zehn Minuten wieder verlassen (mehr Nutzen) oder wenigstens eine Anstandsstunde abwarten (Norm erfüllen)? Soll ich mir ein erotisches Abenteuer mit einer flüchtigen Bekannten gönnen (mehr Nutzen) oder aus Treue zu meinem Ehepartner lieber darauf verzichten (Norm erfüllen)? Wenn wir uneigennützig handeln oder sogar absichtlich ein verlockendes Angebot ausschlagen, sind fast immer diese kleinen moralischen Verhaltensbefehle im Kopf daran schuld.

Wie Normen und Werte unser tägliches Leben regieren

Denken Sie einmal darüber nach, wie oft Sie im Alltag aus moralischen, ethischen oder sozialen Gründen aktiv werden. Wahrscheinlich werden Sie verblüfft darüber sein, wie stark Normen Ihr Leben dominieren. Unsere Handlungsentscheidungen werden gesteuert durch
• Pflichtbewusstsein
• Verantwortungsgefühl
• Stolz, Ehrgefühl, Eitelkeit
• soziale Verpflichtung, Höflichkeit, Anstand
• Rücksicht
• Fairness
• Gefälligkeit, Dankbarkeit
• Neid, Missgunst
• Prinzipientreue
• Solidarität, Loyalität
• Mitleid, Hilfsbereitschaft
    Die Liste ließe sich fortsetzen. Bei all diesen Motiven steht nicht der persönliche Nutzen im Vordergrund, sondern im wei-

testen Sinne unser *Wertesystem*. Es sagt uns, was gerade »richtig« oder »falsch« ist, auch wenn es uns gar keinen Spaß macht.

Die verblüffende Macht unserer Normen

Wie unglaublich stark die moralischen oder sozialen Verhaltensbefehle im Kopf sind, zeigen *Extremfälle* besonders deutlich: Menschen verzichten auf beträchtliche persönliche Vorteile, nur um ihre moralischen Normen zu erfüllen. Sie bringen unglaubliche Opfer, um ihren Wertvorstellungen gerecht zu werden.

Das *Guiness-Buch der Rekorde* berichtet u. a. von dem Farmer Lowell Elliott aus Indiana (USA), der wohl als der ehrlichste Finder in die Geschichte eingehen wird. Er entdeckte auf seinem Gelände einen Betrag in Höhe von 500 000 US-Dollar. Augenzeugen gab es nicht, es drohte ihm kein Risiko. Trotzdem übergab er die Summe bis auf den letzten Cent der Polizei. Elliott stand also vor der Wahl: Sollte er dem verlockenden Nutzen des Geldes nachgeben oder der Stimme seines Gewissens (die Norm!), die ihm befahl, das Geld abzuliefern? Hier war die Norm stärker!

Einen pikanten Konflikt zwischen Nutzen und Normen dramatisiert der Hollywood-Kassenschlager »Ein unmoralisches Angebot«: Der alternde Milliardär John Gage bietet der attraktiven jungen Immobilienmaklerin Diana eine Million US-Dollar dafür, dass sie eine erotische Nacht mit ihm verbringt. Die junge Frau und ihr Ehemann David befinden sich in akuter Geldnot und Diana fühlt sich durchaus zu dem älteren Herrn hingezogen. Aber darf sie sich für eine Million US-Dollar prostituieren? Oder anders gesagt: Darf sie für einen materiellen Nutzen (1 Mio. US-Dollar) eine schier übermächtige Norm (»Ich darf mich nicht prostituieren«) verletzen? Der Film regte unter den Zuschauern eine moralische Diskussion an. Für viele war die Norm ein unumstößliches Gesetz, von dem man sich mit keinem Geldbetrag der Welt freikaufen durfte.

Um die teilweise unerbittliche Macht von Normen zu veranschaulichen, führte ein amerikanisches Forscherteam ein schockierendes sozialpsychologisches Experiment durch. Sie luden eine Schulklasse von 13- bis 14-jährigen Jungen zu einem angeblich wichtigen wissenschaftlichen Experiment ein, bei dem das Risiko bestand, bis zu 50 Prozent Hörverlust zu erleiden. Das war allerdings nur ein Vorwand. Tatsächlich wollten die Forscher herausfinden, bis zu welcher Grenze sich die Jugendlichen unter den Druck einer Autorität setzen ließen. Wie stark würden sie sich der Norm gehorsamer Pflichterfüllung unterwerfen? 39 von 42 Schülern nahmen freiwillig an dem Experiment teil. Jeder von ihnen musste einen »Geräuschgenerator« bedienen, der ihre Trommelfelle per Knopfdruck mit unhörbaren Ultrahochfrequenz-Geräuschen malträtierte. Auf einem auffälligen Display wurde dem Schüler gleichzeitig die unerbittlich wachsende Gefahrenstufe vor Augen geführt. Die Skala reichte von Stufe 0 (keine Gefahr) über Stufe 8 (bis 50 Prozent Hörverlust) bis Stufe 10. Die Schüler kooperierten aus reinem Pflichtbewusstsein, um den wissenschaftlichen Test nicht zu gefährden und den Versuchsleiter nicht zu enttäuschen. Das Ergebnis: 70 Prozent der Schüler gingen bereitwillig das Risiko ein, mindestens 50 Prozent ihrer Hörkraft einzubüßen. Und das, weil eine innere Norm ihnen befahl: »Es ist deine Pflicht, dem Wissenschaftler zu helfen«. Weder Anreize noch Drohungen waren im Spiel. Das Experiment veranschaulicht also sehr deutlich die reine Kraft der Normen.

In letzter Konsequenz können ethische oder ideologische Wertvorstellungen so übermächtig sein, dass Menschen dafür sogar in den Tod gehen. Sokrates leerte den Becher mit dem tödlichen Schierlingstrank, weil er seine ketzerischen Thesen über das Göttliche im Menschen (nämlich die innere Stimme des Gewissens) nicht widerrufen wollte. Beim Untergang der Titanic haben offenbar vier milliardenschwere Großindustrielle freiwillig auf die Chance verzichtet, in eines der Rettungsboote zu steigen, um ihnen unbekannten Frauen und Kindern das Leben zu retten. Bei politischen Protestkundgebungen kommt es immer wieder zu freiwilligen Selbstverbrennungen. Fanatische Menschen gehen also freiwillig in den Tod, um einem höheren Zweck zu dienen, nicht um sich selbst einen Gefallen zu tun.

Wie wirksam Normen sind, um das Verhalten von Menschen zu ändern

Wahrscheinlich stimmen Sie zu, dass Normen eine ungeheure Macht auf das menschliche Verhalten ausüben. Aber vielleicht denken Sie, es handle sich dabei um Handlungsmotivationen *von innen*, die sich *von außen* nicht wesentlich beeinflussen lassen. Das Gegenteil ist richtig: Psychologen nutzen Normen als hochwirksame Instrumente, um sogar bei gestörten, schwer zugänglichen Persönlichkeiten »falsche« Verhaltensweisen zu korrigieren. Wie sie dabei vorgehen, zeigt ein Beispiel aus der Psychiatrie: Stellen Sie sich ein 16-jähriges Mädchens vor, das noch immer hartnäckig an ihrem Daumen lutscht und damit ihre Eltern und Lehrer zur Verzweiflung treibt. Alle üblichen Strafen, vom Auslachen bis zum Ausgehverbot, sind fehlgeschlagen. Erst als der berühmte Psychiater *Dr. Milton H. Erickson* das Mädchen *verpflichtete*, täglich zu einer festgelegten Zeit und für eine festgelegte Dauer an ihrem Daumen zu lutschen, legte das Mädchen seine skurrile Gewohnheit ab. Was steckt hinter der Strategie des Psychiaters? Er hat einfach das *rebellische Verhalten* («Daumenlutschen«) in eine *Pflicht* verwandelt. Die vom Mädchen beabsichtigte *Normverletzung* wurde also zu einer gehorsamen *Normerfüllung*. Das will unser Mädchen vermeiden, also hört sie mit dem Daumenlutschen auf. Man nennt diese Therapieform auch »Paradoxe Intervention«. Sie beweist, dass man sehr gezielt mit Normen arbeiten kann, um die Verhaltensweisen anderer Menschen in eine bestimmte Richtung zu korrigieren.

So beeinflussen Normen und Werte die Markenwahl

Normen können das Zünglein an der Waage sein, wenn der Verbraucher eine Kaufentscheidung für oder gegen eine bestimmte Marke trifft. Dazu einige Beispiele:
• Millionen Verbraucher bevorzugen heutzutage umweltfreundliche Produkte, z. B. Putzmittel. Dahinter steckt nicht

der Glaube an eine überlegene Qualität, sondern eine gesellschaftliche *Norm*, die uns zum Umweltschutz mahnt.

- Es häufen sich die Fälle, in denen Verbraucher aufgrund ihrer moralischen Entrüstung bestimmte Marken boykottieren. Dies gilt beispielsweise für die Marke *Benetton,* die die Öffentlichkeit mit erschütternden Werbemotiven schockierte: mit einem blutüberströmten Soldaten, einem sterbenden Aidskranken usw. Die Verbraucher boykottierten die Marke: Innerhalb von zwei Jahren mussten allein in Deutschland 100 Läden schließen, die restlichen verzeichneten Umsatzeinbußen bis zu 30 Prozent.

Ebenfalls Opfer eines Boykotts wurde der Mineralölkonzern *Shell,* als er seine Ölplattform *BrentSpar* im Meer versenken wollte. Die Verbraucher waren empört: Drei Viertel der Bevölkerung waren laut Umfragen bereit, den Konzern zu boykottieren. Tatsächlich ging der Umsatz einzelner *Shell*-Tankstellen um bis zu 50 Prozent zurück.

Fast jeder kennt von sich selbst das Phänomen der psychologischen Preisschwellen, die uns gelegentlich zu irrationalem Verhalten treiben. Ein Marktforschungsunternehmen wies in einem Feldexperiment nach, dass eine Markenmargarine bei einem Preis knapp unter 2 DM sprunghaft mehr Käufer fand als bei einem Preis knapp über 2 DM. Der geringe Preisunterschied stellt natürlich für den Verbraucher keine echte finanzielle Hürde dar. Die Kaufbarriere ist vielmehr eine Norm: Die Verbraucher wollen *aus Prinzip* nicht mehr als 2 DM bezahlen, weil sie es »nicht einsehen«.

Fassen wir noch einmal zusammen: Normen und Werte prägen das menschliche Verhalten oft viel stärker als die Aussicht auf einen attraktiven persönlichen Nutzen. Außerdem kann man Normen als hochwirksames Instrument nutzen, um Menschen von einer Verhaltensänderung zu überzeugen. Womit wir beim Thema »Marke« wären. Wie können Sie das Wissen über Normen und Werte nutzen, damit sich der Verbraucher für *Ihr* Produkt entscheidet – auch wenn es qualitativ nicht besser sein mag als das der Wettbewerber?

Die Wachstums-Codes, die auf »Normen und Werte« basieren

Zahlreiche Siegermarken aller Branchen und Länder bauen ihre Strategien auf der Macht menschlicher Normen auf. Dabei kann man sehr unterschiedliche Ansätze wählen, nämlich

1. Schuldgefühle beseitigen:

Wie oft werden wir im Alltag unseren sozialen Pflichten gegenüber Mitmenschen nicht gerecht? Wir vergessen den Hochzeitstag des Ehepartners, verbringen zu wenig Zeit mit den Kindern, haben uns bei guten Freunden schon viel zu lange nicht mehr gemeldet. Solche Pflichtverletzungen rufen Gewissensbisse hervor. Manche Marken befreien uns davon und verhelfen sich selbst so zu neuem Wachstum: zum Beispiel ein Pausensnack für Kinder, ein Weichspüler und eine Marke für Glückwunschkarten.

2. Stolz und Ehre provozieren:

Jeder Mensch richtet bestimmte Erwartungen, Ansprüche und *Wertvorstellungen* an sich selbst: Er will interessant sein, fair, offen usw. Können wir die Ansprüche an uns selbst nicht erfüllen, fühlen wir uns äußerst unwohl. Noch schlimmer ist es, wenn andere Leute uns das Gefühl geben, langweilig, unfair oder intolerant zu sein. Dann ist unsere Eitelkeit angekratzt, die Ehre gekränkt, der Stolz verletzt. Einige Siegermarken erzielen beträchtliche Zuwächse, indem sie den Stolz der Verbraucher herausfordern. Wie das geht, werden wir am Beispiel einer Telekommunikations-Gesellschaft darstellen.

3. Widersprüche aufdecken:

Unser Denken und Handeln muss in sich stimmig und schlüssig sein. Wenn uns jemand eine *Inkonsequenz* nachweist, entsteht eine starke Motivation, unser bisheriges Verhalten zu korrigieren. Wie steht es mit Ihren (Noch-)Nicht-Kunden? Investieren sie womöglich mehr Zeit, mehr Geld oder mehr

Aufmerksamkeit in Dinge, die eigentlich weniger wichtig sind als Ihr Produkt? Setzen sie also falsche Prioritäten im (Alltags-)Leben? Wer seinem Verbraucher solche Widersprüchlichkeiten nachweist, kann damit seinen Absatz gezielt ankurbeln, wie das Beispiel einer Versicherungsgesellschaft beweist.

4. Tabus umstürzen:
Manche Produkte sind in unserem Kopf mit einem Verbotsschild versehen, das einer echten Kaufbarriere gleichkommt. Wir empfinden es als peinlich, solche Produkte zu kaufen oder (öffentlich) zu verwenden, obwohl sie durchaus einen notwendigen oder verlockenden Nutzen bieten mögen. Wahrscheinlich denken Sie jetzt an Erotikartikel (z. B. Vibratoren) oder medizinische Produkte (z. B. Hämorrhoidensalben). Aber auch viele Genussmittel (z. B. Alkoholika) und Luxusgüter (z. B. teure Cremes) mögen mit einem Tabu behaftet sein. Denn viele Leute finden es nicht richtig, sich selbst zu verwöhnen. Luxus ist tabu für sie. Es gibt bewährte Wege, solche hinderlichen Verbotsschilder im Kopf abzuhängen, um den Markterfolg zu steigern.

1. Schuldgefühle beseitigen

Wir alle haben im Kopf ein kleines »Gesetzbuch« abgespeichert, das genau reglementiert, wie wir uns *anderen Leuten gegenüber* zu verhalten haben: gegenüber dem Ehepartner, den Kindern, den Eltern, den Nachbarn, den Freunden, den Verwandten, den Kollegen. Aber auch gegenüber Vorgesetzten, behördlichen Autoritäten, hilfsbedürftigen Menschen, völlig Unbekannten. Das Gesetzbuch im Kopf ist ziemlich streng: Es sagt uns beispielsweise, wie wir uns auf einer Cocktailparty zu verhalten haben: was wir anziehen dürfen, was als Geschenk infrage kommt, worüber wir reden, welche Themen wir meiden, wann wir frühestens oder spätestens wieder gehen sollten. Insbesondere Begrüßungs- und Abschiedsrituale sind ziemlich genau festgelegt.

Noch viel umfangreicher sind die Verhaltensgesetze innerhalb der Familie: Verbringe ich genug Zeit mit dem Ehepartner? Bekommen die Kinder genug Taschengeld? Müssen wir die Großeltern zu Weihnachten besuchen? Wir haben relativ klare Vorstellungen darüber, wie solche Fragen zu entscheiden sind. Nicht unser persönlicher Nutzen steht dabei im Vordergrund, sondern unser Wertesystem. Warum halten wir uns – weitgehendst – an die Gesetze? Dahinter steckt nicht die oberflächliche Erwartung eines Vorteils, sondern etwas viel Tieferes: soziales Pflichtbewusstsein, Verantwortungsgefühl, innere Überzeugung. Das Gewissen protestiert, wenn wir den Muttertag verschwitzt haben, wenn wir den Kindern ihren größten Wunsch abschlagen, wenn wir mal bis spätabends arbeiten, anstatt mit dem Partner auszugehen.

Marken, die das schlechte Gewissen vermeiden, beruhigen oder abschalten, bieten ein attraktives Kaufmotiv. Siegermarken haben das längst erkannt. Aus ihren Erfahrungen resultiert ein Wachstums-Code, der prinzipiell für Produkte und Dienstleistungen aller Branchen anwendbar ist:

Das Gewissens-Prinzip:

Positionieren Sie Ihre Marke als die ideales Mittel, um (latente) Schuldgefühle der Verbraucher gegenüber Dritten (Familie, Freunde, Bekannte etc.) abzubauen.

Die Erfolgsfaktoren:

1. *Intensität des Schuldgefühls:* Ihre Marke kann nur Schuldgefühle beseitigen, die der Verbraucher tatsächlich empfindet. Prüfen Sie, wie tief diese sitzen. Definieren Sie außerdem, wer jener Dritte ist, auf den sich die Schuldgefühle beziehen. Meist sind es Ehepartner, Kinder, Freunde, Bekannte, Nachbarn oder Haustiere. Prinzipiell gilt: Je liebenswerter und unschuldiger jener Dritte ist und je mehr er die liebevolle Zuwendung des Verbrauchers verdient, desto besser.

2. Kompetenz: Der Verbraucher sollte nachvollziehen können, warum sich ausgerechnet Ihre Marke besser eignet, seine Pflicht gegenüber Dritten zu erfüllen, als Wettbewerbsmarken. Wie können Sie Ihre besondere Kompetenz beweisen? Zum Beispiel, indem Sie auf die *Exklusivität* Ihres Produkts verweisen oder seine *dominierende Marktstellung*. Der Verbraucher meidet damit also das Risiko, geliebte oder geschätzte Mitmenschen zu enttäuschen.

Die Durchschlagskraft des Gewissens-Prinzips wird oft unterschätzt. Es gibt etliche Siegermarken, die damit über Jahre und Jahrzehnte zweistellige Zuwachsraten erzielen konnten. Ein besonders eindrucksvolles Beispiel ist *Lunchables*, der Pausensnack für Kinder.

FALLBEISPIEL **Lunchables (USA)**

Als *Lunchables* eingeführt wurde, wurde es zu einem sofortigen Erfolg. Mütter sahen darin eine bequeme Alternative, ihren Kindern ein abwechslungsreiches Frühstückspaket mit auf den Weg zu geben. Bald drängten jedoch starke Wettbewerber auf den Markt und setzten *Lunchables* mit Kampfpreisen unter Druck. Achtzehn Monate in Folge bröckelte der Absatz.

Die *Lunchable*-Manager mussten einsehen, dass der Produktnutzen (»Convenience«) seine Durchschlagskraft verloren hatte. Es fehlte ein starkes Kaufmotiv.

Darum änderte die Marke ihren strategischen Kurs radikal. Sie entdeckte nämlich, dass viele Mütter Schuldgefühle verspürten, weil sie sich zu wenig um ihre Kinder kümmerten. Hier setzt nun die große Idee an: Lunchables *sollte als Mittel positioniert werden, um die Schuldgefühle der Mütter zu beseitigen.* Das lässt sich auch begründen: *Lunchables* ist gesund, abwechslungsreich und immer mit der gleichen Sorgfalt hergestellt. Mit dem Kauf von *Lunchables* beweist jede Mutter, dass sie nur das Beste für ihre Kinder im Sinn hat. Die neue

Strategie verhalf dem Absatz innerhalb eines Jahres zu einer Steigerung um 40 Prozent.

An dieser Fallstudie wird deutlich, dass das Gewissens-Prinzip beträchtliche Kräfte im Markt entfesseln kann. Es lässt sich keineswegs nur auf wenige spezielle Marken anwenden (wie man glauben könnte), sondern eignet sich für eine breite Palette von Produkten und Dienstleistungen. Können Sie sich beispielsweise vorstellen, wie man Luxusgrußkarten mithilfe des Gewissens-Prinzips vermarktet? Die folgende Fallstudie von *Hallmark* zeigt eine besonders raffinierte Anwendung dieses Wachstums-Codes.

FALLBEISPIEL **Hallmark (USA)**

Gesucht wird eine durchschlagende Markenstrategie für hochwertige, aber auch entsprechend kostenintensive Gruß- und Glückwunschkarten. Warum sollen Kunden einen Aufpreis für *Hallmark*-Qualität bezahlen? Schließlich ist es doch der Gedanke, der zählt, nicht das Papier, auf dem er geschrieben ist. Anders gesagt: Bei einer Grußkarte kommt es mehr auf den Gruß an – und weniger auf die Karte. Wie also kann *Hallmark* neues Wachstums finden, *ohne* den Preis zu senken?

Einer Lösung kommen wir näher, wenn wir über mögliche Schuldgefühle zwischen dem Sender und dem Empfänger einer Luxusgrußkarte nachdenken. Stellen Sie sich einmal vor, der Geburtstag Ihrer Mutter stehe bevor und Sie wollen ihr eine Grußkarte kaufen. Der reine Gedanke, in dieser Situation Geld sparen zu wollen, kann schon als Mangel an Liebe gegenüber Ihrer Mutter ausgelegt worden. Hier treten Schuldgefühle auf! *Die große strategische Idee liegt nun darin zu sagen, dass der Kauf einer* Hallmark-*Grußkarte dieses Schuldgefühl beseitigt.*

Daraus ensteht der Slogan: »Hallmark. If you care enough to send the very best. – Wenn es Dir wichtig ist, das Allerbeste zu schicken.« Von nun an drängt sich bei jemandem, der im Papierwarenladen nach den günstigen Karten schielt, unwillkürlich die heimliche Frage auf: »Ist mir der Empfänger nicht wichtig genug ...?« Noch unangenehmer ist die Vorstellung, der Beschenkte könne sich auf der Kartenrückseite mit Blick auf den Markennamen vergewissern, wie wichtig (oder unwichtig) er dem Absender ist. Die *Hallmark*-Strategie geht auf: Der hohe Preis – vormals eine Kaufbarriere – verleiht dem Käufer nun ein besonders gutes Gewissen und hat sich somit kurioserweise in einen Kaufanreiz verwandelt.

2. Stolz und Ehre provozieren

Jetzt werden wir uns mit den Wertvorstellungen beschäftigen, die der Verbraucher *auf sich selbst* projiziert. »Ich sollte offen sein – und nicht engstirnig.« – »Ich sollte clever sein – und nicht dumm.« – »Ich sollte ›Klasse‹ haben – und nicht jämmerlich wirken.« – »Ich sollte trendy sein – und nicht altmodisch.« Es gibt unzählige solcher Ansprüche, die bei jedem Menschen unterschiedlich stark ausgeprägt und unterschiedlich akzentuiert sind. Sie machen den Stolz, das Ehrgefühl, die Eitelkeit der Leute aus.

Kritisch wird es jedoch, wenn wir unseren eigenen stolzen Ansprüchen nicht gerecht werden, wenn wir uns also überschätzt haben. Oder noch schlimmer, wenn andere Menschen peinliche Schwächen bei uns entdecken und ihren Finger auf den wunden Punkt legen. Sie bemerken zum Beispiel, dass ich viel konservativer, bürgerlicher oder langweiliger bin, als ich mit meinem Stolz vereinbaren kann. Was passiert dann? Mein Selbstbild bekommt einen »Kratzer«. Ich spüre den inneren »Stachel«, der mich dazu drängt, demonstrativ das Gegenteil zu beweisen – dass ich nämlich *nicht* konservativ, *nicht* bürgerlich, *nicht* langweilig bin.

Im Foyer eines Stockholmer Kinos hängt ein Schild mit der Aufschrift: »Uralten, gebrechlichen Damen ist es erlaubt, ihre Hüte in unserem Theater aufzubehalten.« Dieses scheinbar freundliche Zugeständnis trifft einen wunden Punkt vieler bejahrter Damen. Eigentlich würden sie ihren Hut lieber aufbehalten. Damit würden sie sich aber automatisch in aller Öffentlichkeit als alt und gebrechlich entlarven. Hier rührt sich der »Stachel des Stolzes« und motiviert die Damen, ihre Hüte doch lieber abzunehmen. Das Schild bewirkt also eine gezielte Verhaltensänderung – und dies vermutlich viel effektiver als alle möglichen Appelle, Warnungen oder höflichen Bitten.

Aus dem verletzten Stolz resultiert also eine starke Handlungsmotivation. Diesen Effekt nutzen die Menschen im Alltag gern aus, um sich gegenseitig zu beeinflussen. Typische Situation: Die Ehefrau will im Urlaub in der Wildnis campen, während er von einem Luxushotel am Strand träumt. Ihre Strategie besteht nun darin, seinen Stolz zu provozieren: »Komm schon, Schatzi, sei doch nicht so spießig. Luxushotels können wir auch in dreißig Jahren noch buchen. Du wirst doch nicht deinen Urlaub genauso verbringen wollen wie die Schmidts von nebenan?« Jetzt regt sich der Stachel des Stolzes beim Ehegatten und er muss ihn irgendwie loswerden. Er will nicht zulassen, dass seine Frau ihn für einen »Spießbürger« hält, der zu einem Abenteuertrip in die Wildnis nicht mehr bereit ist. Das ist nur eines von tausend Beispielen, wie ein provozierender Appell an den Stolz unsere Handlungsentscheidungen beeinflussen kann.

Wer einen Stolz-Appell anwendet, sollte sich immer Gedanken darüber machen, welche *Bezugsgruppe* er heranzieht. Nicht umsonst verweist die Ehefrau im obigen Beispiel auf die Schmidts von nebenan. Der Vergleich mit diesen erzkonservativen Nachbarn lässt das Pendel noch einmal deutlicher in Richtung »Campen« ausschlagen. *Die Bezugsgruppe bestimmt also, wie stark ein Stolz-Appell wirklich trifft.* Wenn wir das Gefühl haben, hinter einer bestimmten Bezugsgruppe zurückzufallen, der wir uns zumindest ebenbürtig oder sogar überlegen fühlen, macht uns das sehr verletzlich. Der innere Stachel drängt uns, Gegenmaßnahmen zu ergreifen. Das kann beispielsweise auch der Kauf einer bestimmten Marke sein.

Das Stolz-Prinzip:

Provozieren Sie den Stolz (oder die Ehre oder die Eitelkeit) Ihres Verbrauchers – und positionieren Sie Ihre Marke als ideales Mittel, um diesen Stolz zu befriedigen.

Die Erfolgsfaktoren:

1. **Produktbezug:** Stellen Sie einen Bezug her zwischen Ihrer Marke und dem Stolz des Verbrauchers. Wählen Sie als Ausgangspunkt eine Stärke, eine Schwäche oder jegliche andere Besonderheit Ihrer Marke. Mit dem Stolz-Prinzip können Sie sogar vermeintliche *Schwächen* Ihrer Marke ausmerzen. So wie die *extrem starken* Hustenbonbons, die den Verbraucher mit dem Slogan provozieren: »Sind sie zu stark, bist du zu schwach.«

2. **Wunder Punkt:** Stellen Sie fest, in welchem Maß Ihr Vorwurf den Stolz des Verbrauchers *tatsächlich* provoziert. Treffen Sie einen »wunden Punkt« bei ihm, also (heimliche) Zweifel an seinem Selbstbild? Formulieren Sie Ihre Kritik aber immer subtil, um den Verbraucher nicht gegen sich aufzubringen.

3. **Die Bezugsgruppe:** Denken Sie darüber nach, an welcher *Bezugsgruppe* Sie die Schwäche des Verbrauchers messen. Im Vergleich zu *wem* ist er beispielsweise »altmodisch«? Vorzugsweise natürlich gegenüber Leuten, die er als ebenbürtig oder *sozial unterlegen* ansieht. Einen Manager provoziert es am meisten, wenn jemand behauptet, die Arbeiter seiner Fabrik seien weniger altmodisch als er.

4. **Die Autorität:** Legen Sie fest, *wer* an Stolz und Ehre des Verbrauchers kratzt. Ist es Ihre Marke oder Ihre Firma selbst? Wollen Sie einen Prominenten verpflichten oder typische Vertreter aus der Zielgruppe als Fürsprecher gewinnen? Prüfen Sie, wer die höchste Glaubwürdigkeit ausstrahlt.

Welche verblüffenden Kräfte Sie mit dem Stolz-Prinzip im Markt entfesseln können, beweist das folgende Beispiel. Der *Deutschen Telekom* gelang es damit, das Denken und Handeln einer ganzen Nation zu verändern ...

FALLBEISPIEL **Deutsche Telekom (Deutschland)**

Für ihren Börsengang suchte die *Deutsche Telekom* private Investoren, die für insgesamt 15 Milliarden Mark Aktien zeichnen würden. Zu diesem Zeitpunkt waren jedoch nur etwa 5 Prozent der Deutschen Aktienbesitzer (gegenüber 21 Prozent in den USA und 17 Prozent in Großbritannien), obwohl Aktien langfristig zu den rentabelsten und sichersten Geldanlagen gehören. Doch die Schwellenängste der Verbraucher sind stärker als die Summe aller Nutzenargumente. So stark sind die psychologischen Widerstände in den Köpfen der Menschen. Wie räumen Sie diese massiven Barrieren gezielt aus dem Weg? Wie rütteln Sie die Menschen aus ihrem Dornröschenschlaf? Eine enorme strategische Herausforderung.

Der strategische Ansatz: *Die Deutsche Telekom provoziert den Stolz der Bevölkerung, nicht hinter der breiten Masse zurückfallen zu wollen.* Der Börsengang wurde daher als nationaler Aufbruch des ganzen Volkes inszeniert: Ganz Deutschland geht an die Börse! Und wer nicht dabei ist, verpasst unweigerlich den Anschluss. Als Bezugsgruppe wurden in der Werbekampagne bewusst einfache Leute gewählt: Dort bekennen Feuerwehrleute, Maurer und Kellnerinnen, dass sie den großen Schritt zu machen bereit sind. Wer möchte hinter ihnen zurückfallen? Gerade der Stolz der so genannten Besserverdiener leidet, wenn sie selbst ihre Schwellenängste nicht überwinden können, während der Kanalarbeiter an der Straßenecke bereits stolzer Aktionär geworden ist. Der innere »Stachel« des Stolzes motiviert viele hunderttausend Menschen, gemeinsam mit der *Deutschen Telekom* an die Börse zu gehen. Der Erfolg der Aktion sprengte die kühnsten Erwartungen: 3,1 Millionen Interessenten meldeten sich, viermal mehr, als Marktforscher zuvor als Obergrenze prognostiziert hatten. Insgesamt wurde eine Nachfrage von 100 Milliarden Mark geschaffen, sechsmal mehr als erforderlich. Die *Telekom* hat somit mehr Privatanleger zu Aktionären gemacht als jedes andere Unternehmen in Deutschland.

Die Fallstudie zeigt, dass Stolz-Strategien stärker auf die Kaufentscheidung einwirken können als materielle Nutzenversprechen. Wenn Sie den wunden Punkt Ihrer Kunden treffen, können Sie sogar (fast) unlösbare Probleme bewältigen, wie das folgende Beispiel der Berliner Verkehrsbetriebe zeigt:

FALLBEISPIEL Stadt Berlin: Die Anti-Vandalismus-Initiative (Deutschland)

In allen Großstädten treiben Vandalen mit Vorliebe in U-Bahn-Schächten und öffentlichen Verkehrsmitteln ihr Unwesen. Sie sprühen Graffitis an die Wände, schlitzen die Sitzpolster auf und reißen das Mobiliar aus den Metallgelenken. Dadurch entstehen jährlich Schäden in Millionenhöhe. Der immense materielle Schaden bewog die *Berliner Verkehrsbetriebe*, den Vandalen endgültig den Krieg zu erklären. Aber wie? Sie können sich vorstellen, dass in der Vergangenheit schon alle Hebel in Bewegung gesetzt worden waren: Geldbußen wurden verhängt, Kopfgelder ausgesetzt und Überwachungskameras installiert. Sonderpolizei-Kommandos patrouillierten nächtelang mit trainierten Kampfhunden in den U-Bahn-Schächten. Doch Vandalen sind hart gesottene »Underdogs«. Sie ignorieren nicht nur Warnungen und Drohungen aller Art, sondern amüsieren sich sogar darüber. Welche Strategie kann stark genug sein, um die Vandalen zu bekehren (und somit Millionenbeträge pro Jahr für die Stadt einsparen)?

Analysieren wir zunächst einmal das psychologische Profil der Täter. Dabei stoßen wir auf einen interessanten Widerspruch. Auf der einen Seite sind Vandalen meist gescheiterte Existenzen mit einem ziemlich zerkratzten Ego. Auf der anderen Seite feiern sie ihre Zerstörungen als »Heldentaten«, die sie innerhalb ihrer Gruppe zu stolzen »Anti-Helden« der

Gesellschaft machen. Vandalentum verwandelt die Täter auf eine pervertierte Weise in Berühmtheiten. Und genau hier können wir den großen strategischen Hebel ansetzen: *Wir provozieren den Stolz der Vandalen: Wir zerstören ihr Heldentum und brandmarken sie öffentlich als jämmerliche Verlierer.* So wollen wir den schmerzhaften inneren Stachel aktivieren, der die Täter zur Umkehr treibt. Niemand kann das Gefühl ertragen, ein Verlierer zu sein. Jetzt ist allerdings noch eine wichtige Frage offen: Wer ist die *Autorität,* die den Vandalen als Verlierer abstempelt? Es müssen *seine eigenen Freunde* sein, also genau die Leute, die ihn früher als »Helden« gefeiert haben. Nichts wird den Stolz der Vandalen tiefer verletzen als die Verachtung der eigenen Kumpane. So weit die Strategie. Wenden wir uns nun der kreativen Seite der Kampagne zu. Stellen Sie sich bitte einen Kinospot vor, der mit typisch »pochender« Krimimusik unterlegt ist. Wir sehen einen räudigen Straßenköter, eine gemeine, feige und trostlose Kreatur. Sie läuft die Treppe zu einem U-Bahn-Schacht hinunter. Schnitt. Jetzt sehen wir einen mit Spraydosen bewaffneten Vandalen denselben U-Bahn-Schacht hinunterlaufen. Er sieht genauso gemein, feige und trostlos aus. Schnitt. Der Köter nähert sich einer Wand. Schnitt. Der Vandale auch. Schnitt. Der Köter wirft einen ängstlichen Blick über die Schulter. Schnitt. Der Vandale auch. Schnitt. Der Köter pinkelt gegen die Wand. Schnitt. Der Vandale sprüht ein Graffiti an dieselbe Wand. Schnitt. Texttafel: »Vandalen sind arme Hunde.« Das nun einsetzende Hohngelächter des Publikums trifft den Vandalen mitten ins Herz. Denn im Kino sitzen lauter junge Leute wie er selbst, darunter seine eigenen Freunde, deren Wertschätzung ihm so wichtig ist. Die gleichen Leute, die den Vandalen bisher als Berühmtheit gefeiert haben, lachen ihn nun öffentlich aus.

3. Widersprüche aufdecken

Hat Ihnen schon einmal jemand *Inkonsequenz* vorgeworfen? Dann wissen Sie sicherlich, was passiert: Der Adrenalinspiegel steigt und der »innere Stachel« regt sich. Wir müssen entweder unser Verhalten ändern oder eine kluge Rechtfertigung vorbringen. Denn jeder Mensch strebt Konsequenz, Schlüssigkeit oder eine innere Logik in seinem Denken und Handeln an. Das ist nicht nur für uns selbst wichtig, sondern auch für unsere Glaubwürdigkeit im sozialen Umfeld. Besonders bei Persönlichkeiten des öffentlichen Lebens stoßen Widersprüchlichkeiten immer wieder auf Empörung. Was sagt der grüne Politiker, wenn man darauf hinweist, dass sein Privatwagen 20 Liter pro 100 km verbraucht? Hier liegt doch ein Widerspruch vor zwischen dem, was der Politiker predigt, und dem, wie er handelt. Die Unstimmigkeit setzt den Mann unter erheblichen Druck, sein Handeln zu überdenken. Sehr wahrscheinlich kauft er sich das nächste Mal ein sparsameres Auto.

Natürlich ist kein Mensch vollkommen konsequent. Jeder Mensch steckt voller Widersprüche. Kritisch wird es allerdings, wenn wir auf eine Unstimmigkeit in unserer Persönlichkeit *aufmerksam* (gemacht) werden. Dann nämlich fühlen wir den »inneren Stachel« und müssen versuchen, ihn wieder loszuwerden – zum Beispiel indem wir unser Verhalten korrigieren. Selbst der Kauf bestimmter Produkte oder Dienstleistungen lässt sich motivieren, wenn man dem Verbraucher einen Widerspruch nachweist, zum Beispiel, dass er *falsche Prioritäten* setzt: »Warum investieren Sie in *weniger wichtige* Dinge mehr Zeit, mehr Interesse, mehr Geld als in unser Produkt?« Wer kann so argumentieren? Zum Beispiel ...

- eine Versicherung: »Wieso sind Ihr Haus und Ihr Auto topversichert, nicht aber Ihre *Arbeitskraft*, die doch einen viel höheren Wert besitzt?«
- ein Fußpflegemittel: »Warum geben Sie Unsummen für Körperpflege aus, am wenigsten aber für die *Füße*, obwohl sie am meisten strapaziert werden?«

- eine Spendenorganisation: »Wieso spenden Sie mehr Geld für den örtlichen Kaninchenzüchterverein als für Hunger leidende Kinder in der Dritten Welt?«

Solche aufgedeckten Widersprüche können uns motivieren, unser bisher »falsches« Verhalten abzulegen.

Das Inkonsequenz-Prinzip:

Decken Sie eine Widersprüchlichkeit im Verhalten Ihrer Verbraucher auf! Wo setzten sie falsche Prioritäten? Positionieren Sie Ihre Marke als ideales Mittel, um diese Widersprüchlichkeit aufzulösen.

Die Erfolgsfaktoren:

1. Akzeptanz der Inkonsequenz: Empfindet der Verbraucher die Inkonsequenz, die Sie ihm vorwerfen, tatsächlich als solche? Oder kann er sich eine bequeme Rechtfertigung zurechtlegen, um den »Stachel« loszuwerden?

2. Die Autorität: Wer genau wirft dem Verbraucher eine Widersprüchlichkeit vor? Ist es Ihre Marke selbst oder eine externe Persönlichkeit, Gruppe oder Institution, die seinen besonderen Respekt genießt? Entscheiden Sie, wer in den Augen der Verbraucher die größte Autorität besitzt.

3. Die Kompetenz: Akzeptiert der Verbraucher Ihr Produkt als bestmögliches Mittel, um seinen inneren Widerspruch aufzulösen? Aus welchem Grund eignet sich Ihr Produkt dafür besser als die Wettbewerber?

Schauen wir uns einmal an, wie dieser Wachstums-Code von Siegermarken in der Praxis eingesetzt wird. Zum Beispiel von einer amerikanischen Versicherungsgesellschaft:

Aetna Life & Casualty Co. will den amerikanischen Verbrauchern ein Altersvorsorgeprodukt verkaufen. Einzigartige Leistungsvorteile sind offenbar nicht vorhanden. Wo könnte also eine Quelle für neues Wachstum liegen? *Aetna* wendet das Inkonsequenz-Prinzip an und macht die Verbraucher auf einen verblüffenden Widerspruch aufmerksam: »Der durchschnittliche Urlaub dauert zwei Wochen, die durchschnittliche Rentenzeit 20 Jahre. Warum nehmen Sie sich also mehr Zeit für die Planung Ihres Urlaubs als für die Planung Ihrer Altersvorsorge?« Ein eindeutiger Fall falscher Prioritäten: Der Urlaub darf nicht wichtiger genommen werden als das Rentenalter. Millionen Verbraucher fühlen sich ertappt. Sie spüren diesen inneren »Stachel« und müssen etwas dagegen tun. *Aetna* positioniert sich hier als bequeme »erste Hilfe«: Man braucht nur die eingeblendete Telefonnummer anzurufen, um den Widerspruch aus der Welt zu schaffen. Die Strategie geht auf: *Aetna* verzeichnet überdurchschnittliche Zuwächse.

4. Tabus umstürzen

Bei manchen Produkten besteht die größte Kaufbarriere darin, dass sie gesellschaftlich tabu sind. Sie sind im Kopf sozusagen mit einem vollständigen oder eingeschränkten Verbot versehen. Der Verbraucher mag diese Produkte zwar für nützlich oder verlockend halten, schreckt aber vor dem (regelmäßigen) Kauf zurück, weil eine Norm ihm sagt: »Das ist unmoralisch.« oder »Das ist peinlich.« Denken Sie beispielsweise an Erotikartikel (Kondome, Potenzmittel usw.), Intimprodukte (Damenbinden, Windeln für Erwachsene usw.) sowie einige pharmazeutische Präparate (Hämorrhoiden-Salben usw.). Letztlich finden natürlich alle diese Artikel ihre Abnehmer. Aber manchmal kann man den Verwenderkreis vergrößern oder die Kauffrequenz wesentlich steigern, wenn man einfach das Tabu umstürzt. Wie das funktioniert, zeigt der folgende Wachstums-Code:

Das Enttabuisierungs-Prinzip:

Befreien Sie Ihre Marke von Peinlichkeiten und Tabus, indem Sie beweisen, wie spektakulär unspektakulär *es ist.*

Die Erfolgsfaktoren:

1. **Stärke des Tabus:** Je stärker Ihre Marke im Kopf des Verbrauchers mit Peinlichkeiten belastet ist, desto mehr Markterfolg verspricht die Enttabuisierung. Prüfen Sie, ob die Tabus gegen Ihr Produkt tatsächlich den Markterfolg behindern.

2. **Anti-Drama:** Viele Tabus sind durch eine Mehrheit in der Bevölkerung geschützt. Der Verbraucher erwartet also, dass ein peinliches Drama geschieht, wenn er sie bricht. Ihre Strategie muss darin bestehen, dieses Drama zu entschärfen. Beweisen Sie daher, wie *spektakulär unspektakulär* Ihre Marke ist. Sogar in Grenzsituationen, die sich der Verbraucher bisher als besonders peinlich vorgestellt hat, wird es von allen mit verblüffender Selbstverständlichkeit toleriert und akzeptiert. Das nennen wir Anti-Drama.

3. **Autorität:** Da Tabus letztlich immer gesellschaftliche Vereinbarungen sind (und keine objektiven Tatsachen), können sie auch nur durch gesellschaftlich anerkannte Persönlichkeiten, Gruppen oder die ganze Gesellschaft aufgehoben werden. Finden Sie heraus, welche Autoritäten in den Augen Ihrer Verbraucher die größte Glaubwürdigkeit genießen, um Tabus abzuschaffen.

Wie wenden Sie das Enttabuisierungs-Prinzip in der Praxis an? Ein originelles Musterbeispiel ist ein amerikanisches Präparat gegen Verdauungsbeschwerden.

FALLBEISPIEL **Phillips Milk of Magnesia (USA)**

Milk of Magnesia ist ein bewährtes Medikament, das jedoch keine nennenswerten Wirkvorteile gegenüber der Konkurrenz aufweist. Auffällig ist, dass die gesamte Kategorie mit einem Tabu behaftet ist: Der Verbraucher findet es *peinlich*, ein Verdauungspräparat in der Apotheke einzukaufen oder sogar in der Öffentlichkeit (z. B. im Restaurant) einzunehmen. Dieses Tabu hemmt offenbar sowohl den Kauf als auch die regelmäßige Verwendung dieser Produkte. Hier setzen nun die *Phillips*-Manager den strategischen Hebel an: Sie definieren Verdauungsbeschwerden öffentlich als ein harmloses Alltagsproblem der breiten Masse, für das sich niemand zu schämen braucht. *Sie eliminieren das Tabu, indem sie beweisen, wie spektakulär unspektakulär Verdauungsprobleme sind – und somit auch ihre Marke* Milk of Magnesia. Wie lässt sich ein solches Anti-Drama praktisch umsetzen? Stellen Sie sich bitte ein schwarzes Ehepaar im mittleren Alter vor, originale Vertreter der amerikanischen Durchschnittsbevölkerung. Wo immer die beiden auftauchen, plaudert die Ehefrau freimütig über die Verstopfung ihres Mannes. Der sitzt daneben und würde vor Scham am liebsten im Boden versinken. In liebevoller Tolpatschigkeit versucht er, seine geschwätzige Frau zum Schweigen zu bringen, doch ohne Erfolg. Die alte Dame will sich durch nichts und niemand von ihren Verstopfungsanekdoten abbringen lassen. Eines Tages erleben wir die beiden im Restaurant. Der Kellner erscheint, und das unvermeidliche Lieblingsthema kommt wieder auf den Tisch. Gipfel der Unterhaltsamkeit ist ein mütterlicher Ratschlag an den Kellner, *Phillips Milk of Magnesia* demnächst sogar auf die Speisekarte zu setzen. – Sicherlich kann sich der Verbraucher vor dem Fernseher kaum etwas Peinlicheres vorstellen, als seine Verdauungsprobleme in einem Restaurant mit dem Kellner diskutiert zu sehen. Doch die Situation ist so herzerfrischend undramatisch (Stichwort Anti-Drama), dass sich das Tabu geradezu verflüchtigt.

Lassen Sie uns noch einmal die Frage der *Autorität* diskutieren: *Wer* darf das Tabu demonstrativ brechen? *Wer* darf es für ungültig erklären? Es gibt verschiedene Varianten, die sich bei Siegermarken immer wieder bewährt haben:

- Anerkannte Persönlichkeiten: Ein Prominenter bekennt sich mit provozierender Offenheit zu dem »peinlichen« Produkt. Am besten jemand, von dem man *am wenigsten* vermuten würde, dass er das Tabu bricht. Denken Sie an einen Filmstar, der sich freimütig und ohne falsche Scham zu seinem Hörgerät bekennt.

- Eine privilegierte soziale Gruppe: Weisen Sie nach, dass ausgerechnet eine hoch angesehene gesellschaftliche Gruppe (z. B. Politiker, Unternehmer, Millionäre, Rennfahrer, Fotomodelle, Ärzte) Ihr Produkt als selbstverständlichen Bestandteil ihres Alltags akzeptieren. Beispiel: Ein Reiniger für dritte Zähne. Lange Zeit versteckten die deutschen Verwender ihren Reiniger verschämt in einem Apothekerschränkchen. Unsere Marke demonstrierte jedoch, dass ausgerechnet Vertreter der Highsociety ihr Produkt selbstbewusst auf dem Nachttisch neben dem Bett platziert haben – neben Parfümflaschen und hochwertigen Kosmetika. Die Kampagne erzielte seinerzeit über Jahre hinweg überragende Zuwächse.

- Statistische Zahlen: Beweisen Sie, dass Ihr Produkt nicht nur von einer kleinen heimlichen Minderheit gebraucht und gekauft wird, sondern von einem großen Teil der gesamten Bevölkerung. So verliert jedes Tabu seinen Schrecken.

- Integration ins öffentliche Leben: Lassen Sie Ihr Produkt durch einen demonstrativen Auftritt in der Öffentlichkeit am alltäglichen gesellschaftlichen Leben teilnehmen. Beispiel: Eine Initiative für den Gebrauch von Kondomen. Großflächenplakate zeigen kunterbunte Kondome, die spielerisch in witzige Strichzeichnungen eingebaut sind, z.B. als

Räder eines Fahrrads. So nehmen Kondome verschmitzt und ohne falsche Scham am gesellschaftlichen Leben teil. Sie wirken so harmlos, unspektakulär und ehrlich wie das kindliche Spiel. Und genau in dieser provozierenden Harmlosigkeit liegt die Chance, Kondome zu einem selbstverständlichen Bestandteil freier Sexualität zu machen.

Das Enttabuisierungs-Prinzip kann Herausragendes für das Wachstum einer Marke leisten. Einige Siegermarken stiegen damit sogar vom No-Name zum Marktführer auf. Oft werden wir allerdings gefragt, ob man durch Enttabuisierung nicht der ganzen Kategorie mehr hilft als dem eigenen Produkt. Die Befürchtung ist nahe liegend. Bei Siegermarken beobachten wir jedoch den Effekt, dass derjenige, der ein Tabu zerschlägt, in der Regel auch den weitaus größten Nutzen davonträgt.

FAZIT

Fassen wir die wichtigsten Thesen noch einmal zusammen: Normen und Werte dominieren nicht nur unser Verhalten im Alltag, sondern ebenso unsere Kaufentscheidungen. Manchmal üben sie sogar mehr Macht über den Menschen aus als die Aussicht auf einen verlockenden Nutzen. Zwar verzichten Menschen ungern auf einen persönlichen Vorteil, aber es ist ihnen schier unmöglich, absichtlich gegen ihre Normen und Werte zu verstoßen. Finden Sie heraus, ob es auch für Ihr Produkt *normative* Kaufbarrieren oder Vermarktungspotenziale gibt:

1. Ist Ihr Produkt in der Lage, Schuldgefühle zu beseitigen, die der Verbraucher gegenüber Dritten empfindet?
2. Können Sie den Stolz des Verbrauchers provozieren? Entdecken Sie »Kratzer« in seinem Ego, die Ihr Produkt ausmerzen kann?
3. Handelt Ihr Verbraucher widersprüchlich? Setzt er im Leben falsche Prioritäten? Kümmert er sich womöglich stärker um Dinge, die weitaus weniger wichtig sind als Ihr Produkt?

4. Gibt es Peinlichkeiten oder Tabus, die den Absatz Ihres Produkts bremsen?

Solche Überlegungen zielen auf die Normen und Werte der Verbraucher. Nicht selten erzielen normative Strategien mehr Markterfolg als harte Qualitäts- oder Nutzenargumente.

Portal 2: Normen und Werte | 87

PORTAL 3:
WAHRNEHMUNG UND
PROGRAMMIERUNG

KERNTHESE: **Der Verbraucher bevorzugt Ihre Marke, weil seine (unbewussten) Wahrnehmungs- und Verhaltensprogramme darauf ausgerichtet sind.**

Ein Glas, das bis zur Mitte mit Wasser gefüllt ist, hält der Optimist bekanntlich für halb voll und der Pessimist für halb leer. Was den einen freut, erlebt der andere als Enttäuschung. Denn unsere Wahrnehmung ist subjektiv – sie variiert von Mensch zu Mensch. Die moderne Psychologie spricht von »Programmen« im Kopf, die unsere Wahrnehmung und unser Verhalten bestimmen. Von diesen Programmen hängt ab, welche Informationen wir aufnehmen, wie wir sie bewerten, gewichten und in welche geistigen Schubladen wir sie ablegen. Auch wenn wir Erfahrungen sammeln und Lehren daraus ziehen, folgen wir solchen Programmen. Sie sind teils angeboren und teils im Laufe unseres Lebens erworben worden. Missverstehen Sie das Wort »Programm« bitte nicht als Fernsteuerung, die jemand von außen in unseren Köpfen »installiert« hat.

Ob der Verbraucher Ihre Marke positiv – also begehrenswert – oder negativ – also uninteressant – bewertet, hängt sehr oft nur davon ab, wie sein Verstand »programmiert« ist. Erfreulicherweise ist diese Programmierung nicht in Stein gemeißelt, sondern in einem ständigen Entwicklungsprozess.

Was heißt das für Ihr Marketing? Manche Marken leiden darunter, dass sie von den Verbrauchern durch eine »falsche Brille« wahrgenommen werden, die sie in ein unvorteilhaftes Licht rücken. Sie können dem Verbraucher nun empfehlen, Ihre Marke durch eine andere Brille zu betrachten, durch die ihre Vorzüge besser zur Geltung kommen. Was so einfach klingt, löst oft eine verblüffende Hebelwirkung auf den Absatz aus, wie wir sehen werden.

Im Alltag spielen automatische oder programmierte Wahrnehmungen und Verhaltensweisen eine große Rolle. Sie lassen sich weder mit »Nutzen und Vorteilen«, noch mit »Normen und Werten« hinreichend erklären. Dazu gehören persönliche Gewohnheiten, alltägliche Routinen, kulturelle Traditionen. Wir öffnen also jetzt ein neues Portal zum Kopf des Verbrauchers, das wir »Wahrnehmung und Programmierung« nennen.

Die Macht von Verhaltensprogrammen

Im Alltag folgen wir unentwegt eingeschliffenen Verhaltensprogrammen, die sich nur schwer begründen lassen. Denken Sie beispielsweise an

- kulturelle Traditionen: Warum nehmen Menschen in verschiedenen Ländern ein so unterschiedliches Frühstück zu sich? Die einen essen Brot (wie die Deutschen), andere gebratenen Schinken mit Rührei (wie die Briten), wieder andere Reis (wie die Asiaten), und die Eskimos essen angeblich schon morgens nichts als Fisch. Warum trinken die Nordeuropäer abends eher Bier, die Südeuropäer eher Rotwein? Dahinter stecken kulturelle Verhaltensroutinen, die sich über Jahrzehnte oder Jahrhunderte kulturell herausgebildet und eingeschliffen haben. Sie sind so stark, dass wir sie oft nur mühsam ablegen können.
- die Routinen des Alltags: Die meisten Handlungen des Alltags geschehen fast automatisch. Wollten wir jede von ihnen auf ihren optimalen Nutzen hin prüfen, wären wir praktisch handlungsunfähig. Stellen Sie sich nur vor, Sie kaufen in einem Verbrauchermarkt ein und wollen unter 30 000 Artikeln eine optimale Auswahl treffen. Nur Ihre Programmierung im Kopf erlaubt es Ihnen, die schier unübersehbare Produktvielfalt auf eine kleine relevante Vorauswahl, das so genannte »relevant set« zu reduzieren.

- die Macht der Gewohnheit: Warum ziehen es gerade ältere Leute – selbst professionelle Schreiber – immer noch vor,
  Texte mühselig mit einer Schreibmaschine zu tippen? Dabei
  ist die Arbeit an einem PC weitaus komfortabler und bietet
  erheblich mehr Nutzen: Texte sind bequem korrigierbar,
  speicherbar und können auf der Festplatte wie in einer
  Miniaturbibliothek abgelegt werden. Beispiele dieser Art
  gibt es viele, und aus ihnen lässt sich ein allgemeiner Schluss
  ziehen: Es fällt Menschen schwer, jahrelange Gewohnheiten über Bord zu werfen, auch wenn sich mittlerweile nütz-
  lichere Möglichkeiten anbieten.

Kurz: Der Mensch handelt also keineswegs so rational, kon-
trolliert, vernünftig und bewusst, wie man sich manchmal wünschen würde. Viele seiner Verhaltensgewohnheiten folgen der
»Software« in seinem Kopf.

Die Macht von Wahrnehmungsprogrammen ...

Auch die Wahrnehmung der Menschen ist nicht objektiv, sondern basiert auf einer subjektiven Programmierung, die teils
angeboren, teils im Laufe des Lebens erworben wurde. Ein ganz
einfaches Beispiel: Was ist ein Hammer? Natürlich ein Werkzeug, werden Sie sagen, mit dem man einen Nagel in die Wand
treiben kann. Damit haben Sie natürlich Recht, aber ist das die
einzige richtige Antwort? Ein polynesischer Ureinwohner würde den Hammer möglicherweise ganz anders wahrnehmen,
nämlich als eine Waffe. Und ein Hund würde vielleicht ein
aufregendes, neues Spielzeug darin sehen. Dass die allermeis-
ten Menschen den Hammer als Werkzeug betrachten, ist letztlich nichts weiter als eine Wahrnehmungsroutine, die uns in
Fleisch und Blut übergegangen ist. Wir sind also programmiert.
Im Objekt selbst ist nicht festgeschrieben, was ein Hammer
eigentlich ist. Der Gegenstand an sich ist »nur« ein Stahlkan-
ten mit einem Holzgriff oder – wenn Sie so wollen – eine systematische Anhäufung von Milliarden Atomen. Aus dem Ham-
mer-Beispiel folgt noch etwas anderes: Der *Wert* eines
Gegenstandes und seine *Begehrlichkeit* hängen ebenfalls von

dem Wahrnehmungsprogramm ab. Stellen Sie sich ein antikes orientalisches Tongefäß vor, das auf einem Trödelmarkt feilgeboten wird. Der erste Kaufinteressent kommt vorbei, sieht darin eine Blumenvase und möchte sie für seine Tulpen zu Hause kaufen. Er bietet dem Trödler zwanzig Mark dafür. Jetzt gesellt sich ein zweiter Kaufinteressent hinzu, ein Antiquitätenliebhaber. Er sieht in der Vase etwas ganz anderes, nämlich ein Kunstwerk aus einer längst vergangenen Kultur. Er bietet dem Trödler tausend Mark an, um das Gefäß in seine Wohnzimmervitrine zu stellen. Der Wertunterschied zwischen zwanzig Mark und 1000 Mark liegt also nur in der vorprogrammierten Wahrnehmung.

... und wie man sie verändert:

Wahrnehmungen lassen sich völlig neu programmieren, manchmal mit verblüffenden Konsequenzen. Dazu die Geschichte der berühmtesten Briefmarke der Welt, der blauen Mauritius. Zur Feier seines 5-jährigen Regierungsjubiläums im September 1847 ließ der britische Gouverneur von Mauritius, Mr. Gomm, 500 rote und 500 blaue Briefmarken drucken. Doch der überlastete Drucker beging einen Fehler von historischem Ausmaß: Anstatt »post paid« druckte er »post office« auf die Marken. Und genau dieser Fehler machte die Mauritius zur wertvollsten Briefmarke der Welt. Heute existieren noch 12 blaue und 14 rote Exemplare. Bei der letzten Versteigerung erzielten zwei ungebrauchte Marken einen Verkaufspreis von 7 Mio. DM. Wie kann das sein? An dem Stückchen Papier selbst hat sich nichts geändert (außer dass es älter geworden ist), wohl aber in der Wahrnehmung der Menschen. *Sie sehen darin nicht mehr eine Briefmarke (wie früher), mit der man seine Post verschickt, sondern eine kostbare Rarität, die in einem Tresor verschlossen werden muss.* Unsere Wahrnehmung ist heute also ganz anders programmiert als damals, vor 150 Jahren. Und allein das neue Wahrnehmungsprogramm hat dafür gesorgt, dass der Wert eines Stück Papiers von wenigen Pennies auf mehrere Millionen Dollar anwachsen konnte. Hinter dem astronomischen Wertwachstum steckt also kein objektiver Grund, sondern nur eine unausgesprochene Vereinbarung unter Briefmarkensammlern, die weltweit respektiert wird. Und würde irgendjemand auf die Idee kommen, die blaue Mauritius tatsächlich als Briefmarke zu benutzen, müsste man ihn wahrscheinlich für verrückt erklären.

So verändern die Menschen gegenseitig ihre Wahrnehmungsprogramme – jeden Tag

Die meisten Wahrnehmungs- und Verhaltensprogramme entstehen zwischen der Geburt und dem Erwachsenenalter – durch kulturelle Prägung, Erziehung und Sozialisation. Trotzdem sind sie meist nicht rigide und starr, sondern höchst variabel. In der Alltagskommunikation versuchen wir ständig, die Sichtweise unserer Gesprächspartner zu ändern. Wir wollen also ihre Wahrnehmung neu programmieren, damit sie etwas Bestimmtes tun oder unterlassen. Wie verblüffend einfach und effektiv das funktionieren kann, zeigt eine Episode aus dem Roman »Tom Sawyer« von Mark Twain: Tom hat seine Tante Polly mal wieder geärgert und muss zur Strafe einen endlosen Lattenzaun streichen. Er hasst diese Tätigkeit über alles; vor allem aber fürchtet er den beißenden Spott seiner Freunde, die ihn für seine *Strafarbeit* auslachen werden. Tom löst das Problem, indem er die Wahrnehmung seiner Freunde verändert: Für ihn sei das Streichen keine Strafarbeit, verkündet er, sondern ein äußerst seltenes Freizeitvergnügen, das nur wenige auserwählte Kinder – wie er selbst – ausüben dürfen. Plötzlich sehen die anderen Kinder die Tätigkeit in einem ganz neuen Licht. Ihr Spott verwandelt sich in Neid. Jeder von ihnen will nun auch ein bisschen streichen dürfen und ist sogar bereit, dafür zu bezahlen. Schließlich überlassen nacheinander alle Kinder Tom ihre gesamten »Kostbarkeiten«, nur um ein einziges Mal ein wenig streichen zu dürfen. Am Abend trägt der Lattenzaun drei Lagen Farbe, und Tom ist der »reichste« Junge der Stadt.

Aus der programmierten Wahrnehmung können sehr ernste

Folgen entstehen, was eine Umfrage unter Ärzten veranschaulicht. Die Frage »Wollen Sie operieren, wenn der Patient mit 10 Prozent Wahrscheinlichkeit dabei stirbt?« verneinen viele. Dagegen wird die Frage: »Wollen Sie operieren, wenn der Patient mit 90 Prozent Wahrscheinlichkeit überlebt?« von den gleichen Ärzte bejaht. Die programmierte Wahrnehmung kann also über Schicksal, Leben und Tod von Menschen entscheiden.

Ein Beispiel aus der Geschichte: Nach der Schlacht von *Waterloo* wollte der Preuße *Blücher* die französische Brücke »Pont de Iéna« sprengen, weil sie einer Schlacht gewidmet war, die die ansonsten unbesiegbaren Preußen verloren hatten. Der geniale französische Unterhändler *Talleyrand* konnte ihn davon abhalten, indem er die Brücke einfach in »Pont de l'École militaire« (= Brücke der Militärakademie) umtaufte. Inwiefern veränderte er also das Wahrnehmungsprogramm *Blüchers?* Indem er eine Brücke, die etwas Negatives symbolisierte, in eine Brücke verwandelte, die etwas Positives symbolisierte – nämlich den militärischen Geist. *Blücher* ließ daraufhin von der Sprengung der Brücke ab. Die Beispiele zeigen, wie man negative Wahrnehmungsprogramme verblüffend einfach verändern kann. Entscheidend ist natürlich immer, dass alle Beteiligten die neue Deutung akzeptieren.

Wie Wahrnehmungsprogramme den Markterfolg beeinflussen

Sieger- oder Verlierermarke? Das hängt oft nur von dem Wahrnehmungsprogramm ab. Eine Veränderung kann dazu führen, dass eine Marke ihren Absatz pro Jahr nicht nur zweistellig steigert, sondern sogar vervielfacht. Wie eine solche Hebelwirkung funktioniert, zeigt das folgende Beispiel: Ein bestimmtes Hustenbonbon wird vom Verbraucher hauptsächlich als Hustenmittel wahrgenommen. Folglich verwendet er es immer nur dann, wenn er erkältet ist, nämlich ein- bis zweimal pro Jahr. Jetzt ändert sich die Markenstrategie und der Verbraucher lernt, unser Hustenbonbon als trendbewusste Süßigkeit wahrzunehmen. Plötzlich beginnt er, das Bonbon regelmäßig zu lutschen, und zwar das ganze Jahr über. Was ist hier eigentlich passiert? Die Marketingexperten haben das Hustenbonbon aus der bisherigen »geistigen Schublade« herausgenommen (nämlich Hustenmittel), um es in eine andere »geistige Schublade« hineinzupositionieren (nämlich Süßigkeiten). Durch die neue Wahrnehmung kann der Absatz sprunghaft anwachsen, natürlich nur, wenn der Verbraucher das neue Wahrnehmungsprogramm akzeptiert.

Unzählige Produkte und Dienstleistungen scheitern im Markt, weil der Verbraucher sie in eine »falsche Schublade« einordnet oder in überhaupt keine. Im Kopf muss Ordnung herrschen – genau wie in einer Bibliothek. Jedes Produkt muss mit einem »Etikett« versehen und so abgelegt werden, dass der Verbraucher sich bei Bedarf sofort daran erinnern kann. Spürt er eine Erkältung kommen, zieht er die dafür vorgesehene geistige Schublade auf und findet dort eine Nasenspray-Marke, eine Hustensaftmarke, eine Schmerzmittelmarke usw. Diese Marken haben die größte Chance, gekauft zu werden. Alles, was dort nicht abgelegt ist (zum Beispiel ein Erkältungsbad), hat auch nur geringe Chancen, bei der Kaufentscheidung berücksichtigt zu werden. So haben die Menschen für jedes ihrer Bedürfnisse eine geistige Schublade angelegt. Was sich dort nicht einsortieren lässt, wird fast automatisch dem »geistigen Abfalleimer« zugeführt und bald wieder vergessen. Gerade vielseitige, komplizierte und abstrakte Produkte – oder Dienstleistungen – scheitern, weil sie in keine geistige Schublade passen oder unbedingt in mehrere Schubladen gleichzeitig platziert werden sollen.

Die Wachstums-Codes, die auf »Wahrnehmung und Programmierung« basieren

Wahrnehmungsprogramme zu verändern ist kein »Softselling«, sondern eher das Gegenteil. Einige der besten Siegermarken starteten so ihre bemerkenswerte Karriere. Schauen wir uns einmal die verschiedenen strategischen Variationen an:

1. Ein Territorium abstecken:

Manchmal ist es besser, ein großer Fisch in einem kleinen Teich zu sein als ein kleiner Fisch in einem großen Teich. Was folgt daraus für Ihr Marketing? Stecken Sie in Ihrem Markt ein eigenes Revier ab, in dem sich Ihre Marke als Platzhirsch frei entfalten kann. Denn das Revier gehört nur Ihnen; außerhalb mögen sich die Wettbewerber gegenseitig kannibalisieren.

2. In einen anderen Markt vorstoßen:

Bietet Ihr Markt nur eingeschränktes Wachstumspotenzial? Dann brechen Sie zu neuen Ufern auf, um gegen ganz andere Wettbewerber ins Feld zu ziehen als bisher. Der durchschlagende Erfolg vieler Siegermarken begann mit der Entdeckung eines völlig neuen Terrains, das ihren Wachstumshorizont beträchtlich erweitert.

3. Die Liga neu bestimmen:

Es gibt Produkte, die in eine höhere Klasse aufsteigen, um sich dem Druck der Massenmärkte zu entziehen. Andere Produkte wechseln absichtlich in eine *niedrigere* Klasse, weil dort ihre Vorzüge besser zur Geltung kommen. Ein durchschnittlicher Nationalfußballspieler wird schließlich auch zum »Star«, wenn er in der Bezirksliga mitkickt. Verblüffend kreative Chancen liegen darin, ein Produkt in der richtigen Liga zu positionieren.

4. Schwächen in Stärken umdeuten:

Sind die Schwächen, die der Verbraucher Ihrem Produkt zuschreibt, tatsächlich Schwächen? Sind die Stärken Ihrer Konkurrenten wirklich Stärken? Oft ist es nur eine Frage der Programmierung, Nachteile in Vorteile zu verwandeln oder umgekehrt. Lernen Sie die Gesetze kennen, mit denen das gelingt.

5. Konsumgewohnheiten ändern:

Brechen Sie starre, alte Verwendungsroutinen im Kopf des Verbrauchers auf, um sie durch neue zu ersetzen. Darin liegt für manche Produkte das größte Wachstumspotenzial. Zum Beispiel für einen Frischkäse, den die Leute routinemäßig nur auf

Crackers genießen, also unregelmäßig. Was müssen Sie tun, damit dieser Käse täglich gegessen wird? Wie öffnen Sie die bisherigen Verhaltensmuster, um neues Wachstum zu generieren?

Alle diese Denkrichtungen zielen darauf hin, die Wahrnehmung des Verbrauchers neu zu programmieren, ohne am Produkt selbst etwas zu verändern. Der Verbraucher soll Ihr Produkt durch eine neue Brille wahrnehmen – um es daraufhin zu kaufen.

1. Ein Territorium abstecken

Es ist immer besser, ein großer Fisch in einem kleinen Teich zu sein als ein kleiner Fisch in einem großen Teich. Das gleiche Gesetz gilt im Marketing: In einem kleineren Markt(segment) wirkt Ihre Marke viel größer – und vielleicht begehrenswerter.

Markieren Sie ein eigenes Revier innerhalb des Marktes, in dem sich Ihr Produkt wie ein »Platzhirsch« frei entfalten kann. So wie das amerikanische Schmerzmittel *Excedrin*, das sich irgendwann in das Revier »Kopfschmerzen« zurückzog. Eine effektive Wachstumsstrategie, mit der die Wahrnehmung des Verbrauchers neu programmiert wird:

- Vorher sah *Excedrin* wie eines von unzähligen Schmerzmitteln aus. Es gab kein klares Motiv, dieses Mittel den Wettbewerbern vorzuziehen.
- Jetzt sieht der Verbraucher *Excedrin* als kompetenten Spezialisten, der gegen Kopfschmerzen besser wirkt als irgendeines der allgemeinen Schmerzmittel. *Innerhalb* seines neuen Reviers entzieht sich Excedrin also dem ruinösen Wettbewerb. *Außerhalb* kannibalisieren sich die Wettbewerber weiterhin gegenseitig.

Nur durch eine Veränderung der Wahrnehmung hat *Excedrin* plötzlich neue Entfaltungsmöglichkeiten.

Es ist immer wieder verblüffend, wie sehr der Verbraucher

die »Platzhirsche« in einem Revier respektiert. Denken Sie beispielsweise an eine besonders milde Seife, die sich auf den *Intimbereich* spezialisiert hat. Dieses Revier hat sie gegenüber anderen milden Seifen abgesteckt. Würden Sie Intimseife für Ihr Gesicht benutzen? Wahrscheinlich nicht ohne weiteres, obwohl das Produkt rein gar nichts enthält, was Ihrem Gesicht schadet. Vermutlich ist es sogar besonders gut für empfindliche Gesichtshaut. Aber Ihr Wahrnehmungsprogramm sträubt sich dagegen, und das ist sehr natürlich. Die Menschen respektieren meistens das Revier einer Marke, ohne den Sinn zu hinterfragen.

Wir werden oft gefragt, worin sich das Revier-Prinzip von der klassischen Marktsegmentierung unterscheidet.

• Bei der Marktsegmentierung wird *zuerst* eine Nische im Markt identifiziert und *danach* ein Produkt dafür maßgeschneidert. Es handelt sich also um eine Produktstrategie.

• Beim Revier-Prinzip existiert *zuerst* das Produkt und *danach* stecken Sie in der Wahrnehmung der Verbraucher ein eigenes Revier ab. Es handelt sich also um eine reine Markenstrategie.

Unterschätzen Sie das Revier-Prinzip nicht. Es eröffnet überraschende und kreative Positionierungsspielräume. Warum hat es beispielsweise Jahrhunderte gedauert, bis zum ersten Mal eine Hautcrème als Spezialist für die »Haut ab 30« positioniert wurde? Hier wurde ein neues Revier abgesteckt, in dem diese Creme mehr als die Hälfte des gesamten Marktes (!) für sich beansprucht. Millionen Verbraucher über 30 haben plötzlich ein starkes Motiv, diese Creme vor allen Wettbewerbern zu bevorzugen. Und was steckt dahinter? Unsere Creme hat einfach einen höheren Feuchtigkeitsgehalt. Ein schwaches Verkaufsargument – bis ein cleverer Stratege auf die Idee kam, daraus ein eigenes Revier abzuleiten. Zahlreiche Marken aus allen Branchen könnten ähnlich vorgehen, um einen ähnlichen Wachstumsschub zu erzielen. Allerdings ist das Revier-Prinzip naturgemäß immer mit *Opfern* verbunden: Sie müssen freiwillig auf einen Teil des Marktes verzichten, so wie die obige Gesichtscrème die meisten Kundinnen *unter* 30 aufgibt. Das ist der Preis für neues Wachstum, der sich aber lohnt, wenn Sie Ihr Revier groß genug definieren.

Kommen wir nun zur praktischen Seite: Wie funktioniert das Revier-Prinzip genau? Welche Gesetzmäßigkeiten sind zu berücksichtigen?

Das Revier-Prinzip:

Stecken Sie innerhalb Ihres Marktes ein neues, scharf konturiertes »Revier« ab, in dem sich Ihre Marke als »Platzhirsch« frei entfalten kann.

Die Erfolgsfaktoren:

1. Relevanz: Ihr neues Revier muss relevant sein für den Verbraucher. Leiten Sie es
(a) aus einer Besonderheit Ihrer Marke ab oder
(b) aus einem unerfüllten Bedürfnis Ihrer Verbraucher oder
(c) aus einer existierenden Marktlücke.

2. Klare Markierung: Definieren Sie Ihr Revier so, dass es sich am besten *nur durch ein einziges Merkmal* vom Rest des Marktes unterscheidet. So wie sich die Gesichtscreme im obigen Beispiel nur in puncto *Altersgruppe* («ab 30«) vom Wettbewerb abgrenzt.

3. Marktpotenzial: Stellen Sie möglichst genau fest, wie groß das neue Revier ist. Bietet es auch langfristig genügend Wachstumschancen?

4. Glaubwürdigkeit: Stellen Sie sicher, dass Ihre Marke auch tatsächlich der Platzhirsch in dem neuen Revier ist. Mit welchen Produkteigenschaften können Sie diesen Anspruch untermauern?

Es gibt unterschiedliche Wege, ein eigenes Revier abzugrenzen. Zum Beispiel nach Verwendungsschwerpunkten, also spezielle
- Anwendungsbereiche (z. B. ein Deo *für Füße*),
- Verwendungssituationen (z. B. der Frühstückssnack *für unterwegs*),

- Verwendungszeiten (z. B. der Hustensaft *für die Nacht*),
- Problemintensitäten (z. B. ein Medikament *gegen leichte* Kopfschmerzen),
- Problemphasen (z. B. ein Präparat *für die Frühphase* von Erkältungen).

Prüfen Sie auch, ob sich ein Revier nach bestimmten Zielgruppen-Merkmalen abtrennen lässt, beispielsweise nach

- Altersgruppen (z. B. Zahncremes *für verschiedene Lebensabschnitte*),
- Geschlecht (z. B. eine Gesichtscreme *für Männer*),
- Bildung, Einkommen, Beruf, sozialem Status (z. B. Fertiggerichte *für Manager*).
- Herkunft, Kultur, Nationalität (z. B. die Kartoffelchips *für alle Hispano-Amerikaner*).
- Interessen, Hobbys, Gewohnheiten, Lebensgestaltung (z. B. die Modekollektion *für Techno-Raver, ein Vitaminpräparat für Raucher*).

Die Liste ließe sich beliebig fortsetzen. Auf der Suche nach dem idealen Revier sind der strategischen Kreativität kaum Grenzen gesteckt. Einen besonders originellen Ansatz fand das britische Katzenfutter *Felix* und begann damit seine einzigartige Karriere:

FALLBEISPIEL **Felix (Großbritannien)**

Qualitativ unterscheidet sich *Felix* nicht wesentlich von anderer Katzennahrung. Trotzdem schlägt das Produkt mit beachtlicher Kraft im Markt durch, baut seine Stellung über Jahre kontinuierlich aus. Die Marke profiliert sich nicht über Geschmack oder Qualität, sondern über eine Programmierungsstrategie. Die Erfolgsstory startet, als Marktforscher ins Feld hinauszogen, um einmal persönlich mit Katzenbesitzern zu sprechen. Dabei fanden sie heraus, dass die meisten Leute ihre Katze als charakterstark, eigenwillig und widerspenstig beschrieben, während die großen Wettbewerber Katzen eher als zärtliche Schmusetierchen porträtieren. Hier lässt sich der große strategische Hebel ansetzen: Felix *erhob Anspruch auf ein großes Revier innerhalb des Marktes: alle Katzen mit Charakter.* Schmusekatzen *ohne Charakter* sollen ruhig weiterhin ein Wettbewerbsprodukt genießen. Hier geschieht etwas sehr Wichtiges im Kopf der Verbraucher: Wenn sie selbst eine wilde, quicklebendige Katze besitzen, werden sie sich intuitiv eher zu *Felix* hingezogen fühlen. Falls nicht, werden sie wahrscheinlich ein Wettbewerbsprodukt bevorzugen. Entscheidend ist, dass *Felix* sich als Platzhirsch in einem großen Revier etabliert hat, das ihm erhebliche Wachstumschancen öffnet. Der Erfolg war spektakulär: Innerhalb von zehn Jahren versechsfachte sich der Marktanteil von *Felix* von ca. 5 auf fast 30 Prozent. *Felix* wurde zur Nr. 1 unter den Katzenfuttermarken und gehörte zeitweilig zu den am stärksten wachsenden Marken im gesamten britischen Lebensmittelmarkt. *Felix* zählt mittlerweile zu den 30 größten Marken des Landes und expandiert sogar international. All dies ist umso erstaunlicher, als *Felix* noch nicht einmal ein plausibles Argument liefert, worin seine überlegene *Kompetenz für Charakter-Katzen* genau besteht. Schauen wir uns einmal die kreative Seite der neuen Markenstrategie an: Die Werbung etabliert eine Cartoon-Katze namens Felix, die immer wieder mit dem Kopf durch die Wand will. Wenn die Besitzerin beispielsweise zu lange am Telefon schwatzt, schleicht sich das eifersüchtige Kätzchen heran, klettert maunzend übers Telefon und unterbricht mit einem frechen Tatzenhieb einfach die Verbindung. Der Slogan lautet:»Cats like Felix like Felix – Katzen wie Felix lieben Felix.«

Das Fallbeispiel zeigt, auf welch clevere und kreative Weise sich Reviere abstecken lassen. Wären Sie auf die Idee gekommen, den Katzenfuttermarkt *nach Charaktermerkmalen* aufzuteilen? Die Wettbewerber sind es jedenfalls nicht. Weder in Großbritannien noch in einem anderen Land. Es lohnt sich also, sehr ausführlich und tief über das ideale Revier für Ihr Produkt nachzudenken.

Nun wenden wir uns einer aggressiven Spielart des Revier-
Prinzips zu, mit der Sie gefährliche Wettbewerber in ihre
Schranken verweisen (bzw. »repositionieren«) können.

Das Revier-Prinzip
(als Repositionierung der Konkurrenz)

*Markieren Sie ein möglichst kleines Revier, in das Sie Ihren
gefährlichsten Marktgegner zurückdrängen. Ihre eigene
Marke kann nun den verbleibenden Großteil des Marktes
für sich besetzen.*

Die Erfolgsfaktoren:

1. *Wettbewerber:* Richten Sie sich gegen einen möglichst
   großen Wettbewerber, dem Sie auch ausreichend Marktanteil abgewinnen können.
2. *Größe des Reviers:* Je kleiner das Revier, das Sie Ihrem
   Wettbewerber zuweisen, desto mehr Entwicklungsraum
   schaffen Sie für Ihre eigene Marke.
3. *Produktbezug:* Leiten Sie das neue Revier Ihres Wettbewerbers möglichst direkt aus einer seiner Besonder-
   heiten ab – zum Beispiel aus einer auffälligen Stärke
   oder Schwäche.
4. *Eigenes Revier:* Geben Sie sich nicht damit zufrieden,
   den Gegner in eine Nische zu drängen, sondern markieren Sie den verbleibenden Großteil des Marktes nun
   als *Ihr* Revier.

Diese Variante des Revier-Prinzips ist nach unserer Erfahrung
eine der wirksamsten Waffen, die Ihre Marke im Wettbewerb
überhaupt einsetzen kann. Wie funktioniert das Prinzip in der
Praxis? Stellen Sie sich beispielsweise eine ganz normale
Küchenpapierrolle vor, die jahrelang bei Hausfrauen sehr
beliebt war. Plötzlich erscheint ein neues, extrem saugstarkes
Wettbewerbsprodukt auf dem Markt, angeblich so reißfest, dass
man damit sogar ein Auto abschleppen kann. Wie soll sich
unsere Küchenrolle gegen einen solch übermächtigen Gegner

zur Wehr setzen? Die Situation scheint fast ausweglos. Und doch bietet das Revier-Prinzip einen überraschenden Lösungsansatz: *Wir weisen dem gefährlichen Wettbewerber das Revier »extreme Verschmutzungen« zu, während unser eigenes Produkt sich im Revier »alltäglicher Verschmutzungen« breit macht.* So triumphieren wir gleich dreifach über den Gegner:

1. Wir drängen den Gegner in eine kleine Nische zurück. Denn »extreme Verschmutzungen« kommen im Alltag nur selten vor.
2. Unser eigenes Produkt etablieren wir als »Platzhirsch« für das *große* Revier leichter und normaler Verschmutzungen.
3. Gleichzeitig nutzen wir die Chance, die Verbraucherehre zu provozieren: nur rechte »Ferkel« brauchen eine extrem saugstarke Küchenrolle; »zivilisierte« Familien haben das gar nicht nötig.

Mithilfe des Revier-Prinzips können Sie also dominierende Marktgegner in enge Schranken verweisen, sogar ohne einen offensiven Angriff. Geistige Programme zu verändern ist also ein bisschen wie Kung Fu – die sanfte Kunst, den Gegner zu besiegen.

2. In einen anderen Markt vorstoßen

Wer sein eigenes Territorium absteckt, bewegt sich *innerhalb* der Grenzen seines Marktes. Das Katzenfutter bleibt im Katzenfuttermarkt, die Küchenrolle im Küchenrollenmarkt. Jetzt beschäftigen wir uns mit Marken, die wie Pioniere in benachbarte oder sogar entlegene Märkte vorstoßen, um dort vollständig neue Kunden zu gewinnen. Dieser Weg lohnt sich vor allem, wenn der eigene Markt nicht mehr genügend Wachstumsmöglichkeiten verspricht. Ein paar Beispiele:

- Eine Cola-Marke konkurriert nicht nur mit anderen Limonaden, sondern versucht sich beim Frühstück als Alternative zu *Tee und Kaffee* zu etablieren.
- Eine Salatcreme beschränkt sich nicht mehr nur auf den Mayonnaisenmarkt, sondern stellt sich als besonders

»schmackhafte Alternative« zu *Butter* dar, zum Beispiel auf Sandwiches.

• Eine Quarkspeise richtet sich nicht nur gegen andere Desserts, sondern will die »leichte Alternative« zu kalorienreichen *Zwischenmahlzeiten* sein, nämlich Pommes frites, Bratwürste, Torte usw.

Prüfen Sie, ob Ihre Marke gegen völlig andersartige Produkte ins Feld ziehen kann. Brechen Sie die Wahrnehmungsroutine der Verbraucher auf, die Ihr Produkt immer nur als Alternative zu *gleichartigen* Produkten betrachten.

Das Expansions-Prinzip:

Expandieren Sie in einen neuen, zusätzlichen Markt und positionieren Sie Ihre Marke dort als überraschende Alternative. Ziehen Sie also gegen völlig neue Gegner ins Feld!

Die Erfolgsfaktoren:

1. *Akzeptanz:* Das Expansions-Prinzip kann nur funktionieren, wenn Ihre Marke im neuen Markt als attraktive Alternative akzeptiert wird.

2. *Alleinstellung:* Definieren Sie genau die Stärken Ihrer Marke gegenüber den neuen Gegnern. Für welche Fälle, Situationen, Anlässe ist Ihre Marke besser geeignet? Oder für welche Verbrauchergruppen?

3. *Marktpotenzial:* Je größer der neue Gegner ist, desto besser kann Ihr Produkt auf seine Kosten wachsen.

4. *Kompatibilität:* Wenn Sie in einen neuen Markt expandieren, sollten Sie den bisherigen Markt nicht vergessen. Nur wenn beide miteinander kompatibel sind, kann die neue Strategie funktionieren. Fragen Sie Ihre heutigen Verbraucher, ob sie die Expansion akzeptieren.

Das Expansions-Prinzip kann zu überraschenden oder sogar spektakulären Markenstrategien führen. Ein besonders originelles Fallbeispiel liefert die Kaugummimarke *Wrigley's:*

Fallbeispiel **Wrigley's (USA)**

Als absoluter Marktführer hatte *Wrigley's* auf dem amerikanischen Markt viel erreicht. Irgendwann war der Gipfel des Erfolgs erreicht, die Verkäufe bröckelten. Was tun? Die Qualität dramatisieren? Die Wettbewerber verunglimpfen? Den Preis senken? Es gibt noch einen ganz anderen Weg: Wrigley's *nahm einen völlig anderen Markt ins Visier und positionierte sich als Alternative gegen Zigaretten. Und zwar in allen Situationen, wo Rauchen nicht erwünscht ist: zum Beispiel im Büro, im Krankenhaus oder beim Besuch der Schwiegereltern.* Auf diese Weise bestärkte *Wrigley's* jene Raucher, die ohnehin schon bei Rauchverbot Kaugummis kauten – und stieß somit einen neuen Trend an.

Eine clevere Idee, denn Kaugummis befriedigen ein ähnliches Bedürfnis wie das Rauchen. Beim Anzünden einer Zigarette wird nervöse Energie in ein mechanisches Ablaufritual umgesetzt: der Griff in die Tasche, Auspacken der Zigarette, Anzünden, tief Luft holen. Beim Kaugummi gibt es ein ähnliches Verhaltensmuster: vom Auswickeln bis zum rhythmischen Zermalmen der weichen Masse. Von sich aus waren Millionen Verbraucher noch nicht auf die Idee gekommen, Kaugummis als Alternative zu Zigaretten wahrzunehmen. Aber sie akzeptierten die neue Sichtweise, die neue Programmierung führte also zum Erfolg: *Wrigley's* kehrte seinen Abwärtstrend um und ging wieder auf Erfolgskurs.

So weit das Expansions-Prinzip. Es gibt aber noch einen zweiten, wesentlich radikaleren Weg, um in einen anderen Markt vorzustoßen: das Kategorie-Prinzip. Gemeint ist, dass *Ihr Produkt seine angestammte Kategorie verlässt, um in einem anderen Markt eine neue Heimat zu suchen.*

Bildlich gesprochen nehmen Sie Ihr Produkt aus einer »geistigen Schublade« im Kopf des Verbrauchers heraus und positionieren es in eine neue Schublade hinein, die mehr Wachstumschancen verspricht. Denken Sie beispielsweise an jenes Fruchtsaftgetränk, von dem im ersten Kapitel dieses Buches schon einmal die Rede war. Der Verbraucher empfindet es als zu wässrig, ungesund, künstlich und süß, weil er es intuitiv in der »Saft«-Schublade abgelegt hat, wo es gegen hochwertige 100-Prozent-Säfte konkurriert. Das Kategorie-Prinzip sieht nun vor, das Getränk in eine ganz andere Denkschublade zu positionieren, nämlich die der Softdrinks. Hier vergleicht es sich mit Limonaden und wirkt plötzlich *weniger* wässrig, gesünder, *weniger* künstlich und *weniger* süß. Plötzlich erzielt unser »hoffnungsloses« Produkt wieder zweistellige Zuwachsraten.

Aber auch hier sind universelle Gesetzmäßigkeiten zu beachten, die wir zu einem Wachstums-Code verknüpft haben:

Das Kategorie-Prinzip:

Positionieren Sie Ihre Marke überraschend in eine andere geistige Schublade als bisher, wo es seine Stärken besser entfalten kann.

Die Erfolgsfaktoren:

1. *Akzeptanz:* Akzeptiert der Verbraucher den Wechsel in eine andere »geistige Schublade«? Bedenken Sie, dass er plötzlich ganz neue Erwartungen an Ihr Produkt stellt.
2. *Marktgröße:* Die Strategie ist nur sinnvoll, wenn die neu gewählte Kategorie mehr Wachstumschancen bietet als die bisherige.
3. *Alleinstellung:* Ihr Produkt steht plötzlich ganz anderen Wettbewerbern gegenüber als bisher. Definieren Sie, welche einzigartige Stärke Sie gegen diese Wettbewerber ausspielen können.

Der italienische Süßwarenkonzern *Ferrero* verwandelt seit Jahren mithilfe des Kategorie-Prinzips kalorienreiche Naschereien in kerngesunde Lebensmittel – natürlich nur in der Wahrnehmung der Verbraucher. Diese Strategie hat beträchtliche Vorzüge. Süßigkeiten gelten als kalorienreich, schädlich für Zähne und Gesundheit. Nicht umsonst sprechen viele Leute von einer Sünde, wenn sie zu viel genascht haben. Für gesunde Lebensmittel gilt das Gegenteil: Man sollte sie regelmäßig zu sich nehmen, um dem Körper etwas Gutes zu tun. Wie virtuos *Ferrero* das Kategorie-Prinzip beherrscht, zeigt das Beispiel der *Milchschnitte.*

FALLBEISPIEL **Milchschnitte von Ferrero (Deutschland)**

Betrachtet man Geschmack und Ingredienzien, müssen wir die *Milchschnitte* eindeutig in die geistige Schublade der Süßigkeiten einordnen. Die Markenstrategie beruhte jedoch darauf, das Produkt als gesundes Lebensmittel zu positionieren. Dafür ließen sich die *Ferrero*-Manager einiges einfallen:
- Die Produktoptik erinnert sehr stark an ein Butterbrot: eine weiße Crème zwischen zwei flachen Vollkornscheiben.
- Die Bezeichnung *Milchschnitte* verstärkt diesen Eindruck.
- Die Packungsgestaltung zeigt ein Siegel mit der Aufschrift »Hauptzutat frische Vollmilch«; daneben sind eine volle Kanne Milch und ein Honigtopf abgebildet.
- Die *Milchschnitte* ist im Kühlregal des Supermarkts platziert – neben Joghurt, Butter, Käse und Milch.
- Die Kooperation mit dem »Institut für Sporternährung e.V.« wirkt verstärkend, indem es das Produkt als vollwertige Zwischenmahlzeit für Sportler empfiehlt.
- Die Kampagne benutzt echte Sportler als Testimonials (keine Schauspieler), die die *Milchschnitte* für den leichtesten aller Snacks während des Trainings halten.

In Deutschland wurde die *Milchschnitte* mit dieser Strategie zu einer der größten hundert Marken, die immer noch zweistellige Zuwachsraten verzeichnet.

Fassen wir noch einmal zusammen: Um in einen anderen Markt vorzustoßen, können Sie entweder einen überraschenden neuen Gegner angreifen (das Expansions-Prinzip) oder Ihr Produkt vollständig in eine neue Kategorie positionieren (das Kategorie-Prinzip). Beide Wachstums-Codes haben sich oft bewährt, um durchschnittliche Produkte in schnell drehende Siegermarken zu verwandeln.

3. Die Liga neu bestimmen

Menschen ordnen Produkte und Dienstleistungen nicht nur in »geistige Schubladen« ein, sondern häufig auch in verschiedene Qualitätsklassen. Denken Sie beispielsweise an die Klassenunterschiede bei Weinen, bei Autos, bei Hotels oder Sportvereinen.

Die Klassenzugehörigkeit ist nicht im Produkt selbst verankert, sondern eine Frage der Programmierung. Sie existiert nur in den Köpfen der Menschen und ist daher auch nicht endgültig, sondern veränderlich: Markenprofis können selbst mitbestimmen, in welcher Liga Ihr Produkt spielen soll. Das ist sehr wichtig, denn viele Verbraucher treffen ihre Kaufentscheidung nur *innerhalb* einer bestimmten Liga: Die einen übernachten grundsätzlich nur in 5-Sterne-Hotels, fliegen grundsätzlich nur Business Class und suchen ihre Weine grundsätzlich nur in der Klasse über 30 Mark aus. Alles andere kommt für sie gar nicht erst infrage. Andere Leute suchen ihre Produkte grundsätzlich nur in der Budgetklasse aus. Sie informieren sich gar nicht erst, was die Oberklasse zu bieten hat. Grundsätzlich wird sich jedes Produkt nur dann gut verkaufen, wenn es sich im Licht der »richtigen« Klasse präsentiert. Denken Sie ruhig in verschiedene Richtungen:

1. Viele Marken versuchen beispielsweise den Sprung aus der Mittelklasse in die Premiumklasse. Sie wollen sich auf diese Weise dem Wettbewerbsdruck des Massenmarktes entziehen und eventuell einen höheren Preis rechtfertigen.

Aber Vorsicht: Das Premiumsegment ist möglicherweise sehr klein und hart umkämpft.

2. Andere Marken grenzen ihre *hohe* Qualitätsklasse plakativ gegen die *niedrigere* Preisklasse ab: Mittelklasse bezahlen, Oberklasse genießen. Der Kunde bekommt Champagner zum Preis von Sekt – immer ein verlockendes Angebot. *Continental Airlines* benutzte diese Strategie beispielsweise, um ihre Business Class aufzuwerten: »Für Ihren Boss ist es Business Class. Für Ihren Hintern allerdings First Class.«

3. Manchmal ist es auch nützlich, eine *zusätzliche Klasse* im Markt einzuführen, die in den Köpfen der Verbraucher bisher noch gar nicht existiert. In unserer eigenen Agenturpraxis sollten wir beispielsweise einmal ein Handy der Firma *Siemens* vermarkten: kein schlechtes Produkt – es war aber den wirklich hochkarätigen Hightechprodukten im Markt nicht gewachsen. Wir befürchteten daher, der Verbraucher würde es als eines der *schlechtesten* Produkte der Oberklasse wahrnehmen – eine Katastrophe für die Vermarktung. Um dieses Risiko auszuschalten, positionierten wir unser Handy lieber als »Champion der Mittelklasse«. Bislang hatte es eine solche Mittelklasse in den Köpfen der Verbraucher noch gar nicht gegeben. Wir haben also die unvorteilhafte Wahrnehmung des Verbrauchers korrigiert, um unserem Handy eine starke Alleinstellung im Markt zu verschaffen.

Die Klassifizierung bietet leider nicht nur enorme Wachstumschancen, sondern auch Risiken. Denn wenn Ihr Produkt in eine höhere Klasse springt, steigt natürlich auch die *Erwartungshaltung* der Verbraucher. Dazu ein Beispiel: Sie schauen sich irgendwo in der Provinz ein Musical an. Intuitiv gehen Sie davon aus, dass es sich um eine Laienschauspielergruppe handelt, und sind von der mimischen Leistung schwer beeindruckt. Jetzt erfahren Sie allerdings zu Ihrer Überraschung, dass es sich in Wirklichkeit um ein Profi-Ensemble vom Broadway handelt. Plötzlich ändern Sie Ihr Urteil und finden die Darbietung nur noch mittelmäßig. Was ist hier passiert? Ein anderes Wahrnehmungsprogramm läuft ab: Gemessen an Ihren ursprünglichen »Low-Class«-Erwartungen wirkte die Darbietung großartig, gemessen an den späteren »Top-Class«-Erwartungen nur mittelmäßig. Der gleiche gefährliche Effekt kann eintreten, wenn Sie Ihr Produkt in eine zu hohe Qualitätsklasse einstufen. Schauen wir uns vor diesem Hintergrund einmal die genauen Gesetzmäßigkeiten und Erfolgsfaktoren an:

Das Klassen-Prinzip:

Positionieren Sie Ihre Marke in eine andere Qualitätsklasse, als der Verbraucher vermutet hätte, wo seine Stärken am besten zur Geltung kommen.

Die Erfolgsfaktoren:

1. *Akzeptanz:* Wird Ihre Marke den qualitativen und preislichen Erwartungen der Verbraucher in der neu gewählten Klasse gerecht? Gibt es spezifische Produktmerkmale, mit dem Sie die Zugehörigkeit zur neu gewählten Klasse »beweisen« können?
2. *Marktpotenzial:* Öffnet die neu gewählte Klasse tatsächlich neue Wachstumschancen? Vorsicht: Manövrieren Sie sich nicht aus einem breiten Massenmarkt in eine kleine elitäre Nische hinein.
3. *Alleinstellung:* Gibt es Wettbewerber in der neu gewählten Klasse? Wenn ja, legen Sie genau fest, inwiefern sich Ihr Produkt positiv gegen ihn abgrenzt.

Auf welch verblüffende Weise Siegermarken das Klassen-Prinzip einsetzen, zeigt das folgende Beispiel des deutschen Waschmittels *Persil* von der Firma *Henkel*.

Fallbeispiel **Persil Megaperls (Deutschland)**

Waschmittel gehören zu den besonders hart umkämpften Märkten. In Deutschland konkurrieren vor allem die Megamarken *Ariel* (von *Procter & Gamble*) und *Persil* (von *Henkel*) gegeneinander. Vor einigen Jahren führte *Persil* eine überraschende Innovation ein: Das Pulver wurde zu kleinen Kügelchen gepresst. Das ist natürlich eine rein äußerliche Veränderung ohne Auswirkung auf das Waschergebnis, denn die chemische Rezeptur bleibt unangetastet. Und trotzdem entwickelt sich die fragwürdige »Innovation« zu einem beachtlichen Markterfolg. Wie das möglich ist? *Die große Idee lag darin, die Kügelchen als »Megaperls« zu adeln und somit eine neue Generation von Waschmitteln auszurufen.* Implizit werden die Produkte aller Wettbewerber als veraltet abgestempelt.

Und die gepressten Kügelchen fungierten als Erkennungsmerkmal, als Signal für das neue Waschmittelzeitalter. Der Verbraucher entscheidet sich also nicht für oder gegen die Kügelchen, sondern für oder gegen eine neue Generation. Mit dieser Strategie gelang es *Persil*, den Abstand zum Hauptwettbewerber *Ariel* von 5 Prozent auf bis zu 8,6 Prozent auszubauen.

So weit das Klassen-Prinzip, das sich meist direkt an den rationalen Verstand des Verbrauchers richtet. Es gibt allerdings noch einen zweiten Weg, Ihr Produkt in eine höhere Klasse zu positionieren, nämlich die *Dimensionierung*. Hier geht es darum, *überragende Größe* zu demonstrieren, so dass die Wettbewerber plötzlich verschwindend klein wirken. Größe zeigen vor allem Produkte,

- die ein Problem von nationaler oder sogar globaler Bedeutung lösen;
- die bis in die entlegensten Winkel der Welt bekannt sind;
- die eine bedeutende gesellschaftliche Funktion erfüllen;
- die zum Kulturgut eines Landes gehören oder
- die womöglich sogar ein Stück Weltgeschichte geschrieben haben.

Vielleicht denken Sie, das träfe nur auf einige wenige handverlesene Luxusgüter der Welt zu. Aber genau das Gegenteil ist richtig: Sogar alltägliche Gebrauchsgüter – vom Papiertaschentuch über Pulverkaffee bis zur Biermarke – erreichen durch Dimensionierung beträchtliche Zuwachsraten. Schauen wir uns einmal die Erfolgsgesetze dahinter an:

Das Dimensionierungs-Prinzip:

Bestimmen Sie die Rolle Ihrer Marke in einem möglichst großen gesellschaftlichen oder historischen Zusammenhang, der ihr maximale Größe verleiht. Die Wettbewerber verblassen dagegen als klein und bedeutungslos.

Die Erfolgsfaktoren:

1. **Relevanz:** Die »Größe« Ihrer Marke muss ein relevantes Kaufkriterium sein. Bedenken Sie, dass die »Größe« einer Marke insbesondere bei jugendlichen Verbrauchern auch als Nachteil gelten kann. Sie bevorzugen oft *kleine* Marken, um sich demonstrativ von der breiten Masse abzugrenzen.

2. **Glaubwürdigkeit:** Die neue »Größe« Ihrer Marke muss im weitesten Sinne mit Fakten belegbar sein.

3. **Konkretisierung:** Machen Sie möglichst deutlich, welche große Rolle Ihre Marke genau spielt oder gespielt hat. Unklare, abstrakte Dimensionierungsansätze wirken kraftlos oder sogar unglaubwürdig.

4. **Alleinstellung:** Das Dimensionierungs-Prinzip funktioniert am besten für Marken, deren Wettbewerber eher sachlich, klein oder sogar »provinziell« auftreten. Erst durch den Kontrast kann die Strategie ihre Wirkung voll entfalten.

In der Praxis haben sich verschiedene *Typen der Dimensionierung* herauskristallisiert, die wir hier kurz an Erfolgsbeispielen vorstellen wollen. Sie funktionieren alle unabhängig voneinander, lassen sich aber durchaus kombinieren.

Kulturelle oder historische Dimensionierung:
Hier geht es um Produkte, die zum Denkmal einer bestimmten Kultur geworden sind, die den Zeitgeist einer Generation verkörpern oder sogar einen Eintrag in die Geschichtsbücher beanspruchen. Es schadet nicht, einen solch gewaltigen Anspruch durch eine Prise Humor ein wenig zu relativieren,

wie das folgende Beispiel zeigt: Der Autohersteller *Audi* führte das erste Aluminium-Auto ein, den so genannten *A8*. Um dieser Tatsache »Größe« zu verleihen, wird diese Innovation in einen welthistorischen Kontext gestellt: Nach der Steinzeit, der Bronzezeit und diversen anderen Epochen der Geschichte bricht mit diesem Auto nun das Aluminiumzeitalter an. Es handelt sich also nicht »nur« um eine x-beliebige Produktinnovation, sondern um ein epochales Ereignis der Weltgeschichte. So viel Größe überzeugt die Käufer: *Audi* steigerte seinen Absatz in der Luxusklasse um 24 Prozent, während *Mercedes-Benz* 13 Prozent und *BMW* 10 Prozent einbüßten.

Dimensionierung funktioniert natürlich auch in ganz anderen Branchen, zum Beispiel für Füllfederhalter: Mit der Marke *Parker* wurde der Friedensvertrag nach dem Kalten Krieg zwischen Ost und West unterschrieben. In einer Anzeige kokettiert *Parker* sogar, sein Füller habe den Frieden mit *herbeigeführt*: »Die Feder ist stärker als das Schwert«, heißt es dort feierlich. So gewinnt der *Parker*-Füllfederhalter historische Bedeutung. Er ragt wie eine Berühmtheit unter den unzähligen »banalen« Schreibgeräten heraus. Auf ganz ähnliche Weise profilierte sich auch die Ölmarke *Mobiloil* in den USA, die bei etlichen Jahrhundertereignissen eine wichtige Rolle spielte: Sie war dabei, als Lindbergh zum ersten Mal den Atlantik überquerte und wurde ebenso bei den Space-Shuttle-Flügen ins All verwendet. So kämpft sich *Mobiloil* trotz starken Gegenwinds in die Premiumklasse vor und baut gleichzeitig seine Marktanteile aus.

Dimensionierung durch Analogie:
Ihr Produkt gewinnt überragende Größe, wenn Sie seine Bedeutung, Wichtigkeit oder »Klasse« mit einer Analogie illustrieren. Entleihen Sie sich die »Klasse« großer Erfindungen, Institutionen, Firmen, Persönlichkeiten usw., um sie auf Ihr Produkt zu übertragen. Beispiel: Der britische Pannen-Notdienst *AA (Automobile Association)* demonstriert Größe, indem er eine Analogie zu den drei großen gesellschaftlichen Notfallhilfen herstellt, nämlich Feuerwehr, Polizei und Ambulanz. Die

Kernbotschaft: »To our members, we are the 4th emergency service – Für unsere Mitglieder sind wir die 4. Notfallhilfe.« Durch die Analogie steigt die *Automobile Association* also in eine höhere Klasse auf. Es ist verständlich, dass sich der Kunde automatisch zur 4. Notfallhilfe hingezogen fühlt, weil sie viel mehr Vertrauen, Kompetenz und Sicherheit ausstrahlt als »irgendein« anderer Pannendienst. Der Erfolg gab der *Automobile Association* Recht: Innerhalb eines Jahres wuchs die Zahl der Neumitglieder um das Dreifache: von 34 000 auf 102 000.

Dimensionierung durch den hohen (globalen)
Verbreitungsgrad:
Löst Ihr Produkt ein Problem von nationaler oder sogar globaler Tragweite? Arbeiten Sie heraus, bis in welche *verborgenen Winkel* der Erde Ihr Produkt bekannt, erhältlich und/oder beliebt ist. Beispiel: Der Technologiekonzern *IBM* will helfen, die Welt in ein Dorf zu verwandeln. Er bietet »Solutions for a small planet – Lösungen für einen kleinen Planeten.« Die Markenkampagne beweist, dass *IBM* seine Technologie bis in die unauffälligen, verlassenen oder vergessenen Winkel der Welt transportiert. Stellen Sie sich dazu bitte folgende Anzeigen vor: Ein einsamer Nomade reitet auf seinem Kamel durch die Wüste und erfährt durch sein Notebook, dass er nach der zweiten Pyramide links abbiegen muss. Ein Mönch sitzt in den Tiefen eines asiatischen Klosters und sendet ein E-Mail an den Papst. Ein Buschmann registriert mit seinem Laptop die aktuelle Elefantenpopulation Afrikas. Skurrilerweise nutzen sie alle die *IBM*-Technologie mit solch professioneller Gelassenheit, dass *IBM* tatsächlich wie eine technologische Weltmacht wirkt, die alle Menschen miteinander verbindet.

Eine kurze Zusammenfassung: Sie können Ihre Marke gezielt in eine neue Klasse positionieren (Klassen-Prinzip) oder die Rolle Ihrer Marke in einen ganz großen gesellschaftlichen oder historischen Zusammenhang stellen (Dimensionierungs-Prinzip). In beiden Fällen greifen Sie in die Wahrnehmungsprogramme der Verbraucher ein, um gezielt das Wachstum anzukurbeln.

4. Schwächen in Stärken umdeuten

Dass die Klasse eines Produkts nicht in seinen Atomen und Molekülen festgeschrieben ist, sondern von der Wahrnehmung abhängt, leuchtet sicherlich ein. Jetzt gehen wir noch einen Schritt weiter und behaupten: Vermeintliche Schwächen eines Produkts können sich in Stärken verwandeln, wenn ein neues Wahrnehmungsprogramm abläuft.

Bekanntlich hat jede Medaille zwei Seiten und Sie können immer dafür sorgen, dass die »gute« Seite oben liegt. (Fast) jede vermeintliche Schwäche kann man als wahre Stärke umdeuten. Lernen Sie die Kunst, Kauf*barrieren* in Kauf*beschleuniger* zu verwandeln. Sogar »hoffnungslose« Produkte können ihren negativen Absatztrend umkehren und wieder zweistellige Zuwachsraten erzielen.

Das Umdeutungs-Prinzip:

Schreiben Sie einer scheinbar negativen (oder neutralen) Eigenschaft Ihrer Marke einen positiven Wert oder eine wichtige Bedeutung zu.

Die Erfolgsfaktoren:

1. Akzeptanz: Nur der Verbraucher entscheidet, ob er einer Zuschreibung zustimmt oder nicht. Testen Sie also Ihre Strategie immer unter Verbrauchern.

2. Relevanz: War die bisherige Schwäche Ihrer Marke eine echte Kaufbarriere? Dann reicht es oft aus, sie durch Umdeutung aus dem Weg zu räumen. Sie können aber noch einen Schritt weitergehen und jene Schwäche in eine echte Stärke umpolen, die viele neue Kunden anlockt.

Ein besonders originelles Beispiel für das Umdeutungs-Prinzip ist ein amerikanischer *gefrorener* Softdrink: *7-up Slurpee* (USA) ist so kalt, dass manche Verbraucher die Befürchtung äußerten, ihr Kopf würde platzen. Die Manager deuten diese scheinbare Schwäche als ihren größten Verkaufstrumpf:»So good it hurts. – So gut, dass es wehtut.« *Brainfreeze* heißt die Parole der Marke – und die Idee des vereisten Gehirns wird zum »Kult« unter den jugendlichen Verbrauchern. Das ist Umdeutung. Aber das Prinzip kann noch viel mehr leisten. Sie können damit sogar für scheinbar unverkäufliche Produkte eine Massennachfrage auslösen, wie die folgende Fallstudie aus dem Hause *Braun* (heute *Gillette*) beweist.

FALLBEISPIEL **Braun (Deutschland)**

Die *Braun AG* entschloss sich eines Tages, ihr Hi-Fi-Engagement aufzugeben, um sich mehr auf das Kerngeschäft (Rasierer usw.) zu konzentrieren. Nüchtern betrachtet waren *Braun*-Stereoanlagen vor der Bekanntgabe der Schließung kaum und danach erst recht nicht mehr marktfähig. Abgesehen vom erstklassigen Design boten die Geräte veraltete Technik für einen Preis, den nur wahre Liebhaber akzeptierten. Das größte Problem lag jedoch im Handel: der würde einen Einkaufsstopp verhängen und versuchen, die Bestände zu Dumpingpreisen loszuschlagen. Selbst treue *Braun*-Kunden würden dann verschreckt zurückweichen. Fast 7000 Anlagen und 30 000 Lautsprecher wären mit einem Schlag unverkäufliche Auslaufware. Eine hoffnungslose Situation? Keineswegs. Mit der richtigen Idee wird ein triumphaler Markterfolg daraus. Wie das?

Der strategische Kunstgriff bestand darin, das Produkt in der Wahrnehmung der Verbraucher einer Umdeutung zu unterziehen: vom »Restposten« *zur* »Last Edition«. Wie im Kunstmarketing wurde jede Hi-Fi-Anlage mit der Nummer einer »limitierten Auflage« versehen. Dadurch vollzieht sich eine wunderbare Wandlung im Kopf des Verbrauchers: Was vorher ein schönes Stück technischer Konfektionsware war, erscheint plötzlich als rares Kunstobjekt. Der Erfolg der Umdeutung übertraf alle Erwartungen: Die regulären Verkaufspreise hielten sich bis zum Schluss, der Ausverkauf florierte, die Schließungskosten wurden um mehr als ein Drittel unterschritten. Die Aktion strahlte sogar positiv auf das restliche *Braun*-Geschäft ab, das im gleichen Jahr 16 Prozent wuchs, fast doppelt so schnell wie der Markt.

Ein paar Worte zur kreativen Werbekampagne: *Braun* präsentierte seine »Last Edition« im typischen Museums-Ambiente, unterlegt mit provozierenden Headlines wie: »Ihre Freunde werden sich abwenden. Ihre Frau wird Sie verlassen. Und Ihre Bank wird Ihnen kündigen. Aber in zehn Jahren werden sie alle wieder vor Ihrer Tür stehen. – Ab 31. März ist *Braun* Hi-Fi-Geschichte.«

Wir haben gesehen, wie Sie Schwächen Ihres Produkts als Stärken umdeuten können. Nun wollen wir uns mit dem Gegenteil befassen: Wie nämlich verwandeln Sie die Stärken eines Wettbewerbers in Schwächen?

Das Umdeutungs-Prinzip (als Repositionierung der Konkurrenz)

Schreiben Sie einer scheinbaren Stärke Ihres Hauptwettbewerbers einen negativen Wert, eine negative Bedeutung oder eine negative Auswirkung zu.

Die Erfolgsfaktoren:

1. *Wahl des Gegners:* Am besten richten Sie sich gegen einen dominierenden Marktführer oder gegen eine bestimmte Gruppe von Wettbewerbern, die der Verbraucher als direkte Alternativen zu Ihrer Marke wahrnimmt. Je größer der Gegner, den Sie repositionieren, desto mehr Marktpotenzial können Sie gewinnen.

2. *Akzeptanz:* Testen Sie, ob der Verbraucher der Umdeutung zustimmt oder ob er sie als haltlose Anfeindung betrachtet, die dem Image Ihrer Marke womöglich schadet.

3. Relevanz: Können Sie mithilfe der negativen Umdeutung tatsächlich eine massive »Kaufbarriere« gegen die Konkurrenz errichten? Am besten befragen Sie dazu den Verbraucher.

4. Polarisierung: Profilieren Sie Ihre Marke nicht allein durch eine Repositionierung des Marktgegners. Stellen Sie der frisch entlarvten Schwäche der Konkurrenz möglichst eine Stärke Ihres Produkts gegenüber – sozusagen als positiven Gegenpol.

Wo viel Licht ist, da ist auch viel Schatten. Auch der erfolgreichste und gefährlichste Marktgegner ist verwundbar. In seiner größten Stärke liegt irgendwo auch eine Schwäche verborgen. Entdecken Sie sie, um sie nach außen zu kehren. Der Effekt ist immer wieder verblüffend: Die Strategie des Feindes richtet sich plötzlich wie ein Bumerang gegen ihn selbst. Sein Markenbudget ist schlimmstenfalls nicht nur wirkungslos, sondern kontraproduktiv. Selbst kleine Marken gehen häufig als große Gewinner aus einem solchen »David-gegen-Goliath«-Duell hervor. Hier das faszinierende Fallbeispiel einer Software für Kinder:

FALLBEISPIEL **Micrografx (USA)**

Micrografx ist eine Edutainment-Software, die sich im Markt unter anderem gegen »*Global Player*« wie *Sega, Nintendo* usw. durchsetzen muss. Allerdings wirken typische *Micrografx*-Produkte – z. B. »Art Studio« – ein wenig brav und intellektuell gegenüber den abenteuerlichen, kriegerischen Videospielen der Konkurrenz. Wollen Kinder mit so etwas wirklich spielen? Wie leicht kann unsere Marke als Spielzeug für »Streber« abgestempelt werden, das Kinder meiden wie eine ansteckende Krankheit. Die große Chance für *Micrografx* liegt in einer Umdeutung: *Ausgerechnet die scheinbar größte Stärke der Wettbewerber – nämlich faszinierende Unterhaltung – wird in eine Schwäche umgedeutet: nämlich Sucht.* In dieser Strategie steckt explosive Kraft, denn sie bestätigt die heimlichen Ängste junger Eltern. Gleichzeitig positioniert sich *Microgafx* nun als positiver Gegenpol, nämlich als *kreative Alternative*. Kein Wunder, dass Mütter scharenweise die *Micrografx*-Produkte kaufen und diese Marke sich zur Nummer 2 in der Edutainment-Kategorie aufschwingt. Werfen wir einen kurzen Blick auf die Kreation: Im Mittelpunkt eines TV-Spots steht ein kleiner Junge, der sich auf der Bühne vor Gleichaltrigen als »Ex-Junkie« outet, der früher süchtig nach Videogames war, seine pathologische Obsession aber mittlerweile überwunden hat – dank *Micrografx*.

5. Konsumgewohnheiten ändern

Für fast alle Produkte, die wir verwenden, sind im Kopf geistige »Gebrauchsanweisungen« gespeichert, die uns sagen, wann, wo, wie und wie oft wir sie benutzen sollten. Irgendetwas sperrt sich in uns, diese Produkte *anders* zu gebrauchen, als es die »Gebrauchsanweisung« vorsieht. Apfelwein ist beispielsweise ein Getränk, das in der Region Hessen fast ausschließlich *im Sommer* und *außer Haus* getrunken wird – vorzugsweise in einem gemütlichen Apfelweingarten. Es gibt keinen plausiblen Grund, warum man Apfelwein nicht auch im Winter oder zu Hause genießen sollte. Aber die Menschen folgen beharrlich ihren Verhaltensprogrammen, ohne deren Sinn ausgiebig zu hinterfragen. Schade um den guten Apfelwein. Sein Absatzpotenzial könnte sprunghaft steigen, wenn es gelänge, die Barriere im Kopf auszuräumen. So ähnlich geht es vielen Produkten: Die geistige »Gebrauchsanweisung« im Kopf schränkt ihre Verwendung über alle Maßen ein. Daher besteht das größte Wachstumspotenzial mancher Marken darin, einfach die Schranken im Kopf zu beseitigen.

Wie funktioniert das? Manchmal ist es erstaunlich einfach, eine geistige »Gebrauchsanweisung« für den Verbraucher zu entwickeln. Denken Sie an eine bekannte Minzpraline namens *After eight*. Sie ist für die Zeit nach 20 Uhr bestimmt, wenn das Abendessen vorüber ist. Man empfindet schon fast eine innere Sperre dagegen, sie vormittags zu naschen. Auch der deutsche Schokoriegel *Lila Pause* gibt uns ein klares Verhaltensmuster vor: Wir sollen sie tagsüber genießen, als kleine Mahlzeit für zwischendurch. – Allein die Namen dieser Produkte beeinflussen den Konsum des Verbrauchers. Es versteht sich von selbst, dass seine Entscheidungsfreiheit unangetastet bleibt. Natürlich kann er *After eight* auch tagsüber und eine *Lila Pause* nachts genießen. Aber die Mehrzahl der Verbraucher folgt der »geistigen Gebrauchsanweisung« intuitiv, ohne darüber nachzudenken.

Schwieriger ist es allerdings, wenn Sie Verhaltensprogramme *ändern* wollen, die sich bereits tief im Kopf des Verbrauchers eingeschliffen haben. Wie das funktioniert, zeigt der folgende Wachstums-Code, der sich bei Siegermarken oft bewährt hat:

Das Verwendungsmuster-Prinzip:

Etablieren Sie für Ihre Marke neue, klar definierte Verwendungsmuster, in denen der Verbraucher sie heute noch nicht (oder fast nie) verwendet.

Die Erfolgsfaktoren:

1. **Akzeptanz:** Der Verbraucher Ihres Produkts muss die neuen Verwendungsvorschläge als gute Idee akzeptieren. Bedenken Sie, dass Ihr Produkt in neuen Verwendungssituationen meist auch mit anderen Wettbewerbern konkurriert als bisher.
2. **Marktpotenzial:** Je regelmäßiger die neue Verwendungssituation im Alltag der Verbraucher auftaucht, desto besser. Außerdem sollte sich die Situation markant vom bisherigen Konsumverhalten abgrenzen, also einen echten neuen Markt begründen, der jedoch mit dem bisherigen kompatibel ist.

3. Vorbildfunktion: Die meisten routinierten Verhaltensweisen haben wir im Laufe unseres Lebens einfach von *Autoritäten* abgeschaut – von den Eltern, von Freunden, Arbeitskollegen, öffentlichen Vorbildern usw. Nutzen Sie ebenfalls Vorbilder, um *neue* Verhaltensmuster zu legitimieren.

Wie setzen Siegermarken dieses Prinzip ein? Ein eindrucksvolles Beispiel ist der bekannte Frischkäse *Kraft Philadelphia,* der in Großbritannien auf Granit stieß: 74 Prozent der Kunden genossen die Käsecrème höchstens einmal pro Woche, dann aber nur in kleinen Mengen, nämlich auf Crackers. So sieht es jedenfalls die »geistige Gebrauchsanweisung« vor. Die Strategie bestand folgerichtig darin, ganz neue Verwendungssituationen zu etablieren, zum Beispiel das *Frühstück.* Eine große Herausforderung, weil Frischkäse – historisch betrachtet – nicht auf den britischen Frühstückstisch gehört. Doch in der Werbung helfen Vorbilder, die Barrieren im Kopf auszuräumen. Innerhalb eines Jahres stieg die Zahl derer, die sich *Kraft Philadelphia* zum Frühstück vorstellen konnten, von nur 8 Prozent auf immerhin 36 Prozent.

Ein besonders faszinierendes Beispiel für das obige Prinzip ist in unseren Augen *Magnum,* das europäische Rieseneis aus dem Hause *Unilever.*

FALLBEISPIEL **Magnum (Europa)**

Vor der *Magnum*-Ära war Speiseeis am Stiel ein sehr spezielles Produkt, das
– vor allen Dingen von Kindern
– unterwegs (im Freibad, auf der Straße)
– in unregelmäßigen Abständen
– tagsüber
– im Sommer
konsumiert wurde.
Dieses Verwendungsverhalten war tief im Kopf des Verbrau-

chers eingeprägt – wie eine geistige Gebrauchsanweisung. Die Marketingexperten von *Unilever* erkannten jedoch, dass es keine vernünftigen Gründe für den unregelmäßigen Eis-am-Stiel-Genuss gab. Ihre Markenstrategie sieht daher vor, völlig neue Konsumsituationen für *Magnum* zu etablieren. Die einschränkende »alte« Programmierung (siehe oben) wurde gleich in fünffacher Hinsicht gesprengt: *Magnum* wurde das erste Eis am Stiel, das
– Erwachsene (hauptsächlich)
– zu Hause
– täglich
– abends und
– auch im Winter genießen.

Hier wird das klassische Konsumverhalten radikal auf den Kopf gestellt. *Magnum* wollte *alle* Verbraucher an *jedem* Ort und zu *jeder* Zeit. Eine Werbekampagne etablierte sympathische Vorbilder, die das neue Konsummuster vorleben – und die Verbraucher machen es nach. Innerhalb eines Jahres wächst der Marktanteil von 8 Prozent auf 20 Prozent. *Magnum* avancierte zum absoluten Marktführer. Bei einigen Verbrauchern entwickelte sich eine Markenbesessenheit, wie sie bisher im Eiscreme-Markt nicht vorgekommen war: die »*Magnum*-Manie«. Fairerweise gestehen wir zu, dass sich der *Magnum*-Erfolg nicht allein auf das obige Prinzip zurückführen lässt, sondern dass auch andere Facetten der Positionierung wesentlich dazu beitrugen.

Das Verwendungsmuster-Prinzip kann Ihre Marke von lästigen Fesseln befreien und so das Wachstum beflügeln. Wichtig ist allerdings, dass der Verbraucher Ihren neuen Verwendungsvorschlag akzeptiert und für gut befindet. Prüfen Sie, wie die »geistige Gebrauchsanweisung« für Ihr Produkt genau aussieht. Vielleicht stoßen Sie dabei auf irrationale Beschränkungen, die sich zu beseitigen lohnen.

FAZIT

Fassen wir noch einmal zusammen: Wahrnehmungs- und Verhaltensprogramme bestimmen den Markterfolg eines Produkts. Erforschen Sie, wie der Verbraucher Ihre Marke wahrnimmt. Wie fördern oder bremsen seine Wahrnehmungs- oder Verhaltensprogramme ihren Absatz? Mit welcher Strategie können Sie den größtmöglichen Zuwachs erzielen? Denken Sie beispielsweise daran

1. ein eigenes Territorium abzugrenzen,
2. in einen anderen Markt vorzustoßen,
3. die Liga neu zu bestimmen,
4. Schwächen in Stärken umzudeuten oder
5. unvorteilhafte Konsumgewohnheiten zu ändern.

Aus unserer eigenen Agenturpraxis wissen wir, wie extrem wirksam Programmierungsstrategien im Markt arbeiten. Etliche Marken konnten ihren Absatz damit nicht nur zweistellig steigern, sondern sogar vervielfachen. Ein Fallbeispiel dazu aus unserer eigenen Agenturpraxis lesen Sie im Kapitel »So arbeite Sie mit Wachstums-Codes«.

PORTAL 4:
IDENTITÄT UND SELBSTDARSTELLUNG

KERNTHESE: **Der Verbraucher bevorzugt Ihre Marke, weil er mit ihr seine (Wunsch-)Identität markant zum Ausdruck bringen kann.**

Marken verraten viel über den Charakter, die Persönlichkeit und die Identität des Menschen. Das gilt nicht nur für Automarken, Kleidung und modische Accessoires, sondern auch für Lebensmittel, Zigaretten, Körperpflegeprodukte und vieles mehr. Schon der erste optische Eindruck, den Sie von einem Menschen gewinnen, erzählt eine ganze Geschichte über ihn. Trägt er einen Anzug oder zerschlissene Jeans? Designerbrille oder Kassengestell? Siegelring oder Goldkettchen? Raucht er Pfeife oder lutscht er Lollis? Auch das Fortbewegungsmittel sagt sehr viel über ihn aus: Fährt er einen *Jaguar* oder einen *Austin Mini*? Eine *Harley-Davidson*, eine italienische *Vespa* oder ein Skateboard? Hinter jedem Fortbewegungsmittel vermuten wir einen anderen Persönlichkeitstypus.

Ein kleines Gedankenexperiment: Stellen Sie sich eine Person vor, von der Sie nur drei Dinge wissen: Sie trägt Strickjacke, Sandalen und raucht Pfeife. Schon jetzt entsteht vor Ihrem geistigen Auge wahrscheinlich ein verblüffend klares Bild über diesen Jemand: Es ist ziemlich sicher ein Mann. Eher ein reifer Intellektueller als ein junger Wilder. Eher konservativ als hip. Eher vertrauenswürdig als schlitzohrig. Eher ein unsportlicher Typ als ein Bodybuilder.

Vielleicht teilen Sie auch folgende Vermutungen: Er ist verheiratet, hat Kinder, lebt in seinem kleinen Vorstadthäuschen und geht einem geregelten Bürojob nach. Er ist über vierzig, hat einen kleinen Bauchansatz und liest gern schöngeistige Literatur. Politisch denkt er eher liberal als nationalistisch. Er fährt eher einen klapprigen Gebrauchtwagen als ein blitzendes Sportcoupé. Und so weiter. So viele Mutmaßungen resultieren allein aus Strickjacke, Sandalen und Pfeife. Wir schlussfolgern, dass auch eine Marke sehr viel über den Verwender verraten kann. Genauer gesagt: *Eine Marke besitzt das Potenzial, einen fremden Menschen in Bruchteilen von Sekunden umfassend zu charakterisieren!* Stellen Sie sich beispielsweise einen *Harley-Davidson*-Fahrer vor in puncto

• Geschlecht,
• Alter,
• Charakter,
• Lebenseinstellung, ideologischer Standpunkte,
• sozialer Klasse,
• Lebensweise, Hobbys, Gewohnheiten.

Wahrscheinlich können Sie sogar seine mutmaßliche Physiognomie beschreiben, ohne diesen Menschen je gesehen zu haben. Natürlich sind das alles nur Vorurteile, aber sie stellen sich automatisch ein; niemand kann sich dagegen wehren. Darum achten Leute beim Einkaufen darauf, was ihre Kaufentscheidungen über sie verraten. Die Marke übernimmt eine »Ausweisfunktion« für ihren Verwender, die zum entscheidenden Kaufmotiv werden kann – oder zu einer massiven Kaufbarriere. Manche qualitativ hervorragende Produkte meidet der Verbraucher, weil sie etwas Falsches über ihn aussagen. Dafür kauft er aber durchschnittliche oder sogar unterdurchschnittliche Produkte, nur weil sie ihn positiv charakterisieren. Hier liegt eine große Chance für das Marketing: Bestimmen Sie selbst die faszinierende Botschaft, die Ihre Marke über ihren Verwender vermittelt, um ihn so zum Kauf anzuregen. Damit öffnen wir das vierte Portal zum Kopf der Verbraucher, nämlich »Identität und Selbstdarstellung«.

Einige Gedanken über die Identität des Menschen

Was ist Identität? Wir machen es uns einfach und sagen: Identität ist die Antwort auf die Frage:»Wer bin ich?«, aber auch:»Wo stehe ich in meinem sozialen Umfeld?« beziehungsweise:»Was ist meine genaue Position gegenüber Freunden, Nachbarn, Kollegen, gegenüber der breiten Masse, gegenüber Stars und Prominenten.« Es gehört zu den existenziellen Aufgaben des Menschen, seine Identität zu bestimmen, um sein Überleben in der Gesellschaft zu sichern. Früher wurde die Identität des Menschen klar festgelegt durch seine Familien- und Schichtzugehörigkeit, seine Religion, seinen Beruf (meist vom Vater übernommen) und seine Funktion im Dorf. Doch über die Jahrzehnte sind die festen Identitätsraster aufgeweicht. Heute muss der Mensch seine Identität selbst finden, markieren und stabilisieren. Aber er hat auch die Chance, sie evolutionär weiterzuentwickeln. *Jeder kann – in gewissen Grenzen – zum »Regisseur« seiner Identität werden.* Wie funktioniert das? Wie kann ich meine Identität verändern, korrigieren, aufwerten? Durch *symbolische Handlungsweisen*, die mein Selbstbild in eine bestimmte Richtung verändern:

- Die erste Zigarette, der erste Sex, die erste eigene Wohnung – solche Entscheidungen besitzen einen hohen symbolischen Wert. Sie helfen Jugendlichen, in die Rolle eines Erwachsenen hineinzuwachsen.
- Die Wahl des Lebenspartners gibt der Identität eine neue Richtung. Besonders deutlich wird dies, wenn eine bürgerliche Frau in eine königliche Familie einheiratet. Ihre Identität bekommt dadurch ein neues Etikett, das sie bis ans Lebensende begleitet.
- Menschen schließen sich bestimmten Gruppen an, um ihre Identität zu finden, zu markieren oder weiterzuentwickeln. Das können religiöse Gruppen sein, aber auch soziale Subkulturen – von Ravern über Punks bis hin zu den Hell's Angels.
- Gerade in der Lebensmitte verspüren viele Leute den Drang, an ihrer Identität zu feilen, die ihnen plötzlich zu alt, zu

blass oder zu bürgerlich geworden ist. Symbolische Handlungen helfen ihnen, ihre so genannte Midlife-Crisis zu bewältigen. Sie kaufen sich ein Motorrad, um sich jünger zu fühlen. Sie buchen Survival-Reisen oder trainieren den Gang über glühende Kohlen. Oder sie suchen sich einen jüngeren Partner. Um ihre Identität zu gestalten, schrecken manche Leute auch vor skurrilen oder schockierenden Handlungen nicht zurück. Warum badet der amerikanische Geologiestudent Rip Howell 17,5 Stunden lang in Ketchup? Weil er seine Identität als Durchschnittsbürger durch das Etikett »Weltrekordler« aufwerten will (vgl. *Guiness-Buch der Rekorde*).

Heutzutage erfüllen immer mehr Marken die Funktion, die Identität des Verbrauchers zu markieren. Sie helfen ihm, sich (wieder) sportlich, trendy, elitär oder jung zu fühlen. Und sie helfen ihm, sich als Teil einer bestimmten Gruppe zu definieren.

Wie wichtig die soziale Selbstdarstellung ist

Der nach innen gerichteten Identität stellen wir die nach außen gerichtete Selbstdarstellung gegenüber. Je schneller das Leben in den modernen Industrienationen pulsiert und je weniger Zeit wir haben, andere Menschen wirklich kennen zu lernen, desto mehr müssen wir uns im sozialen Umfeld darstellen bzw. *positionieren*. Davon hängt unser Erfolg in der Gesellschaft maßgeblich ab. Überall müssen wir uns »verkaufen« – nicht nur rhetorisch, sondern auch durch Marken, die uns charakterisieren. Wenn jemand einen *Jaguar* kauft, positioniert er sich beispielsweise völlig anders als mit einem *Range Rover* oder einem *New Beetle* – manchmal mit weit reichenden sozialen Konsequenzen. Als Single spricht er wahrscheinlich mit jedem Wagen einen anderen Frauentyp an. Viele Marken erzählen eine Geschichte über den Verwender und tragen so entscheidend zu seinem privaten oder gesellschaftlichen Erfolg bzw. Misserfolg bei. Kinder und Jugendliche werden nur in ihrer Clique aufgenommen, wenn sie bestimmte Trendmodemarken besitzen. Aber auch in erwachsenen Szenen, Kreisen, Clubs oder Gruppen können bestimmte Marken als »Eintrittskarten« fungieren, und sei es eine platinfarbene Kreditkarte. In welchem erstaunlichen Maße *reine Äußerlichkeiten* einem Menschen soziales Ansehen, Autorität und Macht verleihen können, zeigt die authentische Geschichte von Wilhelm Voigt, der als *Hauptmann von Köpenick* in die deutsche Geschichte einging: Der alternde Schuhmacher und Gelegenheitsgauner Voigt verschafft sich mithilfe einer Secondhand-Uniform die Autorität eines Hauptmanns. Auf der Straße übernimmt er die Führung einer zufällig vorbeimarschierenden Gruppe von zehn Soldaten plus Unteroffizier und befiehlt ihnen, ihm bis ins zwölf Kilometer von Berlin entfernte Köpenick zu folgen. Dort konfisziert er mithilfe der Soldaten und der örtlichen Polizei 4 000 Mark aus der Stadtkasse und verhaftet sowohl den Bürgermeister als auch den Stadtkämmerer mit der Begründung, sie hätten Gelder veruntreut. Anschließend schickt er seine Truppe mit den beiden Gefangenen nach Berlin zurück – und verschwindet mit der Beute.

In dieser Geschichte verwandelt also eine alte, ausrangierte Uniform einen Niemand in eine staatliche Autorität, der die Menschen blindlings gehorchen. Wir schlussfolgern daraus, dass auch Marken ihren Verwendern in ähnlicher Weise Autorität verleihen können. Auch sie können Menschen in ihrem sozialen Umfeld optimal »positionieren«.

Machen Sie Ihre Marke zum »Sprachrohr« des Verbrauchers

Früher wurden Marken immer noch als idealisiertes Spiegelbild des Verbrauchers gebildet. Sie reflektieren ein *ganzheitliches* Image, das sich aus mehreren Attributen wie »jung, aktiv, individuell und frech« zusammensetzt. Wer sich damit identifiziert, so die Hypothese, wird diese Marke auch kaufen. Vor Jahrzehnten gehörte *Coca-Cola* zu den ersten Marken, die dem jugendlichen Verbraucher sein eigenes Lebensgefühl wie ein *Spiegelbild* zurückwarfen: jung, sportlich, freizeit- und spaßorientiert. Damals eine sensationell erfolgreiche Markenstrategie, aber heute gibt es Legionen von Marken, die mindestens ebenso jung, sportlich, freizeit- und spaßorientiert auftreten wie *Coca-Cola*. Vom Müsliriegel über den Sportschuh bis zur Kaffeemarke etablieren unzählige Marken das immer gleiche »Me-too«-Image. Heute können selbst Millionenbudgets, die auf das traditionelle Spiegelprinzip setzen, oft nicht einmal mehr einen Abwärtstrend aufhalten.

Die Zukunft sieht anders aus. Die Marken von heute und morgen müssen einen Quantensprung schaffen: nämlich vom »Spiegel« zum »Sprachrohr« des Verbrauchers werden. Was heißt das? Die Marke als »Sprachrohr« will im Gegenteil etwas Provozierendes, Imponierendes, Faszinierendes über den Verbraucher verraten. Nur eine einzige zugespitzte Aussage, die den Konsumenten aber umfassend charakterisiert. Das animiert den Verbraucher zum Kauf, mehr noch: *Was eine Marke über ihn erzählt, ist oft sogar wichtiger als Qualität.* In Extremfällen kauft der Verbraucher sogar bewusst minderwertige Qualität. Denken Sie an Jeans: In den 80er-Jahren kam der Trend nach zerschlissenen Jeans auf. Ist es nicht skurril, dass geistig gesunde Menschen absichtlich kaputte Kleidungsstücke kaufen, die vielleicht sogar teurer sind als makellose Neuware? Dieser Trend pervertiert die traditionelle Qualitätsorientierung der Verbraucher. Die Löcher in der Kleidung werden nicht nur geduldet, sondern avancieren zum Kaufkriterium. Wie ist das möglich? Die kaputten Hosen fungieren als »Sprachrohr«, um eine profilierte Botschaft über den Träger mitzuteilen. Sie drücken seine Abkehr von etablierten, spießbürgerlichen Normen aus und deuten gleichzeitig darauf hin, dass er Aufregendes erlebt haben muss, bevor seine Hose ihre Blessuren davontrug. Kaputte Hosen vermitteln einen ähnlich würzigen Geruch von Abenteuer wie die stolz zur Schau getragenen Narben eines alten Globetrotters.

Die Wachstums-Codes, die auf »Identität und Selbstdarstellung« basieren

Das neue »Sprachrohr«-Prinzip bietet Marken (fast) aller Branchen neue Wachstumschancen. Formulieren Sie die Botschaft, die Ihre Marke über den Verwender machen soll. Was will er seiner Umwelt am liebsten mitteilen? Überlegen Sie in verschiedene Richtungen:

1. Charakter zeigen:
Gerade junge Leute demonstrieren gern, wie cool, hart, tolerant oder trendy sie sind. Sie bevorzugen Marken, die eine dieser spezifischen Eigenschaften besonders markant ausdrücken. Siegermarken erzielen auf diese Weise Spitzenzuwächse, wie wir am Beispiel einer Biermarke, eines Frauen-Deodorants, eines Grippemittels und einer Automarke zeigen werden.

2. Ideologien vertreten:
Machen Sie Ihre Marke zu einem »Sprachrohr«, mit dem der Verbraucher einen bestimmten ideologischen Standpunkt öffentlich demonstrieren kann. Denn es drängt die Menschen, ihre Überzeugungen zu verbreiten oder andere zu bekehren. Die Marke als »Sprachrohr« hilft ihm dabei und bietet damit einen attraktiven Kaufgrund. Auch das Ideologie-Prinzip können Marken aller Art verwenden: von der Sportuhr bis zur Automarke.

3. Zugehörigkeit demonstrieren:
Jede Gruppe, der wir angehören, sagt etwas über unsere Identität aus: die Familie, die Firma, der Freundeskreis und so weiter. Das Image der Gruppe strahlt direkt auf seine Mitglieder ab. Umgekehrt versuchen wir, in bestimmte Gruppen aufgenommen zu werden, um von deren Image zu profitieren. Wie stellen Sie sich beispielsweise Leute vor, die der Gruppe der Börsenmakler, der Raver oder der Pazifisten angehören? Nutzen Sie die Chance, Ihre Marke als »Abzeichen« einer bestimmten sozialen Gruppe zu positionieren.

4. Als Held auftreten:
Der klassische Held, so wie wir ihn aus Hollywood kennen, bündelt ein ganzes Paket beneidenswerter Persönlichkeitsmerkmale in seiner Person. Auch die Marke kann als Held auftreten, in dessen Glanz sich der Verbraucher sonnen darf. Aber wie bauen Sie einen Helden auf? Die genauen Gesetze lernen wir am besten von den Filmemachern aus Hollywood. Wie sich diese Gesetze auf Marken übertragen lassen, werden wir am Beispiel einer Jeansmarke zeigen.

5. Persönliches ausdrücken:
Menschen nutzen die Marke, um anderen Leuten etwas sehr Persönliches mitzuteilen, zum Beispiel »Danke.« – »Ich liebe Dich.« – »Du bist für mich etwas ganz Besonderes.« Rüsten Sie Ihre Marke gezielt mit einer solchen Botschaft aus, um neue Kauf- und Verwendungsanlässe für Ihr Produkt zu schaffen.

Wir stellen Ihnen nun die universellen Wachstums-Codes vor, mit denen Sie den Absatz Ihrer Marke gezielt maximieren können.

1. Charakter zeigen

Eine Marke kann ihrem Besitzer einen faszinierenden Charakter verleihen. Sie kann eine bestimmte faszinierende Eigenschaft symbolisieren, die der Verbraucher besitzen und nach außen demonstrieren will. Vor allem geht es um erstrebenswerte Qualitäten wie
• frei, autonom sein (»Ich tue, was ich will.«),
• modern, innovativ, trendy sein,
• individuell, interessant sein,
• hart, mutig, tapfer sein,
• innere Stärke besitzen,
• offen, tolerant sein,
• gelassen, cool sein,
• natürlich, ehrlich, bodenständig sein,

- reif sein, lebens- oder welterfahren,
- clever, raffiniert sein,
- aktiv, dynamisch, sportlich sein,
- jung sein (im Kopf),
- verrucht, verdorben sein (»ein Schwein sein«).

Wie aber statten Sie Ihre Marke mit einer Charaktereigenschaft aus? Es reicht nicht aus, zu *behaupten*, cool, clever oder verrucht zu sein. Wer das tut, blamiert sich ebenso wie Menschen im Alltagsleben, die sich derart plump brüsten.

Eine Marke muss Charakter *beweisen*. Menschlicher Charakter drückt sich vor allem durch Handeln aus, nach dem Motto:»Ich bin, was ich tue.« Faszinierend wird ein Charakter aber erst, wenn er *sinnvoll von der Normalität abweicht*. Starke Persönlichkeiten erkennen wir daran, dass sie immer wieder das Gegenteil von dem tun, was die breite Masse der Bevölkerung in ihrer Situation tun würde. Sie begehren auf, wenn andere sich unterordnen. Sie sind mutig, wenn andere feige sind. Sie gehen ihren eigenen Weg, wenn andere sich anpassen. Allerdings weicht ihr Verhalten *sinnvoll* von der Normalität ab. Es steckt also eine *Absicht* dahinter, und sei es nur die, sich zu amüsieren oder zu rebellieren. Einige Beispiele:

- Das australische *Foster's*-Bier demonstriert in den USA einen harten, männlichen Charakter. Für einen echten Australier – so behauptet die Marke – müsse ein Buschmesser auch schon mal als »Zahnseide« fungieren. Im Busch gibt es eben keine Drogerien. Wer mit dieser stählernen Waffe feinste Speisereste aus dem Zahnfleisch entfernt, demonstriert zweifellos eine asketische Härte gegen sich selbst, die verweichlichte Zivilisationsmenschen erschaudern lässt. Kurz: Wer seine urwüchsig barbarische Männlichkeit ausdrücken will, für den bietet *Foster's* ein verlockendes Kaufmotiv.
- Auch die Verwender des amerikanischen Grippemittels *Tylenol Flu* sind angeblich »hart« im Nehmen, aber in einem ganz anderen Sinne: Sie lassen sich nämlich von den ersten Grippesymptomen nicht gleich »umhauen«, sondern halten tapfer durch, zum Beispiel am Arbeitsplatz. Insofern weicht ihr Verhalten positiv von der gängigen Praxis ab, sich bei

Erkältungsbeschwerden kurzerhand krankschreiben zu lassen. »When the tough get sick – Wenn die Harten krank werden« formuliert die Marke ihr Motto.

- Das starke amerikanische Damen-Deo *Secret* schreibt auch seinen Verwenderinnen *innere Stärke* zu. Eine typische Verwenderin zeigt beispielsweise den Mut, ihren Job zu kündigen, um eine eigene Firma aufzubauen. Ihr Verhalten weicht markant von der Normalität ab. Denn – so resümiert die Marke – die meisten Menschen *reden* viel über berufliche Selbständigkeit, aber nur wenige besitzen die *innere Stärke*, ihren Traum anzupacken und in die Tat umzusetzen.

Starker Charakter zeigt sich zwar hauptsächlich im Handeln, aber nicht ausschließlich. Auch jegliche andere *Abweichung von der Normalität* kann Charakter demonstrieren, solange ein erkennbarer Sinn oder Zweck dahinter steckt. Auch dazu einige Beispiele:

- Seit Jahrzehnten profiliert sich eine britische Marke für Oberhemden, *Hathaway,* mit männlichen Models, die eine *schwarze Augenklappe* tragen. Dieses Symbol für Piraterie, Abenteuer, Verruchtheit, Härte verleiht dem Kunden eine interessante Note, die sie vom Stereotyp des »normalen« Geschäftsmanns abhebt.
- Die Kundinnen der Kosmetikmarke *Marbert* werden durch den *Charakter* schön, der sich in Gesichtern widerspiegelt, nicht durch Make-up, denn: »Jedes Gesicht erzählt eine Geschichte.« Sogar eine kleine Narbe im Gesicht muss kein Makel sein, sondern kann dem weiblichen Gesicht sogar besondere Faszination verleihen. Die *Marbert*-Kundin ist also ganz anders als viele herkömmliche Frauen, die jeden Ansatz von Charakter in ihrem Gesicht (z. B. Lachfältchen) mit Schminke übertünchen wollen.

Eines wollen wir noch einmal betonen: Nicht nur starke Charaktere weichen von der Normalität ab, sondern auch Idioten und Psychopathen. Geben Sie Ihrer Marke keinen »irrsinnigen« Charakter. Selbst seriöse Weltmarken blamieren sich gelegentlich, wenn sie diese Empfehlung missachten. In der Markenkampagne einer Telekommunikationsfirma tritt beispielsweise ein Exzentriker auf, der an einem Bungeeseil eine Hauswand hinunterklettert und dabei telefoniert. Ein anderer Sonderling trägt einen Anzug, der aus toten Fischen zusammengeknüpft ist. Solche unsinnigen Charaktere entbehren nicht nur jeglicher Faszination, sondern wecken sogar Mitleid. Über den Kunden der Marke sagen sie allenfalls aus, dass er ein Spinner ist. *Sinnlose* Exzentrik katapultiert Menschen aus dem gesellschaftlichen Leben heraus, drängt sie ins soziale Abseits, grenzt sie aus. Man lacht zwar gern über solche »Verrückten«, will aber nicht einer von ihnen sein. Darum ist es wichtig, dass jede Abweichung von der Normalität einen plausiblen Zweck verfolgt.

Fassen wir die Gesetzmäßigkeiten, um starke Charaktermarken aufzubauen, noch einmal als Wachstums-Code zusammen:

Das Charakter-Prinzip:

Machen Sie Ihre Marke zum Symbol einer bestimmten Charaktereigenschaft oder eines Persönlichkeitsmerkmals, das der Verbraucher gern besitzen oder vor anderen Leuten demonstrieren will.

Die Erfolgsfaktoren:

1. *Produktbezug:* Der neue Charakterzug muss zu Ihrer Marke passen. Leiten Sie ihn möglichst direkt aus einer Stärke, einer vermeintlichen Schwäche oder einer sonstigen Besonderheit Ihrer Marke ab.

2. *Faszination des Markencharakters:* Falls mehrere verschiedene Charaktereigenschaften zu Ihrer Marke passen, wählen Sie die aus, die sich Ihr Verbraucher am liebsten »aneignen« würde. Interessanterweise schmücken sich die meisten Leute gern mit Eigenschaften, die sie in Wirklichkeit gar nicht oder nur in geringem Maße besitzen. Manchmal erfüllen Marken also die Funktion, persönlich empfundene Defizite zu kompensieren.

3. Authentizität: Eine Marke *beweist* ihre authentische Persönlichkeit durch ihr Auftreten oder Handeln. Es reicht also nicht aus, Charaktereigenschaften nur zu *behaupten*. Eine Marke, die sich selbst oder ihre Kunden als cool oder trendy bezeichnet, wirkt meist lächerlich oder peinlich.

4. Eigenständigkeit des Charakters: Je markanter sich der Charakter *Ihrer* Marke vom Wettbewerb abhebt, desto mehr Erfolg verspricht Ihre Strategie.

Etliche Fallbeispiele für das Charakter-Prinzip kennen Sie nun schon. Hier sind zwei weitere, die uns bemerkenswert erscheinen. Schauen wir uns zunächst die Strategie der skandinavischen Automarke *Volvo* an:

FALLBEISPIEL Volvo (Europa)

Volvo stand vor der Herausforderung, seine Mittelklasse-Modelle *V40* und *S40* im deutschen Markt zu positionieren. Zwei Kernprobleme waren zu lösen: Erstens musste sich *Volvo* gegen die mächtigen nationalen »Platzhirsche« durchsetzen, nämlich *Mercedes*, *BMW* und *Audi*. Zweitens gelten *Volvo*-Fahrer als eher *konservative* Persönlichkeiten, was sich als zusätzliche emotionale Kaufbarriere bemerkbar macht. Wie lässt sie sich ausräumen?

Das Problem ist lösbar, wenn man es unter dem Gesichtspunkt der Charakterstrategien analysiert. Welcher Charakterzug ist denn bereits in der Marke angelegt?

• Die Marke ist klein (im Vergleich zu den großen deutschen Wettbewerbern).

• Sie kommt aus dem Ausland, hat also etwas »Exotisches«.

• Und sie hat ein eigenwilliges Design (mit Ecken und Kanten).

Daraus resultierte die Strategie, Volvo *zum Symbol eines individualistischen Charakters zu machen.* Das funktioniert natürlich nur, weil viele deutsche Autofahrer tatsächlich das Bedürfnis haben, ihrer Individualität demonstrativ Ausdruck zu verleihen, sich also von der breiten Masse abzuheben. Nun reicht es bekanntlich nicht aus zu behaupten, *Volvo* sei »für Individualisten« gemacht. Wie beweist die Marke also ihren Charakter? Schauen wir uns dazu einen kreativen TV-Spot an: Wir sehen einen jungen Mann, der mit seinem *Volvo V40* eine Serpentinenstrecke durch die Berge fährt. Irgendwo in der freien Natur steigt er aus, stellt sich auf einen Felsvorsprung, zieht einen Bumerang hervor und schleudert ihn in das endlose Tal. Jetzt platziert er einen Apfel auf seinem Kopf und wartet gelassen ab, bis der zurückschwirrende Bumerang die Frucht mit seiner scharfen Schnittkante genau in der Mitte zerteilt. Unser Mann lehnt sich entspannt an seinen *Volvo V40*, um den Apfel genüsslich zu essen.

Was macht diesen Mann so individuell? Nicht nur seine Geschicklichkeit im Bumerangwerfen, sondern auch seine mentale Kraft, seine Trainingsdisziplin, seine Leidenschaft, die ihn von Millionen oberflächlicher Zeitgenossen unterscheidet. Dieser Mann demonstriert ein absolutes Vertrauen in sich selbst. Er zuckt nicht einmal mit den Augenlidern, als die stählerne Waffe zurückkehrt und nur wenige Zentimeter über seinem Gesicht den Apfel zerschneidet. Das ist ein individualistischer Charakter, den viele deutsche Autokunden besitzen und demonstrieren wollen. *Volvo*s Absatz in der automobilen Mittelklasse stieg innerhalb eines Jahres um mehr als 100 Prozent.

Besondere Bewunderung wecken Menschen und Marken, die den Mut besitzen, soziale Grenzen zu überschreiten. Sie brechen bürgerliche Konventionen, Regeln und Gesetze, sie tun »Verbotenes«, um schneller an ihr Ziel zu gelangen, um sich zu amüsieren oder um gegen Autoritäten zu rebellieren. *Grenzüberschreitung* ist nicht nur ein aggressiver, sondern auch ein äußerst effektiver Weg, um Marken Charakter zu geben. Ein originelles Beispiel dafür ist *Rolo*, das runde Schokokaramellbonbon von *Nestlé*.

FALLBEISPIEL **Rolo (Niederlande)**

Süßwaren stehen allerorten unter einem massiven Wettbewerbsdruck. Hunderte bunter, süßer Leckereien konkurrieren in den Supermärkten um die junge Kundschaft. Hier muss sich *Rolo* nicht nur gegen andere Karamellbonbons wehren, sondern gleichzeitig gegen Fruchtgummis, Kaugummis, Schokoladen, Marshmallows und so weiter. Wie positionieren Sie ein ganz normales Karamellbonbon in einem solch illustren Umfeld?

Der strategische Hebel lag nun darin, die Marke Rolo *zum Symbol eines frechen, draufgängerischen Charakters zu machen.* Die Marke soll also ihren Verwender als Draufgänger charakterisieren, der soziale Regeln und Gesetze nach Lust und Laune einfach überschreitet. Ein Filmbeispiel: Der Held, ein jugendlicher Szenegänger, kommt ins Kino und ergattert einen Sitzplatz neben einem attraktiven Mädchen. Um ihre Aufmerksamkeit zu gewinnen, bietet er ihr sein letztes *Rolo* an. Das Mädchen kaut bereits hocherfreut auf dem Karamellbonbon, als sich plötzlich eine aufgedonnerte Blondine auf den anderen Platz neben dem Jungen setzt. Der ärgert sich, sein letztes *Rolo* voreilig verschenkt zu haben ... aber noch ist es ja nicht zu spät. Vorsichtig legt er seinen Arm um den Hals des Mädchens, so als wolle er es küssen, packt es dann aber im Genick, reißt ihm das *Rolo* aus dem Mund, um es gleich darauf der Blondine anzubieten. Der Slogan mahnt lakonisch: »Überlege gut, wem Du Dein letztes Rolo anbietest.« – So wird *Rolo* zum Symbol für eine Charaktereigenschaft, mit der sich der Verbraucher öffentlich brüsten kann. Die neue Strategie verdoppelte den *Rolo*-Umsatz innerhalb eines Jahres.

Fassen wir zusammen: Charakterstrategien öffnen ein unerschöpfliches Reservoir neuer Chancen für die Marke. Erforschen Sie den Charakter, der in Ihrer Marke bereits angelegt ist, und schlagen Sie eine Brücke zu denjenigen Eigenschaften, die der Verbraucher am liebsten besitzen würde. So entstehen starke Kaufmotive für Produkte, die vorher noch ganz durchschnittlich aussahen.

2. Ideologien vertreten

Genau wie das Handeln verrät auch das *Denken* sehr viel über einen Menschen. Daher kann sich die Marke auch als »Sprachrohr« profilieren, um Meinungen, Überzeugungen und Ideologien des Verbrauchers öffentlich zu demonstrieren. Sicherlich kennen Sie erfolgreiche Markenideologien wie

- »Accept no limits« oder »Just do it.« (*Nike*-Sportschuhe)
- »Don't crack under pressure.« (*Tag-Heuer*-Sportuhren)
- »Live Life to the max.« *(Pepsi max)*

In solchen ideologischen Parolen steckt Faszination, die zum Kauf animiert. Denn sie reflektieren ein recht scharfes Bild über den Verwender solcher Marken. Generell sagen Ideologien sehr viel über den Menschen aus: über seinen mutmaßlichen Charakter, seine Interessen, seine Lebensumstände oder sogar seine Äußerlichkeiten. Wahrscheinlich können Sie sich hinter einer feministischen Ideologie ebenso eine vollständige Persönlichkeit vorstellen wie hinter einer pazifistischen oder buddhistischen Lebenseinstellung. Warum wollen die Leute ihre Ideologien nach außen vertreten, zum Beispiel mit der Marke als Sprachrohr? Entweder um sich selbst darzustellen oder sogar, um andere Menschen zu bekehren.

Was macht eine Markenideologie so stark, dass sie verkauft? Aus unserer Erfahrung braucht sie immer einen Pluspol und einen Minuspol.

- Sie tritt *für* ein bestimmtes Ideal ein (der Pluspol) und
- richtet sich gleichzeitig *gegen* einen gesellschaftlichen Missstand bzw. eine populäre Gegen-Ideologie (der Minuspol).

Erst im Spannungsfeld zwischen beiden Polen entsteht die elektrisierende Faszination, die zum Kauf motiviert. Der Verbraucher will mit der Marke als Sprachrohr etwas Aufregendes, Spannendes, Provozierendes verkünden – und keine banalen Selbstverständlichkeiten. Denken Sie an die Zigarettenmarke *Peter Stuyvesant*, die jahrelang ihre »Come together«-Ideologie propagierte. Dieser Ideologie fehlt einfach die Durchschlagskraft, weil niemand ihr ernsthaft widerspricht, von wenigen radikalen Randgruppen abgesehen. Wer möchte sich aber mit einer Ideologie schmücken, die längst zum Allgemeingut der ganzen Nation geworden ist? In *anderen* Ländern der Welt könnte die »Come-together«-Ideologie allerdings durchaus auf leidenschaftliche Gegen-Ideologien stoßen und somit starke Kräfte im Markt entfesseln.

Aus dem Gesetz der zwei Pole folgt, dass Sie mit einer Markenideologie nicht nur Freunde gewinnen, sondern auch Feinde. Sorgen Sie möglichst dafür, dass sich die Feinde *außerhalb* Ihrer Zielgruppe befinden, so ähnlich wie in den folgenden zwei Beispielen:

- Die Modemarke *Diesel* besetzte beispielsweise zeitweilig eine schwarz-weiß gemalte Ideologie gegen das »Establishment«: gut aussehende junge Lebenskünstler amüsieren sich darin mit souveräner Süffisanz über die degeneriert perverse Erwachsenenwelt. Da die Marke sich sowieso nur an Jugendliche richtet, kann ihr der Zorn der geschmähten Erwachsenen aber gleichgültig sein.
- Das Damen-Parfüm *Impulse* und diverse andere Marken entdecken derzeit, wie verkaufswirksam sich eine Ideologie der »Frauen-Power« (»Frauen sind das überlegene Geschlecht!«) gegen die herrschende »Männerwelt« ausschlachten lässt. Es schadet ihnen schließlich nicht, wenn die männliche Hälfte der Bevölkerung ihr Produkt ablehnt.

Markenideologien können also polarisieren, ohne das Marktpotenzial zu beschneiden. Hier ist nun der Wachstums-Code, der die Erfolgsgesetze des Ideologie-Prinzips noch einmal zusammenfasst:

Das Ideologie-Prinzip:

Laden Sie Ihre Marke mit einer provozierenden Ideologie auf (nur ein Satz), die der Verbraucher wie mit einem »Sprachrohr« verbreiten will.

Die Erfolgsfaktoren:

1. **Produktbezug:** Die neue Ideologie muss passen. Daher sollte sie möglichst direkt aus einer Stärke, einer vermeintlichen Schwäche oder einer sonstigen Besonderheit Ihrer Marke abgeleitet werden.

2. **Relevanz:** Wenn verschiedene Markenideologien infrage kommen, entscheiden Sie sich für die, die den Verbraucher am liebsten öffentlich verkünden will. Erforschen Sie mit ihm gemeinsam die Nuancen seiner Ideologie, damit Sie diese in einer Markenkampagne auch richtig interpretieren. Am besten führen Sie dazu Tiefeninterviews durch.

3. **Polarisierung:** Prinzipiell muss Ihre Ideologie nicht nur *für* etwas stehen, sondern sich gleichzeitig *gegen* eine herrschende Meinung oder einen herrschenden Missstand richten.

4. **Einfachheit:** Eine Markenideologie ist kein umfassendes Manifest, sondern soll sich nur auf einen einzigen Gedanken fokussieren.

Wie wenden Siegermarken das Ideologie-Prinzip in der Praxis an? Ein Klassiker ist in unseren Augen immer noch der *Panda*, ein Kleinwagen aus dem Hause *Fiat*.

FALLBEISPIEL **Fiat Panda (Italien)**

Versetzen Sie sich bitte einmal in die Lage von *Fiat*: Seit Jahren verzeichnet die Marke Verluste in der Kleinwagenklasse. Der Marktanteil ist von 15,1 Prozent auf 7,8 Prozent abgestürzt – und es gibt derzeit keine Aussicht auf eine bessere Zukunft. Die Japaner drängen mit attraktiven und preiswerten

Modellen auf den deutschen Kleinwagenmarkt. In dieser Situation rollen bei *Fiat* gerade die ersten *Pandas* vom Band. Es handelt sich um ein kleines, unscheinbares Auto, das nach Meinung der Motorjournalisten nichts, aber auch gar nichts Erfolgversprechendes bietet: ein schlichter, eckiger Winzling, der aussieht wie ein fahrender Schuhkarton. Mit seinen *34 PS* erreicht der *Panda* eine Höchstgeschwindigkeit von 125 km/h und besticht in seiner Ausstattung nur mit einem verschiebbaren Aschenbecher. Hinzu gesellt sich ein Problem, das *alle* Kleinwagen miteinander verbindet: Sie verraten nämlich etwas Unvorteilhaftes über ihren Besitzer:»*Ich kann mir kein ›richtiges‹ Auto leisten.*« Und genau hier setzt *Fiat* seinen strategischen Hebel an. Die Marke *Panda* wird zum einzigen Kleinwagen, der eine *positive* Botschaft über seine Besitzer mitteilt. Aus dem sparsamen Verbrauch des *Pandas* (gegenüber größeren Autos) leiteten die *Panda*-Manager eine provozierende Markenideologie ab, nämlich:»*Ich fahre den Panda, um ökologische und soziale Vernunft zu demonstrieren!*«

Einige Anzeigenbeispiele:
- »Trotz eines Jahresgehalts von 250 000 DM sieht Herr K. keine Notwendigkeit, mehr als 700 kg Auto mit in die Firma zu nehmen.«
- »Wir beschlossen, die Garage etwas kleiner, dafür das Kinderzimmer etwas größer zu bauen.« Das Anzeigenfoto zeigt ein stolzes junges Paar vor dem Rohbau ihres Hauses.
- »Rechne: Wäre jedes der 25 Millionen Autos in Deutschland nur 5 Zentimeter kürzer – wie viel Kilometer Spielstraße gäbe es da?«

Der potenzielle Kunde kann also wählen: Entweder er entscheidet sich für einen anderen Kleinwagen und läuft Gefahr, als »armer Schlucker« angesehen zu werden. Oder er kauft den *Fiat Panda* und wird als besonders verantwortungsbewusster Bürger betrachtet. So viel zum Kaufmotiv. Kommen wir nun zurück zu der These, dass eine Markenideologie provozierend sein muss. Und tatsächlich stieß die *Panda*-Ideologie seinerzeit in Deutschland auf eine mächtige Gegenposition: 75 Prozent der Autofahrer lehnten die »vernünftige« Markenideologie ab. Aber gerade deshalb war sie für die verbleibenden 25 Prozent umso faszinierender.

Dank seiner Markenideologie stieg der Fiat Panda zum meistverkauften Ausländer seiner Klasse auf, und dies trotz eines weit unterdurchschnittlichen Marketingbudgets. Ein weiteres Beispiel: Auch für Luxusprodukte führt das Ideologie-Prinzip zum Erfolg, wie die jahrelange Erfolgsstory der Sportuhrenmarke *Tag Heuer* beweist.

FALLBEISPIEL: **Tag Heuer (Schweiz)**

Tag Heuer ist der fünftgrößte Schweizer Uhrenhersteller und vertreibt seine Produkte in über 90 Ländern. Die Firma gilt als Erfinder professioneller Sportuhren. Aber ehrlich gefragt: Wer braucht tatsächlich eine extrem stoßfeste Luxusuhr? Wer will mit seiner Armbanduhr zig Meter tief tauchen? Wer braucht all die anderen sportlichen Extras? Wahrscheinlich nur ein extrem kleiner Kreis von Extremsportlern, sonst niemand. Die spannende Frage lautet nun, wie unsere Spezialuhr eine breitere Bevölkerungsschicht begeistern kann. *Die* Tag-Heuer *leiten aus der Sportlichkeit ihrer Uhren eine Markenideologie ab, nämlich: »Success. It's a mind game – Erfolg ist eine Geisteshaltung.«* Hier denkt man unwillkürlich an jene Tennisspieler, die manchmal acht Matchbälle abwehren, dann das Spiel herumreißen und es schließlich gewinnen. Der Erfolg entsteht buchstäblich im Kopf. Aber *Tag Heuer* geht noch einen ganzen Schritt weiter: Die Marke vertritt die Denke der Super-Erfolgreichen, die nicht nur dem äußersten Leistungsdruck widerstehen, sondern sich sogar *künstliche Hürden* aufbauen, um ihre Leistungsgrenzen über die äußerste Grenze hinauszuschieben. Dazu einige kreative Ideen:

- Eine Balletttänzerin trainiert das Radschlagen, und zwar auf dem freischwebenden Stahlträger eines Wolkenkratzer-Neubaus, direkt über den Dächern von Manhattan.
- Jemand treibt sein kleines Segelschiff senkrecht auf einen bodenlosen Wasserfall zu.

- Ein Hürdenläufer springt beim Training über gigantische Rasierklingen.

Wo immer natürliche Grenzen nicht ausreichen, werden sie künstlich ausgedehnt. Hier liegt auch das Provozierende der Strategie: Wer immer sich der radikalen *Tag-Heuer*-Ideologie anschließt, stellt sich gegen 99 Prozent der Bevölkerung, die das Leben an sich schon für hart genug halten. Innerhalb von zwei Jahren erzielte *Tag Heuer* europaweit ein Wachstum von 26 Prozent, in manchen Ländern sogar bis zu 72 Prozent.

3. Zugehörigkeit demonstrieren

Ich bin wie die Gruppe, zu der ich gehöre! – Jede Gruppe strahlt ein Image auf ihre Mitglieder ab – positiv, neutral oder negativ. Prüfen Sie selbst: Wie stellen Sie sich einen Menschen vor, der einer der folgenden Gruppen angehört:
- dem Rotary Club,
- den Zeugen Jehovas,
- der Marine,
- der New Yorker Disco-Szene,
- den Käfer-Sammlern.

Stimmts? Allein durch die Gruppenzugehörigkeit entsteht vor Ihrem inneren Auge ein verblüffend klares Bild über die Menschen, die sich dahinter verbergen. Den Käfer-Sammler stellen Sie sich garantiert anders vor als den Marineoffizier und den Szene-DJ anders als den Zeugen Jehovas.

Eine Marke kann zum begehrten Abzeichen einer beliebigen sozialen Gruppe werden. Eine Modemarke weist ihre Mitglieder beispielsweise als »Techno-Raver« aus. Ein modernes Handy hilft dem Studenten, wie ein richtiger »Business-Profi« auszusehen. Und mit einer bestimmten Motorradmarke kann sich der Mittvierziger noch einmal als »Easy Rider« darstellen. Allein die Gruppenzugehörigkeit kann den Verbraucher umfassend charakterisieren: seinen Charakter, seine Ideologien, seine Lebensweise, seine Interessen. Die Marke bietet dem Verbraucher also die Chance, sich *auf einen Blick* gegenüber anderen Leuten zu positionieren – sogar vor völlig Fremden. Darin liegt ein starkes Kaufmotiv.

Als Abzeichen welcher sozialen Gruppe kann Ihre Marke fungieren? Am besten handelt es sich um eine *exklusive* Gruppe. Nicht im Sinne von versnobt, sondern im Sinne von wählerisch. Denken Sie an den »Türsteher-Effekt« von Clubs und Veranstaltungen. Je mehr Leute abgelehnt werden, desto privilegierter fühlen sich die auserwählten Gäste. So ähnlich ist es mit allen Gruppen. Der Kreis der Extremsportler ist beispielsweise sehr exklusiv. Wer dazugehört, muss schon eine ganz besondere Persönlichkeit haben. Wenn eine Marke jemanden als mutmaßlichen *Extremsportler* charakterisiert, wirkt er wie etwas ganz Besonderes, das Gegenteil eines ordinären Durchschnittsmenschen.

Ihre Marke kann übrigens durchaus auch für das Abzeichen einer *informellen* Gruppe stehen, deren Mitglieder nur durch bestimmte (statistische) Gemeinsamkeiten verbunden sind, ohne sich aber persönlich zu kennen. Denken Sie beispielsweise an

- die Gruppe der »Wirtschaftskapitäne«, die den Kurs globaler Konzerne bestimmen;
- die Gruppe der »Lebenskünstler«, die sich selbst verwirklichen, anstatt sich von den Gesetzen der bürgerlichen Gesellschaft zügeln zu lassen;
- die Gruppe der »Genies«, die einen IQ von über 150 besitzen;
- die Gruppe der »Yuppies«, die in den Business-Zentren der Metropolen Karriere machen;
- die Gruppe der »Raver«, die Technomusik lieben;
- die Gruppe der »Stars«, die schon einmal in einer Soap Opera mitgespielt haben.

Die Aufzählung ließe sich beliebig fortsetzen. Selbst eine *Nationalität* kann als informelle Gruppe gelten. Manche Jugendliche aus Entwicklungsländern halten es beispielsweise für erstrebenswert, wie ein richtiger Amerikaner zu wirken. Darin sehen sie ein Vorbild für ihre eigene Identität.

Manche Gruppen sind so exklusiv, dass der Verbraucher ihr

nicht tatsächlich angehören kann. Trotzdem kann er aber seine Nähe, seine Übereinstimmung, seine (charakterliche) Ähnlichkeit mit dieser Gruppe ausdrücken. Besonders deutlich wird dies bei der *Marlboro*-Zigarette. Die jungen Raucher dieser Marke gehören zwar nicht tatsächlich zum Kreis der Cowboys, wollen aber das gleiche gefestigte, reife, souveräne Charakterprofil demonstrieren.

Eignet sich Ihre Marke als Abzeichen einer exklusiven sozialen Gruppe? Prüfen Sie den Wachstums-Code:

Das Mitglieds-Prinzip:

Positionieren Sie Ihre Marke als »Abzeichen« einer exklusiven sozialen Gruppe, der Ihre Verbraucher gerne angehören würden.

Die Erfolgsfaktoren:

1. *Affinität:* Die soziale Gruppe muss zu Ihrer Marke passen. Entwerfen Sie eine Liste aller sozialen Gruppen, die infrage kommen.
2. *Image der Gruppe:* Welche Gruppe auf Ihrer Liste genießt die höchste Anziehungskraft für den Verbraucher? Welchem Kreis würde er am liebsten beitreten? Und warum? Welche Image-Eigenschaften soll die Gruppe auf ihn abstrahlen?
3. *Fokus:* Ist das Image der Gruppe facettenreich? Dann spitzen Sie es möglichst auf einen einzigen Punkt zu (z.B. eine Charaktereigenschaft oder eine Ideologie), der die Verbraucher besonders fasziniert.
4. *Exklusivität:* Wollen Sie das Prestige der Gruppe zusätzlich aufwerten? Dann machen Sie deutlich, wie exklusiv sie ist. Welche imponierenden Voraussetzungen muss jemand erfüllen, um sich der Gruppe zurechnen zu dürfen?
5. *Glaubwürdigkeit:* Es ist immer hilfreich, ein plausibles Argument zu formulieren, warum die exklusive soziale Gruppe ausgerechnet Ihre Marke bevorzugt.

Das Mitglieds-Prinzip hat sich oft bewährt, um *Fachzeitschriften* zu positionieren. Ein besonders gelungenes Fallbeispiel ist aus unserer Sicht das amerikanische Wirtschaftsmagazin *Barron's*:

FALLBEISPIEL **Barron's (USA)**

Barron's ist ein angesehenes Magazin, das sich an wohlhabende Investoren richtet, denen es mehr Wohlstand verspricht. Das Marketingziel bestand nun darin, die Leserschaft zu erweitern, ohne das hochwertige Image zu verwässern. Wie würden Sie ein solches Problem lösen? *Die große Idee liegt darin,* Barron's *als das Abzeichen einer exklusiven Business-Elite zu positionieren. Denn auf diese Weise konnte eine breitere Leserschaft angezogen werden, die diesem elitären Kreise gern angehören würde.* Der Schachzug ist clever: Mit *Barron's* haben nun selbst Laien die Chance, ihre Nähe, Verbundenheit oder Zugehörigkeit zur höchsten Business-Elite zu demonstrieren. Und das für ein paar Dollar pro Woche. Eine typische Anzeige zeigt einen lesenden Topmanager hinter einem dicht geknüpften Stacheldrahtzaun ab. Die Headline beschreibt den schweren Weg, den *Barron's* zurückgelegt hat: »Vorbei an der Sekretärin – der Sekretärin der Sekretärin – der Sekretärin der Sekretärin der Sekretärin ...« *Barron's* ist also nur dort zu finden, wo sonst fast niemand hingelangt – außer dem kleinen, geschlossenen Kreis der ganz Mächtigen. Und der *Barron's*-Leser kann an den Themen der Leute teilhaben, fast so, als würde er mit ihnen an einem Tisch sitzen. Und wer mit einer *Barron's* unter dem Arm auf der Straße gesehen wird, mag selbst als potenzieller Topmanager eingeschätzt werden. Was für ein Kaufmotiv!

Auf eine ganz andere Weise wendet die *US-Marine* das Mitglieds-Prinzip an, um hoch qualifizierten Nachwuchs anzulocken.

Fallbeispiel **United States Marine Corps (USA)**

Wie rekrutiert die *US-Marine* neue Interessenten für die Offizierslaufbahn? Und zwar am liebsten keine Abenteurer, sondern fähige, leistungsorientierte Macher? Eine schwierige Aufgabe, denn die meisten jungen Leute hielten seinerzeit eine Offizierslaufbahn für wenig erstrebenswert. Wo liegt der strategische Hebel, um dieses Problem zu lösen?

Zunächst einmal müssen wir akzeptieren, dass die Zugehörigkeit zur Gruppe der Marineoffiziere wenig Faszination ausübt. Aber es gibt eine *andere* Gruppe, der die Nachwuchskandidaten liebend gern angehören würden: nämlich der Gruppe der Spitzenmanager! Daraus leitet die *US-Marine* eine clevere Strategie ab:»*Wer in die Marine aufgenommen wird, beweist damit nichts anderes als seine Qualifikation zum Spitzenmanager!*« oder, noch deutlicher: Wer den Aufnahmetest schafft, darf sich – im weitesten Sinne – dem elitären Kreis der Manager zurechnen. Typische Anzeige:»Gesucht: Spitzenmanager! Extreme körperliche Belastbarkeit, intellektuelle Kompetenz, Führungsqualitäten unter Stress.« Oder:»In den meisten Unternehmen dauert es Jahre, bis Sie sich als Spitzenmanager beweisen können. Wir geben Ihnen zehn Wochen.«

Solche Parolen fordern die ehrgeizigen Nachwuchstalente heraus. Sie brennen darauf, sich als Manager zu beweisen. Die neue Strategie verschafft dem Offiziersimage neuen Glanz – und der *US-Marine* einen überragenden Erfolg: Die Zahl der Topbewerber stieg auf 163 Prozent, die Zahl der Einstellungen um 23 Prozent.

4. Als Held auftreten

Wer lässt sich nicht gern einmal als Held feiern? Die meisten Kinohelden vereinigen alle Stärken in ihrer Person, die der Verbraucher gerne besäße. Auch Marken können als Helden auftreten und geben auch dem Verbraucher ein heldenhaftes

Gefühl. Ein faszinierendes Kaufmotiv! Wie aber macht man einen Helden? Das können wir von niemand besser lernen als von den Experten aus Hollywood. Sie erschaffen am laufenden Band Idole, die von einem Millionenpublikum rund um den Globus vergöttert werden. Hollywood-Autoren arbeiten nach detaillierten psychologischen Gesetzen, um Helden quasi am Reißbrett zu entwerfen. Die gleichen Gesetze lassen sich anwenden, um neue Siegermarken aufzubauen.

Das Helden-Prinzip:

Machen Sie aus Ihrer Marke einen Helden – nach den gleichen Gesetzmäßigkeiten, wie sie in Hollywood herrschen. Ein Held verkörpert meist den Wunschcharakter der Zielgruppe und übt dadurch seine große Faszination aus.

Die Erfolgsgesetze zur Person des Helden:

1. *Grundähnlichkeit mit der Zielgruppe:* Ein Held ist *kein* unerreichbares Idol, sondern ein Typ, der aus dem gleichen Holz geschnitzt ist wie Ihr Verbraucher. Trotzdem ist er überlegen genug, um von ihnen bewundert zu werden («Primus inter pares»).

2. *Defizit-Kompensation:* Der Held kompensiert die (heimlichen) Schwächen seiner Fans. Er besitzt genau dort seine Stärken, wo der Verbraucher sich verletzlich oder unvollkommen fühlt.

3. *Markantes Profil:* Unser Held fällt bereits durch äußerliche Merkmale auf. Viele Filmidole (z. B. Charlie Chaplin, Kojak, Humphrey Bogart) bleiben durch ihre »Markenzeichen« unvergesslich.

4. *Individualisierung:* Helden sind das Gegenteil flacher Klischees. Hollywood-Autoren empfehlen, die gesamte fiktive Lebensgeschichte von der Geburt bis zum Tod eines Helden niederzuschreiben, bevor man die erste Zeile des Drehbuchs formuliert. Denn erst durch die Beschäftigung mit dem gesamten Leben bekommt die

Punkt, wo der Filmheld ein »Eigenleben« entwickelt: Er redet, denkt und handelt nicht mehr so wie ursprünglich geplant, sondern gehorcht der inneren Logik seiner Persönlichkeit.

5. **Lebenswelt:** »Groß« wird ein Star nur, wenn sich seine Lebenswelt möglichst weit weg vom Alltag Ihrer Verbraucher befindet. Ein Abenteuer ist nur so groß wie die Kulisse, vor der es spielt.

Erfolgsgesetze der Dramaturgie:

Zum Helden wird man nur durch mutiges Handeln in (sozialen) Grenzsituationen. Orientieren Sie sich an den folgenden fünf Säulen der Dramaturgie:

1. **Ein sozialer Konflikt:** Unser Held gerät in Schwierigkeiten. Am besten inszenieren Sie einen Konflikt, den der Verbraucher aus Erfahrung kennt und dem er sich nicht gewachsen fühlen. Zum Beispiel eine Auseinandersetzung mit einer Straßengang.

2. **Das Opfer:** Nahe liegt, dass unser Held selbst das Opfer des Konflikts ist. Besser aber noch wäre ein hilfloser Dritter, zum Beispiel eine schwangere Frau, ein Kind oder ein Greis. Wer immer es auch sein mag – das Opfer ist liebenswert, unschuldig und chancenlos.

3. **Der Gegner:** Die Stärken eines Helden zeigen sich umso deutlicher, je größer, stärker und mächtiger sein Gegner auftritt. Erinnern wir uns an die großen Leinwandhelden wie Tarzan, Robin Hood, James Bond, Batman, Rocky, Rambo usw. Sie alle liefen erst im Kampf gegen schier unbesiegbare Gegner zur Höchstform auf. Der Gegner kann eine einzelne Person sein, eine Gruppe oder eine Institution.

4. **Die Konfliktlösung:** Unser Held bewältigt den Konflikt vorzugsweise in einer frontalen Auseinandersetzung: durch überlegene Schnelligkeit oder Geschicklichkeit, durch mehr Körperkraft, Härte, Mut, durch Raffinesse. Je überraschender und origineller, desto besser.

5. Der Triumph: Der Held feiert seinen Sieg. Sein Triumph kann sich auf vielfältige Weise zeigen: durch die Dankbarkeit des Opfers, die Anerkennung von Autoritäten, die Wut des Besiegten usw.

Die präzisen Gesetze des Helden-Prinzips dürfen nicht den Eindruck erwecken, dass dies ein strategisches Korsett ist, das uniforme Markenkonzepte hervorbringt. Ganz im Gegenteil: Die Filmgeschichte beweist, wie enorm flexibel das Helden-Prinzip ist. Immerhin funktionieren so unterschiedliche Helden wie Tarzan, Supermann und James Bond nach diesem Muster – ja sogar Pippi Langstrumpf. Hier nun das Fallbeispiel einer Jeansmarke, die nach den gleichen Gesetzmäßigkeiten zum Helden aufgebaut wird:

FALLBEISPIEL Levi's 501 (USA)

Die *Levi's 501* ist die originale, ursprüngliche *Levi's*, die Mutter einer ganzen Heerschar von verschiedenen Modellen, Designs und Farben. Doch der Stern dieser Marke drohte über die Jahre zu verblassen. Die klassische Passform erinnerte manche Leute sogar mehr an einen Sack als an eine Hose. Um die Marke im schrumpfenden Jeansmarkt zu positionieren, orientieren sich die *Levi's*-Manager an sieben Markenwerten, nämlich Sex, Freiheit, Selbstvertrauen, Rebellion, Authentizität, Jugendlichkeit und Originalität. Mit dem Helden-Prinzip lassen sie sich zu einem starken, verkaufswirksamen Markenkonzept bündeln. Einer der Kinospots verläuft wie folgt: Wir befinden uns im tiefen Westen der USA, fernab von der synthetischen Hektik der modernen Zivilisation. Dort, wo ein Mann noch ein Mann und ein Ehrenwort noch ein Ehrenwort ist. Ein attraktiver junger Mann betritt eine schummrige Bar. Der fette, schmierige Wirt lädt ihn zu einer Partie Billard ein. Da der junge Mann keine größere Summe Geld bei sich hat, fordert der Wirt als Spieleinsatz dessen *Levi's*. Das Spiel beginnt und unser Held besiegt den Wirt nach einem kurzen, heftigen

Wettkampf. Knurrend zückt der Wirt ein paar Banknoten, doch der junge Mann fordert mit verächtlicher Geste die Hose des Wirts. Der löst gehorsam seinen Gürtel und steht in Unterwäsche da. Das hübsche Barmädchen verbeißt sich mühsam das Lachen. Unser Held ist nicht ernsthaft interessiert an der Trophäe. Erhobenen Hauptes überlässt er den Verlierer dem Spott seiner Gäste und verlässt die Szene.

Schauen wir uns anhand dieses Beispiels die Erfolgsgesetze des Helden-Prinzips noch einmal an: Der junge Mann ist kein Sohn aus reichem Elternhaus, keiner, der es im Leben zu irgendetwas Außergewöhnlichem gebracht hat. Er ist einfach ein normaler, netter Typ. Und doch kompensiert er einige Defizite der Zielgruppe: durch sein äußerst gutes Aussehen, durch seine Lässigkeit, aber auch durch sein Privileg, im tiefsten Westen der USA ein Leben fernab von Stress, Hierarchie und Existenzangst leben zu dürfen. Die Lebenswelt suggeriert Größe, denn die USA repräsentieren immer noch die große weite Welt. Nicht zuletzt, weil dort unzählige große Kinofilme der letzten fünf Jahrzehnte – besonders Western – spielen. Hier geschehen noch echte Abenteuer, hier möchten auch europäische junge Männer ihre Männlichkeit unter Beweis stellen. Die Story folgt den oben skizzierten dramaturgischen Gesetzen von Hollywood:

1. *Der soziale Konflikt:* Unser Held soll vor den Gästen der Kneipe gedemütigt werden. Es gibt kein Entrinnen: Lehnt er das Spiel ab, wird man ihn als Feigling verhöhnen. Verliert er aber gegen den routinierten Wirt, muss er die Lokalität in Unterhosen verlassen. Beides ist nicht akzeptabel. Darum hat er nur eine Chance: gewinnen.

2. *Das Opfer* ist also der Held selbst. Offensichtlich trägt er keine Schuld an dem Konflikt und verdient dadurch die Sympathie der Zuschauer.

3. *Der Gegner* ist der dicke Wirt, der die Dekadenz der Erwachsenenwelt repräsentiert. Der soziale Konflikt symbolisiert also den ewigen Generationenkonflikt zwischen Jung und Alt. Daher gebührt dem Ausgang des Billardspiels das Gewicht eines ideologischen Machtspiels.

4. *Die Auflösung des Konflikts:* Unser Held gewinnt den Wett-kampf durch überlegene Geschicklichkeit. Bewunderns-wert, mit welch souveräner Gelassenheit er kämpft und mit welch stoischem Gleichmut er seinen Sieg zur Kenntnis nimmt. Vor allem aber ist unser Held charakterstark genug, um die Geldscheine seines Widersachers verächtlich abzu-lehnen.
5. *Der Triumph:* Der Wirt blamiert sich vor seinen eigenen Gästen bis auf die Knochen. Selbst das Barmädchen kichert, als er in Unterhosen vor ihr steht. Unser Held lässt sich nicht feiern. Dafür ist ihm die ganze Angelegenheit nicht wichtig genug. Einer wie er hat den Vorfall bereits vergessen, sobald er wieder die Straße betreten hat.

In dem Dreijahreszeitraum, in dem – unter anderem – diese Markenkampagne lief, stieg der *Levi's*-Absatz in verschiedenen Ländern Europas um zwischen 36 und 88 Prozent.

5. Persönliches ausdrücken

Wir haben verschiedene Wege vorgestellt, um die Marke zum »Sprachrohr« des Verbrauchers zu machen. Sie kann aber nicht nur den Verbraucher selbst charakterisieren, sondern auch *soziale* Botschaften an einen wichtigen Menschen ausdrücken. So wie Blumen! Wussten Sie, wie vielfältig und differenziert man sich mit Blumen ausdrücken kann? Hier einige Beispie-le:

- rote Rosen: »Ich liebe Dich.«
- weiße Nelken: »Ich bin noch zu haben.«
- Narzissen: »Du bist eitel.«
- Akeleien: »Ich halte Dich für einen Schwächling.«
- Edelweiß: »Deine Schönheit ist überwältigend.«
- Georginen: »Ich bin schon vergeben.«
- Geranien: »Ich erwarte Dich an der bekannten Stelle.«
- Kastanienblüten: »Kannst du mir verzeihen?«
- Krokusse: »Ich brauche Bedenkzeit.«
- Malven: »Du bist kalt wie Eis.«

- Rosmarin: »Ich habe Dich aufgegeben.«
- Schierling: »Du hast mich verraten.«

In Australien kann man sogar Sträuße verschicken, mit denen man seiner Wut oder seinem Ärger Ausdruck verleihen kann. Eine Firma mit dem viel sagenden Namen »Drop Dead Roses – Tote Rosen« verschickt vertrocknete alte Rosensträuße, vorzugsweise direkt in das Büro eines untreuen, egoistischen oder verlogenen Liebhabers. In jedem Fall vermitteln Blumen also eine ganz persönliche Botschaft.

Auch Marken können Botschaften transportieren. Am besten eignen sich Produkte, die gern verschenkt werden, also Pralinen, Bonbons, alkoholische Getränke, Kinderspielzeuge. Die Botschaft, die einer Marke anhaftet, motiviert oft sogar stärker zum Kauf als die Produktqualität.

Das Botschafts-Prinzip:

Laden Sie Ihre Marke mit einer wichtigen persönlichen Botschaft auf, die der Verbraucher einer anderen Person mitteilen möchte.

Die Erfolgsfaktoren:

1. *Relevanz:* Das Botschafts-Prinzip eignet sich am besten für Produkte, die im sozialen Miteinander von Menschen eine wichtige Rolle spielen, zum Beispiel Geschenkartikel.
2. *Wichtigkeit der Botschaft:* Je wichtiger die Botschaft ist, die der Verbraucher mit Ihrer Marke ausdrücken kann, desto stärker der Kaufimpuls.
3. *Frequenz:* Prüfen Sie, ob die Botschaft im Alltag der Verbraucher regelmäßig eine Rolle spielt, so dass genügend potenzielle Kaufanlässe bestehen. Bewährt haben sich Botschaften wie »Danke schön«, »Ich mag Dich« oder »Du bist für mich etwas ganz Besonderes«. Aber es gibt unzählige andere Möglichkeiten. Hier ist Kreativität gefragt.

Wie wenden Siegermarken das Botschafts-Prinzip an? Eine britische Pralinenmarke namens *Cadbury's Roses* positioniert sich als kleines, informelles Alltagsgeschenk. »Say it with Roses – Sag es mit Rosen«, fordert sie die Verbraucher auf. Was soll mit Rosen gesagt werden? »Danke schön« natürlich. Diese Markenstrategie war so erfolgreich, dass *Cadbury's Roses* den Marktführer *Quality Street* deutlich übertrumpfen konnte, obwohl dieser ursprünglich mehr als den doppelten Marktanteil besaß und über ein deutlich höheres Marketingbudget verfügte.

Aber auch für hochwertige Luxusgüter bewirkt das Botschafts-Prinzip manchmal Erstaunliches, wie die globale Fallstudie der *De-Beers*-Diamanten beweist:

FALLBEISPIEL **De Beers Diamanten (global)**

Wie vermarktet man Diamanten – ausgerechnet zu Beginn einer weltweiten Rezession? Die Aufgabe erscheint fast unlösbar, vor allem, wenn wir einen Blick auf die hoffnungslosen Rahmenbedingungen werfen:

1. Diamanten sind per se das *Gegenteil* einer Marke, nämlich absolute Unikate. Jeder Stein unterscheidet sich vom anderen – in puncto Qualität, Herkunft, Form, Design, Preis und Verpackung.
2. Die Positionierung soll sich für 23 Länder eignen: von den USA über Saudi-Arabien und Thailand bis nach Japan. In jedem Land haben Diamanten aber eine andere traditionelle und kulturelle Bedeutung, werden also zu unterschiedlichen Anlässen gekauft.
3. Diamantjuwelen besitzen nicht den geringsten *praktischen* Wert. Daher sind sie noch anfälliger für die Rezession als andere Luxusprodukte, zum Beispiel Uhren.
4. Das Spektrum der Wettbewerber ist außergewöhnlich breit. Der Kauf eines Diamanten konkurriert – aus der Sicht des Verbrauchers – durchaus mit Urlaubsreisen, Tiefkühltruhen, Immobilien-Hypotheken usw. Hinzu kommt, dass man heute schon verblüffend glaubwürdige und preiswerte Diamant-Imitate kaufen kann.

5. Trotzdem wollen *De Beers* nur 4 Prozent des Umsatzes für Marketing ausgeben, während viele Wettbewerber im Luxussegment das Drei- bis Sechsfache investieren. So weit die Rahmenbedingungen. Wo kann eine Strategie nun ihren Hebel ansetzen? Einige Verkaufsargumente sind offensichtlich: vollendete Qualität, makellöse Schönheit, zeitlose Wertigkeit. Aber solche »kalten« Nutzenargumente greifen viel zu kurz, um den Verbraucher während der Rezession für Diamanten zu begeistern. *De Beers* löste das Problem, indem sie die traditionelle Botschaft verstärkten, die Diamanten seit jeher anhaften: *Diamanten sind der ultimative Ausdruck unsterblicher Liebe.* Die Liebesbotschaft spricht Milliarden Menschen auf der Welt an: Fast jeder will irgendwann einmal irgendjemand seine unsterbliche Liebe gestehen. Was eignet sich besser dafür als der Diamant? Erstens besteht der Diamant ewig («A diamond is forever«). Und zweitens sind Diamanten teuer. Der Käufer muss also ein persönliches Opfer als Beweis für seine Liebe bringen. Gerade in der Rezession ist das Opfer besonders groß, was den Liebesbeweis noch verstärkt. – Die *De Beers*-Strategie erzielte in der ganzen Welt überragende Erfolge: Etliche Länder berichteten von einem 20- bis 25-prozentigen Absatzschub. In den USA generierte die Kampagne 2,7 Milliarden US-Dollar zusätzliche Umsätze mit einem Marketingbudget von nur 113 Millionen US-Dollar. Ein phänomenales Return-on-Investment.

FAZIT

Fassen wir noch einmal zusammen: Marken helfen dem Verbraucher, seine Identität zu markieren oder sogar wie ein »Regisseur« zu gestalten. Besonders offensichtlich ist dies bei Männern in der Midlife-Crisis, die sich ein Motorrad kaufen, um sich selbst ihre Jugendlichkeit zu beweisen. Marken erfüllen aber auch eine »Sprachrohr«-Funktion nach außen: Der Verbraucher kann sich damit in seinem sozialen Umfeld »positionieren«. Die Marke sagt über ihn: »Ich bin erfolgreich.« –

»Ich bin Pazifist.« – »Ich bin trendy.« – »Ich bin intellektuell.« – »Ich bin Christ.« – »Ich bin ein Rebell.« Es gibt nichts, was eine Marke nicht ausdrücken könnte. Laden Sie Ihre Marke mit einer Botschaft auf, die den Verbraucher zum Kauf animiert. Auf diese Weise kann es Ihnen sogar gelingen, qualitativ überlegene Wettbewerber auszustechen. Prüfen Sie verschiedene Wege, um Ihre Marke zu einem »Sprachrohr« zu machen, indem Sie

1. Ideologien vertreten,
2. Charakter zeigen,
3. Zugehörigkeit demonstrieren,
4. als Held auftreten und
5. Persönliches ausdrücken.

Eines gilt in allen Fällen: Kein Verbraucher will etwas Langweiliges, Banales oder Kompliziertes über sich selbst ausdrücken. Finden Sie heraus, was die wichtigste Botschaft ist, die Ihr Kunde seiner Umwelt mitteilen möchte – und laden Sie Ihre Marke dann mit genau dieser Botschaft auf. (Fast) jede Branche kann davon profitieren: Autos, Modemarken, Schmuck, Accessoires ebenso wie Zigaretten, Pflegeprodukte, Speisen und Getränke. Hinter dem Portal »Identität und Selbstdarstellung« schlummert ein fast unerschöpfliches Potenzial für die Siegermarken der Zukunft.

PORTAL 5:
EMOTIONEN UND LIEBE

KERNTHESE: **Der Verbraucher bevorzugt Ihr Produkt oder Ihre Dienstleistung, weil er die Marke »liebt«.**

Menschen treffen Entscheidungen aus Liebe. Das gilt im Privatleben, aber auch – wie wir sehen werden – im Supermarkt, beim Kauf bestimmter Marken. Aus Liebe zu anderen Menschen machen die Leute uneigennützige Geschenke, bringen Opfer, stellen persönliche Interessen zurück – zum Beispiel für ihren Partner, die Kinder, die Eltern oder Freunde. Aus Liebe zu handeln bedeutet, keine Gegenleistung zu erwarten – außer der, »zurückgeliebt« zu werden. Auch wissenschaftlich ist heute nachgewiesen, dass für einen Liebenden das Geben schöner ist als das Nehmen. Wie weit das gehen kann, zeigt beispielsweise die historische Entscheidung des britischen Prinz Edward VIII., der aus Liebe zu der Bürgerlichen Wallis Simpson auf seinen Thron, ein Millionenvermögen und einen Platz in den Geschichtsbüchern verzichtete. Wir werden in diesem Kapitel zeigen, dass der Verbraucher auch bestimmte Marken liebt, und zwar so intensiv, dass er ihnen bedingungslos treu ist. Wie wecken Sie so starke Gefühle? Auch hier haben sich universelle Wachstums-Codes herauskristallisiert, die über alle Branchen hinweg anwendbar sind. Öffnen wir also nun das fünfte Portal zum Kopf des Verbrauchers. Jetzt dreht sich alles um große Gefühle.

Über die Liebe zu Produkten

Zunächst klingt es vielleicht eigenartig, dass Menschen *Gegenstände*, also tote Objekte, lieben sollen. Aber ist es nicht so? Der Nachbar »liebt« sein Auto, das Kind seinen Teddy und eine Freundin vielleicht ihren »Lieblingspulli«. Manche Gegenstände wecken süße Gefühle, wenn wir sie betrachten oder zur Hand nehmen. Sie sind gewissermaßen ein »Speicher der Gefühle«. Gerade Andenken erfüllen die Funktion, Erinnerungen an einen Menschen, einen Urlaub oder ein Ereignis zu konservieren. Einen *praktischen* Nutzen bieten sie meist nicht.

Besonders leidenschaftlich ist die Liebe, die Kinder ihren Puppen oder Teddys entgegenbringen. Sie bauen eine ähnlich emotionale Beziehung zu Objekten auf wie zu Menschen. Kleine Mädchen sprechen mit ihren Puppen, füttern sie, pflegen sie, bestrafen sie und behandeln sie medizinisch, wenn der Ernst der Lage es verlangt. Zerbricht die Puppe, dann wird sie nicht selten unter bitteren Tränen zu Grabe getragen. Aber auch Erwachsene lieben Gegenstände. »Das Auto ist des Deutschen liebstes Kind«, sagt ein geflügeltes Wort. Und tatsächlich hegen und pflegen manche Leute ihr Fahrzeug, als wäre es ihr eigener Nachwuchs. Sie geben ihrem Auto einen Namen, malen ihm Augen auf die Kühlerhaube und reden mit Engelszungen auf es ein, wenn er mal »bockt«. Einen Sonderstatus unter den geliebten Objekten nimmt das bekannte *Tamagotchi* ein. Ein eiförmiges kleines Computerspiel, dem der japanische Hersteller *Ban Dai* Leben einprogrammiert hat. Per Knopfdruck erscheint auf dem kleinen LCD-Bildschirm ein virtuelles Küken, das von der Geburt bis zu seinem Tod (nach etwa einem Monat) wie ein richtiges Lebewesen gehegt und gepflegt werden will. Das Geschöpf will per Knopfdruck gefüttert, von seinen Exkrementen gereinigt, verwöhnt und zu Bett gebracht werden. Mangelnde Elternliebe bestraft das synthetische Baby mit Verhaltensstörungen – dann piepst es zu unpassender Gelegenheit und entwickelt sich zu einer kleinen Nervensäge. Und völlige Vernachlässigung führt zum vorzeitigen Tod der armen

Kreatur. Weltweit wurden innerhalb eines halben Jahres ca. 13 Millionen der etwa 30 Mark teuren Exemplare verkauft. In Japan brach geradezu eine Massenhysterie aus. Schulkinder waren so innig vertieft, ihre virtuelle Brut zu hätscheln, dass viele Schulen ein strenges *Tamagotchi*-Verbot verhängten. In Tokios Vorortzügen vertrieben sich auch die Erwachsenen die endlosen Pendelfahrten mit der Pflege ihres elektronischen Nachwuchses. Zudem wurden Ratgeber zur erfolgreichen Aufzucht der Digitalküken studiert. Schon heute gibt es im Internet Hunderte von Seiten zum Thema *Tamagotchi*. Dort existieren sogar Friedhöfe für die verstorbenen Lieblinge. Die Beispiele zeigen: Menschen können auch zu Objekten sehr innige Emotionen aufbauen. Warum also nicht zu Marken?

Gefühle haben kein Verfallsdatum. Wenn ein Gegenstand sich einmal mit Emotionen vollgesogen hat, verschmelzen sie mit ihm zu einer untrennbaren Einheit. Angenommen, Sie besitzen eine alte, abgewetzte Baseballkappe als Andenken an eine frühere Romanze. Die Kappe steckt voller leidenschaftlicher Erinnerungen, die sich nicht wieder herauswaschen lassen, weder im Schon- noch im Kochwaschgang. Emotionen sind wie ein verlockender Duft, der sich um das Produkt legt und sich mit ihm für immer verbindet. Das Gefühl gehört genauso zu der Baseballkappe wie das greifbare Material, vielleicht sogar auf Lebenszeit. Und jetzt kommt der Clou: Erst das eingewobene Gefühl macht die Baseballkappe wertvoll, einzigartig, unersetzlich. Was würde passieren, wenn jemand das gute Stück einfach in den Mülleimer wirft? Ist es nicht fast so, als würde man Ihnen eine Erinnerung stehlen? Die Kappe lässt sich nicht einfach durch eine neue ersetzen, und sei sie noch so modern und hochwertig. Qualität ist nicht mehr das entscheidende Kriterium, wenn Liebe im Spiel ist. *Qualität allein kann den emotionalen Wert eines Produkts nicht ersetzen.* Denn Liebe ist immer etwas Exklusives, während sich Qualität reproduzieren lässt. Wir lieben keinen Menschen auf die gleiche Art wie einen anderen. Das Gleiche gilt für die Liebe zu Marken.

Der Quantensprung von der Sympathie zur Liebe

Dass Emotionen eine Marke verkaufen, ist bekannt. Aber unzählige Marken, die sich über Emotionen profilieren wollen, scheitern trotzdem, weil sie ein zu kleines Gefühl wecken, nämlich Sympathie. Das Problem besteht darin, dass Sympathie kein *exklusives* Gefühl ist. Der Verbraucher findet Ihre Marke vielleicht genauso sympathisch wie den Wettbewerber A, B oder C. Und darum kauft er sie abwechselnd, je nachdem, welche gerade günstig ist. Sympathie ist viel zu wenig. Wir müssen große, exklusive Gefühle für eine Marke wecken, nämlich *Liebe*. Nur dann wird der Verbraucher ihr auch treu sein, in guten und in schlechten Zeiten, also auch dann, wenn die Konkurrenz mal mit einem Sonderangebot lockt. Zu den *treuesten* Verbrauchergruppen gehören die Raucher: Viele würden lieber auf den Rauchgenuss verzichten, als die »falsche« Zigarette in den Mund zu nehmen. Diese emotionale Verbundenheit ist es, die wir Markenliebe nennen. Wir wecken sie mit bewährten Wachstums-Codes, die über alle Branchen hinweg angewandt werden können – sogar für so banale Produkte wie Toilettenpapier, wie wir sehen werden.

Wie weckt man Liebe?

Es ist also die Treue, die den Quantensprung von der Sympathie zur Liebe ausmacht. Aber welche *praktischen* oder *methodischen* Konsequenzen ergeben sich daraus? Um Sympathie zu wecken, brauchen Markenprofis keine neue Methode, wohl aber für das große Gefühl der Liebe. Wie funktioniert die Liebe? Wissenschaftler verschiedener Disziplinen versuchen seit mehr als hundert Jahren, den Spielregeln der Liebe auf die Spur zu kommen. Wann verliebt sich wer in wen – und warum? Einer der bekanntesten Liebesforscher ist der französische Schriftsteller und Gelehrte *Stendhal* (1783–1842), der im 19. Jahrhundert bemerkenswerte Beobachtungen am französischen Hof zu Papier brachte, zu einer Zeit, als die wissenschaftliche Psychologie noch gar nicht existierte. Schon damals formulierte er Thesen wie: »Man verliebt sich eher in das Individuelle, Exklusive als in Klischees.« – »Das Natürliche erzeugt mehr Liebe als das Künstliche.« – »Ein Liebesgefühl kann ›gespeichert‹ werden, zum Beispiel in einer Melodie, einem Duft oder in der Erinnerung an eine bestimmte Situation.«

Um herauszufinden, wie man Liebe für eine Marke erzeugt, brauchen wir jedoch viel genauere Gesetzmäßigkeiten. Wir lernen sie von den Siegermarken, die damit durchschlagende Erfolge im Markt erzielen konnten.

Die Wachstums-Codes, die auf »Emotionen und Liebe« basieren

Wer mit Emotionen den Absatz steigern will, muss die Spielregeln der Gefühle wirklich verstehen. Eine große Herausforderung. Bevor wir jedoch ins Detail gehen, unterscheiden wir einige grundsätzliche Ansätze, um Markenliebe zu wecken:

1. Freundschaft beweisen:
Eine Marke kann zum *Freund* des Verbrauchers werden, wenn sie sich mit ihm solidarisiert. Denken Sie einmal darüber nach, ob sich Ihr Verbraucher in irgendeiner Hinsicht von seinen Mitmenschen (oder der Gesellschaft) übergangen, missverstanden oder gar abgelehnt fühlt. Schlagen Sie sich auf seine Seite, indem Sie sich beispielsweise mit ihm gegen einen gemeinsamen Feind solidarisieren. Wenn Sie in freundschaftliche Gefühle investieren, werden Sie treue neue Kunden gewinnen. Der Markterfolg ist oft erstaunlich, wie wir am Beispiel einer Gesichtscreme, einer Sportmarke und einer Tageszeitung zeigen werden.

2. Emotionen anzapfen:
Im Kopf des Verbrauchers sind emotionale Erlebnisse, Erfahrungen und Erinnerungen abgespeichert wie in einer »Gefühlsdatenbank«. Heimatliebe gehört beispielsweise dazu. Man kann diese Gefühle anzapfen, auf eine Marke übertragen und mit ihr verschmelzen. Der »Gefühlstransfer« funktioniert viel

schneller und effektiver, als Markenliebe über lange Zeit von null aufzubauen. Auch dieses Prinzip funktioniert über alle Branchen hinweg – vom Toilettenpapier bis zur Zigarettenmarke.

3. Sehnsüchte beleben:

Je kühler, funktionaler und entbehrungsreicher der Verbraucher seinen Alltag erlebt, desto intensiver sehnt er sich nach romantischen Stunden, nach einem Traumurlaub oder nach einem freien Leben in der Natur. Marken können zum Inbegriff einer Sehnsucht werden. Sie wecken lustvolle Träume, wenn man sie verwendet, ohne jedoch ihre Erfüllung zu versprechen. Das sehnsüchtige Gefühl selbst ist Kaufmotiv.

4. Mitgefühl wecken:

Es gibt Meister in der Kunst, große Gefühle zu wecken, nämlich Romanautoren, die auf der ganzen Welt Millionenauflagen erzielen. Von ihnen lernen wir spezifische Gesetze, die sich auch auf Marken anwenden lassen. Einer italienischen Pastamarke gelang mit diesem Ansatz ein triumphaler Markterfolg über nicht weniger als vierhundert qualitativ mehr oder weniger gleichwertige Wettbewerber.

1. Freundschaft beweisen

Die Marke als Freund des Verbrauchers? Das klingt eigenartig, ist aber bei näherer Betrachtung gar nicht abwegig. Was zeichnet denn einen wahren Freund aus – seine Solidarität! Er steht hinter uns, ganz gleich, was passiert. Er versteht uns, und zwar gerade in den Punkten, die andere Leute nicht verstehen. Er verteidigt uns, auch wenn wir Fehler machen. Wahre Freundschaft zeigt sich nicht im glatt gebügelten Alltag, sondern erst in kritischen Augenblicken, wenn sich nämlich die falschen Freunde aus dem Staub machen.

Auch eine Marke kann dem Verbraucher ihre solidarische Freundschaft beweisen. Wie funktioniert das?

- Sie kann unpopuläre Einstellungen des Verbrauchers öffentlich verteidigen (z. B. für Kinder: »*Ich hasse die Schule*«).
- Sie kann Minderheiten in ihrem Stolz bestätigen (z. B. Homosexuelle).
- Sie kann soziale Mißstände anprangern, die den Verbraucher ängstigen (z. B. Arbeitslosigkeit).
- Sie kann Feindbilder des Verbrauchers öffentlich angreifen (z. B. die Fans des gegnerischen Fußballclubs).

Solidarität weckt meist viel stärkere Gefühle für eine Marke als Sympathie. Der Verbraucher soll Ihre Marke »lieben«, damit er den Verführungen der Konkurrenz gelassen widersteht.

Wie demonstrieren Sie Solidarität? Versuchen Sie im Leben des Verbrauchers ein *emotionales Thema* zu entdecken, das ihn intensiv beschäftigt, in seinem sozialen Umfeld aber auf Ignoranz oder sogar Ablehnung stößt. *Der Verbraucher gegen die Gesellschaft* (bzw. gegen eine gesellschaftliche Gruppe oder Autorität) – ein solcher Konflikt bietet immer die Chance, Solidarität zu demonstrieren. Erforschen Sie Ihren Verbraucher: Ist er stolz auf irgendetwas, das kaum jemand anerkennt? Fühlt er sich in irgendeiner Hinsicht von anderen Menschen übergangen, missverstanden oder abgelehnt? In all diesen Fällen kann sich eine Marke als wahrer Freund erweisen.

Das Solidaritäts-Prinzip:

Demonstrieren Sie Solidarität mit einem wichtigen emotionalen Thema des Verbrauchers, in dem er sich bislang unverstanden, ignoriert oder abgelehnt fühlt. Machen Sie Ihre Marke zu seinem Verbündeten!

Die Erfolgsfaktoren:

1. Emotionales Thema: Das Thema, mit dem sich Ihre Marke solidarisiert, sollte eine möglichst intensive emotionale Bedeutung für den Verbraucher haben. Finden Sie heraus, welche emotionalen Themen im Leben des Verbrauchers eine wichtige Rolle spielen. Schlagen Sie eine Brücke zu Ihrer Marke.

2. Gemeinsamer Feind: Der Verbraucher braucht Solidarität vor allem in Konfliktsituationen, wenn er sich von seiner Umgebung unverstanden fühlt. Hier liegt die Chance Ihrer Marke, sich als wahrer Freund zu erweisen. Ergreifen Sie Partei gegen den Feind, der Ihren Kunden *nicht* versteht. Denn gemeinsame Feinde schweißen bekanntlich zusammen.

3. Authentizität: Es reicht nicht aus zu *behaupten*, ein guter Freund zu sein. *Beweisen* Sie Ihre Solidarität, indem Sie öffentlich für den Verbraucher eintreten! Es ist wie im Alltagsleben: Wer sich wortreich als unser Freund andient, verdient meist unser Vertrauen nicht.

Hier sind drei Beispiele, die zeigen, wie vielfältig sich das Solidaritäts-Prinzip anwenden lässt:

- Die Kosmetikmarke *Nivea Vital* gewinnt den Verbraucher über 50, der von der Gesellschaft und insbesondere von der Marketingwelt immer noch gering geschätzt oder sogar ausgegrenzt wird (= das emotionale Thema). Unsere Marke demonstrierte Solidarität, indem sie die Reife, Lebenserfahrung, Gelassenheit und Souveränität des Alters anerkennt, anstatt dem allgemein üblichen Jugendkult zu huldigen.

- *Staples*, eine Handelskette für Büro- und Schreibwaren freundet sich mit Schulkindern an, die den Unterricht hassen und sich in diesem Punkt von der gesamten Erwachsenenwelt missverstanden fühlen (= das emotionale Thema). Die Marke verbündet sich mit diesen Kindern, unterstützt ihre trotzige Rebellion und macht sich gemeinsam mit ihnen über die uneinsichtigen Eltern lustig.

- Die *BILD*-Zeitung erweitert ihren Leserkreis unter den einfachen Leuten, die sich machtlos dem Spiel der Obrigkeiten ausgeliefert fühlen (= das emotionale Thema). Die Marke schlüpft in die Rolle des »Anwalts der kleinen Leute«, indem sie den Spieß umdreht: Die herrschende Klasse (Arbeitgeber, Politiker usw.) wird von *BILD* an den Pranger gestellt und der Lächerlichkeit preisgegeben.

In der Praxis gelingt es manchmal, mit dem Solidaritäts-Prinzip fast unlösbare Probleme zu bewältigen. Ein originelles Beispiel dafür ist die Sportmarke *Nike*, die in den USA ausgerechnet Skateboarder als Neukunden gewinnen wollte:

FALLBEISPIEL **Nike (USA)**

Nike und Skateboarder – das ist schon fast ein Paradox. Die Massenmarke *Nike* will die zynischen Individualisten erobern. Junge Skateboarder äugten misstrauisch oder sogar feindselig auf den Weltkonzern, der in ihre Szene eindringen will. Hat der Riese überhaupt eine Chance? Sicherlich nicht, wenn er den klassischen Weg geht und mit den qualitativen Vorzügen seiner Produkte lockt. Wie aber dann? *Nike* gelang der entscheidende Durchbruch mit dem Solidaritäts-Prinzip: *Die Marke demonstriert voller Empörung gegen die Tatsache, dass* Skateboarders *von der Gesellschaft ausgegrenzt werden.* Damit trifft sie den Nerv der eigenwilligen Sportler. Skateboarder sind nämlich stolz auf ihren Sport – er ist schon fast so etwas wie ein Lebenskonzept. Aber die Gesellschaft versteht sie nicht, grenzt sie aus, beschimpft sie als Kriminelle. *Nike* nutzt das emotionale Spannungsfeld, um sich als großer, solidarischer Freund zu erweisen. Die Marke ergreift Partei unter dem Motto: »What if we treated all athletes the way we treat Skateboarders? – Was wäre, wenn wir *alle* Athleten wie Skateboarder behandeln würden?« Schonungslos entblößt *Nike* die groteske Ungerechtigkeit gegenüber Skateboardern: Wer würde einen Jogger auf der Straße in ähnlicher Weise beschimpfen wie einen Skateboarder? Wer würde einen Tennisspieler des Nachts mit der Polizei jagen? Welcher Ordnungshüter würde im Stadtpark die Ausrüstung von Freizeitgolfern beschlagnahmen und ihnen mit Gefängnis drohen?

Solche absurden Szenarienbeschwört *Nike* herauf, um Verständnis für Skateboarder zu *beweisen*. Kein Wunder, dass Skateboarder überall in den USA ihr Herz für *Nike* entdeckten.

2. Emotionen anzapfen

Es gibt einen zweiten Weg, um eine Marke mit so starken Emotionen aufzuladen, dass der Verbraucher sie »aus Liebe« kauft. Die Idee besteht darin, Emotionen anzuzapfen, die tief im Kopf des Verbrauchers abgespeichert sind, sie auf eine Marke zu übertragen und mit ihr zu einer untrennbaren Einheit zu verschmelzen. Emotionen übertragen – wie soll das möglich sein? Schließlich sind Emotionen doch etwas Vages, Flüchtiges, Fließendes, das man gar nicht zu fassen bekommt, geschweige denn anzapfen könnte. Das ist einerseits richtig. Aber in dem Moment, wo sich Emotionen mit ganz bestimmten Erlebnissen, Erfahrungen oder Erinnerungen verbinden, bekommen sie Substanz, werden greifbar und übertragbar. Sie kristallisieren sich zu etwas, das wir »Gefühlsknoten«* nennen. Beispiel: Das Gefühl, das man romantisch nennt, verdichtet sich zu einem Gefühlsknoten, wenn es sich um ganz persönliche Erinnerungen rankt: ein Erlebnis aus der Kindheit, eine Urlaubserfahrung, ein bestimmter Kinofilm.

Wie sich Gefühlsknoten herausbilden, lässt sich am besten mit einer Analogie erklären, nämlich Salz in einem Wasserglas. Anfangs schwimmen die Salzkörner diffus umher. Man kann sie weder sehen noch anfassen. Wenn Sie dann aber einen Bindfaden in das Glas hängen, lagert sich das Salz daran an und kristallisiert sich zu einer stabilen Struktur. Genauso werden Gefühle greifbar, wenn sie sich um eine Erinnerung ranken.

Im Alltag schlummern die Gefühlsknoten irgendwo tief im Kopf. Wir merken gar nicht, dass es sie gibt. Erst wenn man

---

* In Anlehnung an den Begriff »Nervenknoten«

sie durch ein Stichwort oder ein Bild stimuliert, fangen die Gefühle an zu fließen, können in Wallung geraten und uns sogar überwältigen. Ein typisches Beispiel dafür sind Heimatgefühle. Im Alltag empfinden wir sie gar nicht, wohl aber, wenn die heimische Fußballnationalmannschaft unverhofft die Weltmeisterschaft gewinnt. Dann rüttelt das Heimatgefühl plötzlich Millionen Menschen derart auf, dass sie aus dem Sessel springen und jubelnd auf die Straße stürmen. Das Gefühl ist also überwältigend stark, obwohl es die meiste Zeit gar nicht vorhanden zu sein scheint.

Gefühlsknoten kann man anzapfen und mit einem Objekt zu einer untrennbaren Einheit verschmelzen. Denken Sie an typische Andenken, sagen wir, ein Armband, das Ihnen eine große Liebe vor Jahren einmal geschenkt hat. Wann immer sie es zur Hand nehmen, wird sofort ein Gefühlsknoten im Kopf stimuliert, der Sie an die Romanze damals erinnert. Das Armband an sich mag wertlos sein, aber Sie schätzen es hoch, weil diese wertvollen Emotionen darin stecken.

Auf eine vergleichbare Weise können Sie den subjektiven Wert Ihrer Marke steigern. Stimulieren Sie Gefühlsknoten, nutzen Sie das enorme emotionale Potenzial, das Ihr Verbraucher im Laufe seines Lebens im Kopf gespeichert hat. Verschmelzen Sie Ihre Marke mit diesen Emotionen, damit der Verbraucher eines Tages sagt: »Die oder keine!«

Fassen wir zusammen:

Das Prinzip des Emotions-Transfers:

Stimulieren Sie bestehende »Gefühlsknoten« in den Köpfen der Verbraucher, um sie auf Ihre Marke zu übertragen und mit ihr zu verschmelzen.

Die Erfolgsfaktoren:

1. *Produktbezug:* Prüfen Sie, ob Sie eine Brücke schlagen können zwischen Ihrer Marke und einem existierenden Gefühlsknoten im Kopf der Verbraucher (z. B. Heimatgefühle).

2. Gefühlsknoten: Stimulieren Sie einen Gefühlsknoten, der mit möglichst starken positiven Emotionen geladen ist. Je mehr Emotionen fließen, desto größer der Kaufanreiz.

3. Authentizität: Gefühle sind immer individuell, niemals klischeehaft. Es wird Ihnen kaum gelingen, Emotionen auf eine glatte, professionelle oder künstlerisch abstrakte Weise zu wecken. Es liegt geradezu in der Natur großer Gefühle, *nicht perfekt* zu sein. Denken Sie beispielsweise an ein Liebesgeständnis, das hastig gehaspelt viel ehrlicher wirken kann als in flüssiger Poesie.

Eine moderne und populäre Anwendung des Emotions-Transfers finden wir beim *Merchandising*: Sie können also die Lizenz einer emotionalen Marke (z. B. einer *Walt-Disney*-Figur) kaufen, um die mit ihr verbundenen Gefühle auf Ihr Produkt zu übertragen. Sie »leihen« sich also wieder Gefühle aus, die Ihren Kunden zum Kauf animieren. Angenommen, Sie wollen Schultaschen für Kinder verkaufen, die aber leider ziemlich langweilig aussehen. Was tun Sie? Sie kaufen sich beispielsweise die Lizenz, um Motive von »Jurassic Park«, »Die Schöne und das Biest« oder »Krieg der Sterne« auf die Schultaschen zu kleben. Mit welchem Ergebnis? Plötzlich verbinden sich die emotionalen Erinnerungen an die Hollywood-Filme mit Ihrem Produkt und lösen ein starkes Kaufinteresse bei der kindlichen Zielgruppe aus. Aber nicht nur Kinder, sondern auch erwachsene Kunden können Sie mit dem Emotions-Transfer gewinnen, wie das Beispiel einer ostdeutschen Zigarettenmarke zeigt.

FALLBEISPIEL **f6 (Deutschland)**

Die *f6* ist eine traditionsreiche Zigarette aus Dresden (Ostdeutschland), was sich nach dem Fall der Mauer 1989 als massive Vermarktungsbarriere erwies. Die Verbraucher wollten keine Ostware kaufen, sondern bevorzugten zunächst einmal alles, was aus dem Westen kam, inklusive Zigaretten. Das ostdeutsche Heimatgefühl war verschüttet und begann sich erst nach ein bis zwei Jahren wieder zu regen. *Das war die große Stunde der* f6*: Der Heimatstolz wurde angezapft (= der Gefühlsknoten) und verschmolz mit der Marke.*

Großflächenplakate und Anzeigen präsentierten voller Stolz nichts weiter als das Produkt: »Bei uns die Nr.1.« – »Original aus Dresden.« – »Unser Klassiker.« – »Die oder keine.« Indirekt sagen sie alle dasselbe, nämlich: Vergesst endlich all die westlichen Zigaretten – dies hier ist *eure* Zigarette. Punkt. Alle Qualitäts- und Geschmacksargumente sind doch kleinkariert, wenn es hier doch um das große Heimatgefühl geht. – So steigerte die *f6* ihren Marktanteil in Ostdeutschland binnen 12 Monaten von 15 Prozent auf 32 Prozent und wurde damit zur drittgrößten Zigarettenmarke auf dem gesamtdeutschen Markt.

Zugegeben, im Falle der *f6* ergibt sich die Strategie fast zwangsläufig aus der Marktsituation. Aber es gibt auch sehr ungewöhnliche, überraschende Anwendungen des Emotions-Transfers, wie das Beispiel eines amerikanischen Schwangerschaftstests beweist.

FALLBEISPIEL **Warner Lambert e.p.t. (USA)**

Wie würden Sie einen Schwangerschaftstest vermarkten? Das einzig wichtige Kaufkriteriun dürfte die Zuverlässigkeit der Prognose sein, aber ausgerechnet in diesem Punkt unterscheiden sich die konkurrierenden Marken kaum noch voneinander. Wo steckt also ein starkes Kaufmotiv für *e.p.t.*? Auffällig ist natürlich, dass ein Thema wie Schwangerschaft voller Emotionen steckt. Eine besondere Intensität haben sie im Moment der großen Entscheidung: Ja oder nein? Werden wir ein Kind bekommen oder nicht? Welche Situationen im Leben sind schon gefühlvoller als diese? Hier liegt die große Chance für einen Emotions-Transfer: *Das Glücksgefühl im Augenblick der Wahrheit soll auf die Marke* e.p.t. *übertragen werden.* So entsteht ein Kaufmotiv für alle jungen Paare, die sich sehnlichst ein Baby wünschen. Ein Blick auf die kreative Umsetzung: Ein TV-Spot führt uns in den Privathaushalt eines sympathischen amerikanischen Paares. Der Schwangerschaftstest läuft gerade. Nur Sekunden trennen uns von dem Ergebnis, welches das weitere Leben dieser beiden Menschen prägen wird. Eine Einblendung versichert uns nochmals: Dies sind normale Menschen, keine Schauspieler. Die Spannung knistert. Jetzt ist es so weit: Der Test ist positiv. Zärtlich drückt der Mann seine Frau an die Brust und küsst sie aufs Haar. »Ich wußte es«, flüstert er. »Herzlichen Glückwunsch. Bist du glücklich?« – So verschmilzt die Marke mit den Gefühlen des großen Augenblicks und bietet vor allem denjenigen jungen Paaren ein emotionales Kaufmotiv, die auf ein positives Testergebnis hoffen.

Neben den Gefühlsknoten gibt es übrigens auch instinktive Gefühlsregungen, die sich mit einer Marke verschmelzen lassen. Denken Sie beispielsweise an die Liebesreflexe, die beim Anblick eines neugeborenen Babys, eines süßen Hundes oder eines reizvollen Körpers entstehen ... Derartige Gefühlsreflexe sind bei allen Menschen vorhanden, wenn auch in unterschiedlicher Ausprägung. Eine englische Toilettenpapiermarke machte sie sich in besonderer Weise zunutze ...

FALLBEISPIEL **Andrex (Großbritannien)**

Ist es Ihnen wichtig, welches Toilettenpapier Sie benutzen? Die meisten Leute in Europa geben sich gern mit günstigen Handelsmarken zufrieden. Eine große, rühmliche Ausnahme ist jedoch die britische Marke *Andrex*. Sie ist 20 bis 50 Prozent teurer als andere Toilettenpapiermarken, verzeichnet aber über 30 Prozent Marktanteil, während der nächstbeste Wettbewerber nicht einmal die Hälfte schafft. *Andrex* zählt zu den historischen Supermarken Großbritanniens – eine bemerkenswerte Leistung für ein Toilettenpapier. Doch hinter dem einzigartigen Erfolg steht ein ganz einfaches Geheimnis, nämlich ein hinreißend süßes Labrador-Hundebaby. Es trägt die Marke nun schon seit mehr als zwei Jahrzehnten von einem Erfolg zum nächsten. *Die Strategie besteht ganz einfach darin, die natürliche, instinktive Liebe, die der Verbraucher zu einem süßen kleinen Hund empfindet, mit der Marke* Andrex *zu einer untrennbaren Einheit zu verschmelzen.* In der Werbung erleben wir beispielsweise, wie ein verspieltes Labradorbaby eine Rolle *Andrex*-Toilettenpapier entdeckt und leidenschaftlich die ganze Wohnung damit auslegt. Ganze Generationen von Hausfrauen und -männern schmelzen dahin, wenn das Hundebaby über die Stränge schlägt. *Andrex* unternimmt nicht einmal den ernsthaften Versuch, sich mit rationalen Qualitätsargumenten von den Wettbewerbern abzuheben. Die Verbraucher lieben *Andrex*, weil sie Hundebabys lieben. Das strategische Prinzip ist ernüchternd einfach – aber welche andere Marke auf der Welt setzt es so konsequent um wie *Andrex*?

3. Sehnsüchte beleben

Die Verbraucher lieben – und kaufen – gern Marken, die voller Sehnsüchte stecken. Auch Sehnsüchte lassen sich also mit einem Produkt verschmelzen. Während der Emotions-Transfer aber hauptsächlich auf emotionalen *Erinnerungen* aufbaut, geht es nun um sehnsüchtige Erwartungen an die *Zukunft*. Bevor wir den Wachstums-Code darstellen, einige grundsätzliche Einsichten:

Erstens: *Sie können keine Sehnsüchte erfinden.* Die stärksten Sehnsüchte sind diejenigen, die Millionen Verbraucher schon millionenfach geträumt haben. Sie sind in ihrem Kopf bereits mit intensiven Emotionen aufgeladen. Aber sie haben nichts Originelles, Kreatives an sich.

Zweitens: *Jede Sehnsucht entsteht aus einem emotionalen Mangelzustand.* Wenn Sie absolut zufrieden sind, empfinden Sie keine Sehnsüchte. Sehnsüchte entstehen immer dort, wo unser Alltagsleben seine größten Schwächen, Mängel und Defizite aufweist. Für einen freien Menschen ist Freiheit etwas Selbstverständliches, ohne große Emotionen. Für einen Gefangenen hingegen gibt es kaum eine größere Sehnsucht als die Freiheit, weil darin sein großes Defizit besteht.

Drittens: *Sehnsüchte erreichen ihre Klimax in dem ersten Augenblick, wo sie in Erfüllung gehen.* Wenn unser Gefangener aus der Haft entlassen wird, wird er seine Freiheit wohl nie so sehr genießen wie am ersten Tag. Denken Sie daran, wie sehr Sie den ersten Frühlingstag nach einem langen, harten Winter auskosten. Nach einer Woche sind die Frühlingsgefühle schon ein wenig abgeflaut, nach einem Monat sind sie kaum noch zu spüren. Wenn Ihre Marke Sehnsüchte weckt, heißt das aber nicht, dass Sie diese Sehnsüchte auch *erfüllen* müssen. Die Sehnsucht per se ist ein positives Gefühl, das der Verbraucher genießt. Sie ist wie ein unwiderstehlicher Duft, der sich um eine Marke legt, damit der Verbraucher sie attraktiv findet und kauft. Die Erfüllung hat damit nicht unbedingt etwas zu tun.

Das Spektrum möglicher Sehnsuchtsstrategien ist breit. Wir wollen uns in diesem Kapitel auf eine ganz bestimmte Sehnsucht konzentrieren, nämlich die nach einem idealen Leben. Viele Europäer träumen beispielsweise von einem »Aussteigerleben« in Australien. Darin drücken sich Sehnsüchte aus, die dem kühlen, technokratischen Alltag der Menschen entspringen: Konkurrenzkampf, Leistungsdruck, Anpassung, Hektik usw.

Das Lebensstil-Prinzip:

Etablieren Sie Ihre Marke als Fenster zu einem idealen Leben, das die Sehnsüchte des Verbrauchers erfüllt.

Die Erfolgsfaktoren:

1. **Sehnsuchts-Potenzial:** Einen idealen Lebensstil können Sie nicht erfinden, sondern nur entdecken. Denn was der Verbraucher selbst erträumt, können Sie schwerlich übertrumpfen. Wählen Sie keinen Lebensstil aus, nur weil er Ihnen originell oder trendy erscheint – es sei denn, er ist mit intensiven Sehnsüchten aufgeladen.

2. _Authentizität:_ Die Traumwelt im Kopf der Verbraucher ist meist vage, nebulös. Nutzen Sie die Chance, dem Traum Authentizitiät zu verleihen. Zeigen Sie die ideale Welt vollständig, also von morgens bis abends, in allen Phasen des Jahres, in all ihren faszinierenden Details. So schmilzt die Distanz zwischen dem Verbraucher und seinen Träumen dahin.

3. _Archetypen:_ Die Menschen, die in der Idealwelt leben, erfüllen eine reine »Platzhalterfunktion«. Sie müssen daher _Archetypen_ sein, keine Helden. Nur so stellen Sie sicher, dass der Verbraucher in seinem Lebenstraum selbst der Held sein kann.

4. _Alltagsepisoden:_ Im idealen Leben ist jeder Augenblick erlebenswert. Keine Sekunde ist banal, langweilig, unwichtig. Konzentrieren Sie sich ganz auf die reizvollen Routinen des Alltags, anstatt abenteuerliche Geschichten zu erzählen, die vom Lebensstil selbst ablenken.

5. _Heimat:_ Das ideale Leben braucht eine Heimat. Geben Sie dem Verbraucher ein ungefähres Gefühl, wo er sie auf der Landkarte finden könnte. Geben Sie der Heimat einen Namen.

6. _Sinn/Mission:_ Ein ideales Leben hat immer einen Sinn. Warum reicht es nicht aus, im idealen Leben einfach nur Spaß zu haben? Weil Aussteiger am wirklichen Leben gar nicht mehr teilnehmen. Sie katapultieren sich als Randgruppe aus der normalen Gesellschaft heraus, die sich ihr tägliches Brot hart erarbeiten muss. Aussteiger sein bedeutet also auch Verweigerung bzw. Flucht vor der gesellschaftlichen Verantwortung. Ein idealer Lebensstil muss zumindest darauf ausgerichtet sein, den täglichen Broterwerb abzusichern. Er muss allerdings auch nicht unbedingt einer hehren, gesellschaftlichen Mission dienen (z. B. dem Umweltschutz).

7. Sicherheit: Das wirkliche Leben des Verbrauchers steckt voller Unsicherheiten. Eine Traumwelt sollte daher ein Höchstmaß an Sicherheit ausstrahlen. Typische Merkmale:

- *Unabhängigkeit:* Es gibt keine Hierarchien, keine Abhängigkeiten, keinen Wettbewerb. Alle Rollen und Funktionen sind klar verteilt.
- *Geschlossenheit der Welt:* Die Welt ist in sich geschlossen. »Eindringlinge« von außen dürfen den Frieden nicht stören
- *Kontrolliertes Schicksal:* Es gibt keine Tragödien, keine Gefahren oder Unfälle. Keine Krankheit, Verletzungen, Desaster oder Todesfälle.
- *Ewigkeitsanspruch:* Es gibt keinen Anfang und kein Ende. Das ideale Leben geht ewig weiter.

8. Lebenswürze/Härte: Ewig nur Spaß und Sonnenschein sind nicht erstrebenswert. Die wahre Lebenswürze liegt immer in einem Wechselspiel aus harten und emotionalen Momenten. Die schönen Seiten des Lebens kann man nur genießen, wenn man auch die hässlichen Seiten kennt. Ein bisschen Härte gehört immer zur Romantik dazu: Liebe im prickelnden Heu ist viel romantischer als in einer sterilen Penthouse-Wohnung. Eine Fahrt auf einem alten Segelschiff ist romantischer als auf einem Luxusdampfer.

Wir kennen keine Marke, die das Lebensstil-Prinzip so perfekt beherrscht wie *Marlboro*, eine der erfolgreichsten Marken der Welt.

FALLBEISPIEL **Marlboro (weltweit)**

Warum ist die *Marlboro* so erfolgreich? An der Qualität allein kann es nicht liegen, denn andere Zigaretten schmecken sicherlich genauso gut. Ein wesentlicher Erfolgsbaustein besteht darin, dass die Marke Sehnsüchte der Verbraucher weckt und so ihre treue »Liebe« gewinnt.*

Was aber ist es genau, das die Cowboywelt so reizvoll macht?

1. **Sehnsuchts-Potenzial:** *Marlboro* hat die Cowboywelt nicht erfunden. Sie war bereits jahrzehntelang zuvor durch Western etabliert und mit Emotionen aufgeladen.

2. **Authentizität:** Die *Marlboro*-Welt ist so echt, als könne man sich jederzeit in ein Flugzeug setzen, um sie zu besuchen. Was macht sie so authentisch? Erstens nimmt Marlboro den von ihr besetzten Lebensstil bedingungslos ernst. Es gibt also keine Cowboys mit frischer Fönwelle und penibel mani-kürten Fingernägeln. Es treten keine Schauspieler auf, sondern nur echte Profis. Zweitens bildet die *Marlboro*-Welt den gesamten Alltag ab: von morgens bis nachts und von Frühling bis Winter. Die zeitliche Vollständigkeit beweist die Echtheit dieser Welt. Drittens ist alles mit Liebe zum Detail gemacht – bis hin zur Eidechse, die sich irgendwo im Hintergrund sonnt.

3. **Archetypen:** Die *Marlboro*-Cowboys sind nur Cowboys, sonst nichts. Als Archetypen repräsentieren sie einen Lebensstil – und damit erschöpft sich ihre Existenzberechti-gung. Für die Cowboys gibt es kein Vorher, kein Nachher und auch keine Existenz außerhalb ihrer Welt. Sie haben kein Recht auf einen eigenen Namen, keine Privatinteres-sen, keine persönlichen Macken und Marotten. Und das alles aus gutem Grund: Ein echter Held – wie John Wayne – in der *Marlboro*-Welt würde dem Verbraucher quasi die Hauptrolle in seinem eigenen Lebenstraum streitig machen.

---

* Der andere, ebenso wichtige Erfolgsbaustein liegt darin, dass die Mar-ke wie ein Sprachrohr etwas über den Verbraucher aussagt. Denn mit der *Marlboro* kann der Verbraucher ähnliche Persönlichkeitszüge de-monstrieren wie ein Cowboy: nämlich Reife, Souveränität, Härte, Boden-ständigkeit und Gelassenheit.

4. Alltagsepisoden: In der *Marlboro*-Welt ereignen sich niemals dramatische Geschichten, sondern nur zyklische Alltagsroutinen, die sich keinem bestimmten Datum und keiner spezifischen Uhrzeit zuordnen lassen. Es liegt in der Natur eines idealen Lebens, ohne Höhepunkte auszukommen. Jeder Augenblick, jede Pflicht, jede Routine versprüht so viel Faszination, dass große Ereignisse völlig überflüssig sind. Schließlich haben Sensationen in unserem Leben lediglich die Funktion, den tristen, grauen Alltag ein wenig aufzufrischen. Noch etwas spricht gegen aufregende Geschichten: Sie lenken den Verbraucher ab. Er konzentriert sich auf die Story und übersieht dabei den Reiz des abstrakten, zugrunde liegenden Lebensstils. (Dramatische Storys passen viel besser zum Helden-Prinzip – vgl. Portal 4: »Identität und Selbstdarstellung«.)

5. Heimat: Jeder weiß, wo die *Marlboro*-Cowboys leben, nämlich in *Marlboro*-Country. Und man kann sich auch ungefähr vorstellen, wo sich diese Region in den USA befindet. Jede Traumwelt sollte mit einer geografischen Heimat verbunden sein, schon um die Illusion der Authentizität zu erhalten.

6. Sinn/Mission: Die *Marlboro*-Cowboys sind Arbeiter, die ihrem geregelten Job nachgehen, um sich (und ihre Familien) zu ernähren. Wie viel von ihrer Faszination ginge verloren, wenn sie Urlauber oder Aussteiger wären, die ihr »wahres Leben« bereits gelebt haben und nur noch ihrem Hobby als »Kuhjungen« nachgehen.

7. Sicherheit: Das Cowboyleben suggeriert genau die Sicherheit und Stabilität, die der Verbraucher in *seinem* Leben vermisst: Es gibt keine geschiedenen Ehen, keine verlorenen Arbeitsplätze, keine Rentendiskussion. Was trägt sonst noch zur Sicherheit der *Marlboro*-Welt bei?

– Unabhängigkeit: Wir erleben die Cowboys in keinem Abhängigkeitsverhältnis gegenüber Vorgesetzten. Sie sind auf keine bestimmte Technologie angewiesen, um sich zu ernähren. Sie rücken nahe an das Ideal eines Selbstversorgers heran.

- Klare Verteilung von Rollen und Funktionen: Im Cowboyleben hat jeder seinen festen Platz. Es gibt keine Konkurrenz, Ellenbogenkämpfe, Kompetenzstreitigkeiten. Niemand nimmt dem anderen die Butter vom Brot.
- Geschlossenheit der Welt: Die Cowboys dürfen ihr Territorium nicht verlassen, beispielsweise für einen Ausflug nach New York. Umgekehrt dringen auch keine Fremden in ihre Welt ein. So bleibt die Sicherheit der Welt perfekt gewahrt.
- Kontrolliertes Schicksal: In *Marlboro*-Country treten keine Ereignisse auf, die den Lebensstil gefährden könnten (Unfall, Gefahr, Tod usw.)
- Ewigkeitsanspruch: Das Cowboyleben ist zeitlos, an kein bestimmtes Jahr oder Jahrzehnt gebunden. Denn alles, was an seine Vergänglichkeit erinnert, würde das Leben unnötig destabilisieren.

8. **Lebenswürze/Härte:** Die Cowboys leisten harte Knochenarbeit, auch bei Wind und Wetter. Dafür werden sie abends mit idyllischer Lagerfeuerromantik belohnt. Zur wahren Lebenswürze gehört immer beides.

So weit die Erfolgsgesetze des »idealen Lebensstils«. Wir haben sie bewusst sehr spitz formuliert, um zu zeigen, in welchem Maße sich etwas Weiches wie Sehnsüchte mit harten Gesetzen optimieren lässt.

4. Mitgefühl wecken

Die bisher beschriebenen emotionalen Strategien bauen auf gewachsenen, im Bewusstsein der Verbraucher fest verwurzelten Gefühlen auf. Es ist aber auch möglich, Gefühle für eine Marke aus dem Nichts aufzubauen. Dabei lassen wir uns von Bestsellerautoren inspirieren, die so starke Emotionen wecken können, dass die Leute ihre Bücher lieben – und zu treuen Kunden werden. Es gibt Siegermarken, die ähnliche Geschichten erzählen wie die Bestsellerautoren und damit beispielloses Wachstum erzielen. Warum? Weil diese Marken starke Emotionen auf die gleiche Weise wecken wie die großen Erzähler: durch einen Appell ans Mitgefühl.

Das Roman-Prinzip:

Stellen Sie Ihre Marke in den Mittelpunkt packender kleiner Storys, die starke Emotionen wecken, vor allem Mitgefühl! Wenden Sie dabei die gleichen Erfolgsfaktoren an, die Bestseller-Romanen zugrunde liegen.

Die Erfolgsfaktoren:

1. *Der Held:* Mitgefühl braucht einen Helden. Möglichst keine Klischeefigur, sondern eine individuelle Erscheinung. Es handelt sich aber nicht um einen kraftstrotzenden Siegertypen, sondern um eine liebenswerte, verletzliche Person, die vielleicht sogar an die Vater- oder Mutterinstinkte des Verbrauchers appelliert.

2. *Die Frustration:* Unser liebenswerter Held ist traurig bzw. unglücklich. Entweder spielte ihm das Schicksal übel mit oder er ist das Opfer einer Ungerechtigkeit geworden. Was immer ihm widerfahren ist – er ist unschuldig daran.

3. *Der Wendepunkt:* Etwas Überraschendes geschieht und wendet die Geschichte zum Positiven. Jetzt kommt meist auch die Marke ins Spiel. Die Trauer des Helden schlägt in Glück um.

4. *Das Happy End:* Unser Held ist überglücklich und zeigt es auf seine ganz individuelle Weise. Sein Stimmungswandel soll den Verbraucher emotional mitreißen.

Diese einfachen dramaturgischen Gesetze lassen jede Menge Spielraum. Schließlich gelingt es Romanautoren ja auch immer noch, Erfolgsgeschichten nach diesem Muster zu stricken. Das schönste Beispiel einer Marke, die so vorgeht, ist für uns immer noch die italienische Pasta *Barilla,* die sich damit zu einer der berühmtesten Marken Italiens mauserte.

Wie vermarktet man eine Pastamarke in ihrer Heimat Italien, wo sich 400 Mitbewerber den Markt aufteilen müssen? Qualitätsargumente sind selbstverständlich, die verlockendsten Aufnahmen dampfender Nudeln tausendfach gesehen. Die *Barilla*-Strategen lösen dieses Problem sehr erfolgreich, indem sie rührende kleine Geschichten nach dem Muster erfolgreicher Romane erzählen. Hier ein Beispiel: Ein süßer, kleiner Junge steht vor den Toren eines riesigen Fußballstadions. Drinnen tobt die Stimmung: Ein großes Spiel ist angesagt. Doch unser Junge hat leider kein Geld, um den Eintritt zu bezahlen. Trotzdem will er ein bisschen von der abenteuerlichen Atmosphäre schnuppern. Und als wolle er seine Melancholie noch steigern, setzt er sich schließlich hängenden Kopfes auf eine Bank, direkt gegenüber dem großen Eingangstor des Stadions. Das ganze Land fiebert im Fußballwahn, nur er sitzt mutterseelenallein vor dem Tor und hört die Übertragung aus einem schäbigen kleinen Plastikradio. Doch plötzlich winkt ihm der Kartenkontrolleur. Unser Junge glaubt nicht, dass er gemeint sein könnte, und schaut suchend hinter sich. Der Kontrolleur winkt noch einmal. Der Junge geht zögernd auf ihn zu. Er kann sein Glück nicht fassen: Mit einem väterlichen Klaps verschafft ihm der nette Mann freien Zutritt. Was für ein erhebender Augenblick. Im Sturmschritt rennt der Junge nun die Stufen hinauf ins Stadion, wo die Menschenmenge tobt. Das Leuchten in seinen Augen drückt alles Glück dieser Welt aus. Der alte Kontrolleur winkt ihm schmunzelnd nach. – Der Film beherzigt alle dramaturgischen Erfolgsgesetze der Romanstrategie:

- Wir haben unseren unschuldigen, liebenswerten Helden.
- Er leidet unverschuldet an einer tiefen Trauer.
- Ein Wohltäter kommt ins Spiel
- und verwandelt tiefsten Schmerz in höchstes Glück.

Barilla erzählt eine ganze Serie solcher Geschichten, alle unter dem Motto: »Wo Barilla ist, da ist dein Zuhause.« – Aber wo bleiben die Nudeln? In der obigen Geschichte tauchen sie nur

als Markenabsender auf. Mehr ist auch nicht zwingend erforderlich, denn das Roman-Prinzip verschmelzt die Marke mit
großen Gefühlen, ohne dass eine Aussage zur Produktqualität
erforderlich wäre. Mit dem Roman-Prinzip wuchs *Barilla* über
35 Prozent in drei Jahren.

FAZIT

Die wichtigsten Erkenntnisse noch einmal auf einen Blick: Es
ist möglich, mithilfe bewährter Wachstums-Codes starke
Gefühle zu wecken, die den Verbraucher zum Kauf animieren. Allerdings reicht es nicht aus, als Marke sympathisch auf-
zutreten – wir müssen vielmehr den Quantensprung zur Markenliebe schaffen. Denn nur Liebe ist ein exklusives Gefühl,
das zu bedingungsloser Treue führt. Wie wecken Sie Liebe für
Ihre Marke? Denken Sie darüber nach,
• Freundschaft und Solidarität zu beweisen,
• bestehende Gefühle anzuzapfen, die im Kopf gespeichert
  sind (Stichwort »Gefühlsknoten«),
• Sehnsüchte zu stimulieren oder
• Mitgefühl zu wecken (so wie Romanautoren).
  Es geht hier nicht darum, ein emotionales Versprechen abzu-
geben, das eingelöst werden muss (Solche Strategien haben
wir in dem Kapitel »Nutzen und Vorteile« diskutiert). In diesem Kapitel geht es vielmehr um die Kunst, Emotionen wie
einen unwiderstehlichen Duft mit einer Marke zu verschmelzen.

SO ARBEITEN SIE MIT DEN WACHSTUMS-CODES

Ziehen wir eine kurze Zwischenbilanz. Wir haben die fünf Portale zum Kopf des Verbrauchers geöffnet und Ihnen die wichtigsten universellen Wachstums-Codes vorgestellt. Bekanntlich funktionieren sie für alle Produkte und Dienstleistungen, über alle Branchen, Kulturen und Länder hinweg, unabhängig von Trends und neuen Entwicklungen. Denn die Buchholz-Wördemann-Methode (blw-Methode) funktioniert ähnlich wie Formeln in der Mathematik: Sie lassen sich auf unzählige individuelle Problemstellungen anwenden. Die Formel an sich bleibt immer gleich; es ändern sich nur die Variablen. Bevor wir uns anschauen, wie man mit Wachstums-Codes arbeitet, wollen wir kurz zusammenfassen, inwiefern Wachstums-Codes die Arbeit von Markenprofis erleichtern. Hier sind die wichtigsten Gedanken:

1. Jeder Wachstums-Code öffnet ein neues Universum

Wachstums-Codes grenzen nicht ein, sondern öffnen den Weg in den Kopf des Konsumenten. Jede Marke der Welt kann sie auf ihre ganz individuelle Weise anwenden, um maßgeschneiderte Markenstrategien zu entwickeln. Wachstums-Codes provozieren Sie, eingeschliffene Denkklischees aufzubrechen (Stichwort: »thinking out of the box«) und neue valide Lösungsansätze zu entdecken. In Zukunft werden Sie die Vermarktungschancen Ihrer Marke wesentlich schneller, breiter und tiefer ausloten können als bisher. Sie werden auf neue Ansätze stoßen, an die in den vergangenen Jahren noch niemand gedacht hat.

2. Wachstums-Codes haben kein Verfallsdatum

Die Wachstums-Codes reflektieren den Erfahrungsschatz heutiger Siegermarken. Deshalb ist die Frage berechtigt, ob man damit in Zukunft auch etwas völlig Neues, noch nie Dagewesenes entwickeln kann. Dies kann zweifellos mit »Ja« beantwortet werden. Wenn wir hundert Jahre in die Zukunft blicken, werden die Marken sicherlich ganz anders aussehen und ganz anders auftreten als heute. Aber eines bleibt immer gleich: Jede Marke muss dem Verbraucher ein klares Kaufmotiv bieten, muss also auch in hundert Jahren noch jenen »Klick« auslösen, der zum Kauf animiert. Es sind nur die *Inhalte*, die sich ändern und sich an jeden neuen Trend anpassen müssen. Aber das Rechenzentrum des Verbrauchers, das Gehirn, funktioniert immer nach den gleichen Gesetzen. Wachstums-Codes können also per se nicht veralten. Man kann sie im Laufe der Zeit höchstens erweitern, ergänzen und verfeinern.

3. Wachstums-Codes lassen sich zu Supercodes kombinieren

Wenn Sie mit der blw-Methode arbeiten, wird sich in Ihrem Kopf eine ganz neue Infrastruktur herausbilden, in der alle Wachstums-Codes miteinander vernetzt sind. Es entstehen quasi kleine Highways im Kopf, die Ihr strategisches Denken enorm beschleunigen. Bereits heute verfügen wir über umfassende Erfahrungswerte, welche Wachstums-Codes sich besonders gut miteinander verbinden lassen, um den Markterfolg eines Produktes zu maximieren. Wie solche Supercodes entstehen, werden wir Ihnen weiter unten an einigen Beispielen aus unserer eigenen Agenturpraxis demonstrieren.

4. Selbst emotionale Strategien bringen harte Verkaufserfolge

Emotionale Imagekonzepte gelten oft als »Softselling«, bei dem man angeblich keine kurzfristigen Markterfolge erwarten darf. Wir denken anders darüber. Emotionale Marken verkaufen sich oft sogar schneller und besser als andere, die einen »harten« Qualitätsvorteil aufweisen. Wichtig ist dabei nur, auch eine emotionale Markenstrategie so weit zu verdichten oder zuzuspitzen, dass sie im Kopf der Verbraucher »Klick« macht. Eine

Analogie stellt der Unterschied zwischen einer Taschenlampe und einem Laser dar: Beide strahlen Licht, aber der Laser fokussiert den Strahl so weit, dass man damit Metall durchdringen kann.

5. Das Potenzial einer Marke maximal ausschöpfen

Stellen Sie sich vor, eine Kreativagentur stellt Ihnen das Storyboard für eine rein emotionale Markenkampagne vor. Sie erkennen darin Ansätze des »Roman-Prinzips« (Portal 5: »Emotionen und Liebe«) und können nun die Erfolgsfaktoren anlegen, um die Wirksamkeit des Storyboards zu maximieren. Sie stellen beispielsweise fest:

- *»Der Held hat eine zu starke Persönlichkeit. Er sollte weicher, verletzlicher sein, damit er mehr Mitgefühl bei den Verbrauchern weckt.«* Oder:
- *»Spitzen Sie den Wendepunkt zu, wo die Frustration des Helden in Glück umschlägt.«*

Wachstums-Codes liefern Ihnen harte Argumente, um ein Bauchgefühl zu begründen.

6. Marktforschung gezielter einsetzen

Marktforschung ist zweifellos ein wichtiges Instrument, um eine Markenstrategie zu optimieren. Viele Unternehmen verlieren allerdings Unsummen an Geld, weil sie nicht genau wissen, wonach sie überhaupt suchen! Angenommen, Sie wollen eine neue Softdrinkmarke einführen und setzen sich zu diesem Zweck mit einem Marktforschungsinstitut in Verbindung. Was wollen Sie *genau* herausfinden? Welche Fragen geben Sie den Forschern an die Hand?

Jetzt nehmen wir die Wachstums-Codes zu Hilfe und entscheiden beispielsweise, dass unser neuer Softdrink zum »Sprachrohr« der Verbraucher werden soll. Er soll etwas Faszinierendes über seine Persönlichkeit ausdrücken, zum Beispiel mit dem »Charakter-Prinzip« (vgl. Portal 4 »Identität und Selbstdarstellung«). Dann ist die Aufgabe für die Marktforscher sonnenklar:

1. *Welche Charaktereigenschaften sind in dem Produkt schon*

angelegt – *aufgrund seines Geschmacks, seiner Farbe, seiner Verpackung, seiner Herkunft usw.?* (Der Verbraucher soll sich einfach vorstellen, unser Softdrink sei ein Mensch.)

2. *Was sind die wichtigsten Charaktereigenschaften, die unsere neue Zielgruppe sich wünscht und die sie gern nach außen demonstrieren möchte?*

So bauen Sie ganz gezielt eine Plattform für Ihre neue Markenstrategie. Marktforschung lässt sich also sehr fokussiert und kostengünstig einsetzen – wenn Sie wissen, welche Wirkung Sie im Kopf der Verbraucher erreichen wollen.

Jetzt wollen wir noch einmal an einem Beispiel verdeutlichen, wie vielseitig und flexibel sich die Wachstums-Codes anwenden lassen. Eine fiktive Aufgabe besteht darin, ein Bier zu vermarkten, das sich in den vergangenen Jahren immer über das Thema *Heimat* profiliert hat. Leider sind die Absätze rückläufig, und wir wollen einmal schauen, was man aus der Heimatstory noch alles machen kann:

- *Variante A: das Film-Prinzip (Portal 1: »Nutzen und Vorteile«):* Angenommen, unser Bier kommt aus einer ländlichen Heimat, sagen wir, aus dem Schwarzwald. Dann können wir bestimmte Werte, die der Verbraucher mit der Region verbindet (z. B. »ursprünglich, würzig und herb«), auf unser Bier nach dem Motto übertragen: *Wie das Land, so das Bier.* Das funktioniert natürlich nur, wenn der Verbraucher auch tatsächlich ein Bier trinken will, das nach Schwarzwald schmeckt. Nur dann macht es Sinn, den geistigen Film zum Thema Schwarzwald für unser Bier zu nutzen.
- *Variante B: der Emotions-Transfer (Portal 5: »Emotionen und Liebe«):* Vielleicht kommt unser Bier aber aus einer Region, die primär für *kulturelle* Werte steht. In diesem Fall kann es hilfreich sein, die stolzen Heimatgefühle der Bevölkerung zu wecken und nach dem Motto auf unser Bier zu übertragen: »Dies ist *unser* Bier! Ein Teil unserer Kultur, unserer Geschichte, unserer Tradition. Ein Teil von uns!« Dagegen wirken die nationalen Biere fremd, wie Eindringlinge, und können so zurückgedrängt werden.

- *Variante C: das Charakter-Prinzip (Portal 4: »Identität und Selbstdarstellung«):* Möglich ist natürlich auch, dass unser Bier aus einer Großstadt stammt, zum Beispiel aus Hamburg. Auch dann können wir an die Heimatidee anknüpfen. Hamburg verbinden viele Leute mit seinem weltbekannten Rotlichtbezirk, der sündigen Reeperbahn. Wir können also unser Bier mit einem verruchten Charakter ausstatten. Für alle Biertrinker, die sich selbst mit einem leicht verruchten Image profilieren wollen, gibt es plötzlich einen guten Grund, dieses Bier zu kaufen.

So weit einige erste Ideen. Es gibt sicherlich noch viele andere Möglichkeiten, die »Heimat«-Story mit Hilfe der Wachstums-Codes weiterzuentwickeln und den negativen Absatztrend zu stoppen und umzukehren.

In unserer eigenen Agenturpraxis haben wir die Wachstums-Codes mittlerweile für die verschiedensten Branchen getestet: vom Autoclub bis zur Zigarette, von Banken bis zur Telekommunikation, vom Energielieferanten bis zur politischen Partei, von der Kosmetik bis zur Pharmazie. Über alle Branchen hinweg haben sich die Wachstums-Codes bewährt. Wie vielseitig man sie *innerhalb einer einzigen Branche* anwenden kann, zeigen wir Ihnen mit den folgenden drei Fallstudien für *Siemens*-Handys, die jeweils zu einem sprunghaften Wachstum führten.

1. Fallstudie: Siemens-Handy S4 Power

Die Aufgabe

Der Technologiekonzern *Siemens* wollte im Bereich Mobiltelefone (Handys) seine schwache Marktposition in Italien ausbauen, da Italien als einer der Schlüsselmärkte in Europa gilt. Mit der Handymarke *S4 Power* sollte die erste Schneise in den Markt geschlagen werden. Als wir den ersten Prototyp zu sehen bekamen, waren wir ernüchtert: Das *S4 Power* wirkte unscheinbar, zwar praktisch und funktional, aber weder schick noch trendy. Die einzige Besonderheit bestand darin, dass man die Batterie erst nach 10 Stunden Sprechzeit neu aufladen musste (innerhalb von zwei, drei Tagen). Aber wer will so lange telefonieren? Die italienischen Konsumenten legen viel mehr Wert auf lange Batteriebereitschaft (»Standby«), schickes Design und aufregende technologische Neuheiten. Dergleichen hatte unser *S4 Power* leider nicht zu bieten. Auch die Rahmenbedingungen auf dem italienischen Markt waren alles andere als rosig:

- *Siemens*-Handys hatten im Oktober 1996 ca. 3 Prozent Marktanteil und waren vielen Verbrauchern noch nicht einmal dem Namen nach bekannt.
- Die »Big Players« auf dem europäischen Parkett – *Nokia, Motorola* und *Ericsson* – hatten den italienischen Handymarkt längst unter sich aufgeteilt.
- *Siemens* stand in Italien für Kraftwerke, nicht aber für Telekommunikation, geschweige denn für Handys.
- Während die Wettbewerber ihre Produkte mit zweistelligen Millionenbudgets ausstatteten, bekam das *S4 Power* nur etwa 1 Million Mark mit auf den Weg.

Die Herausforderung

Wie wir es auch drehten und wendeten: Der einzige Anknüpfungspunkt, um das *S4 Power* zu verkaufen, war seine endlose Sprechzeit. Wir befragten die italienischen Verbraucher und sie bestätigen uns, was wir ohnehin schon wussten: Die meisten Handy-Gespräche dauern nur wenige Sekunden oder vielleicht ein paar Minuten. Kaum jemand nutzt sie für Marathontelefonate. Eine 10-stündige Sprechzeit ist bei weitem überdimensioniert. Was für eine ärgerliche Situation: Da hatten wir hier ein einzigartiges Verkaufsargument, aber es war leider irrelevant. Vor allem, wenn wir einen Blick auf die beiden großen Wettbewerber im Markt warfen:

- *Nokia* hatte soeben ein neues Gerät eingeführt, dessen dynamisch geschwungene Körperform bereits zu einem Kult unter den designverliebten Italienern geworden war.

- *Ericsson* brachte gerade ein besonders kleines Handys heraus, das in jede Hemdtasche passte. Sehr praktisch für alle, die ihr Handy ständig bei sich haben.

Und unser *Siemens S4 Power* wirkte dagegen wie ein praktisches Brikett, dessen schlichte Funktionalität eher dem intellektuellen deutschen Understatement entsprach als dem rassigen italienischen Temperament. Bringen wir die große Herausforderung auf eine kurze Formel: »Wie schlagen wir *Nokia* und *Ericsson* mit *nichts* – außer 10 Stunden Sprechzeit?«

Entwicklung der Strategie

In unseren internen Diskussionsrunden drängte sich ein Gedanke immer mehr in den Vordergrund: Handys sind ein modernes Statussymbol. Die Leute kaufen Handys, um sich damit in der Öffentlichkeit selbst darzustellen. Sie können jemanden als wichtiges Mitglied der modernen Leistungsgesellschaft ausweisen, der jederzeit und überall erreichbar sein muss. Ironischerweise sind es aber gerade Einkaufsbummler, Studenten, Hausfrauen und Szenegänger, die auf den Straßen Mailands (*Siemens*-Niederlassung Italien) ihr Handy spazieren tragen. Das brachte uns auf eine interessante Spur: Unser *Siemens S4 Power* sollte zum »Sprachrohr« der Verbraucher werden, um etwas Faszinierendes über ihren Charakter, ihre Persönlichkeit, ihre Identität auszusagen. So gelangten wir zum »Mitglieds-Prinzip« (*Portal 4: »Identität und Selbstdarstellung«*): Wir wollten das *Siemens S4 Power* zum Abzeichen einer exklusiven sozialen Gruppe machen, der unsere Kunden gern angehören würden. Hier ist die Idee:

Wir positionieren das S4 Power *als das Handy der echten »Business-Profis«, denn die brauchen maximale Sprechzeit. Gleichzeitig entlarven wir Benutzer anderer Handys als »Möchtegern«-Profis, die auf Design und technische Spielereien Wert legen. So wird das* S4 Power *quasi zum »Abzeichen«, an dem man die echten von den angeblichen Business-Profis unterscheiden kann.*

Offen gestanden brauchen echte Profis natürlich auch nicht unbedingt 10 Stunden Sprechzeit. Aber es ist plausibel, dass sie tendenziell mehr Wert auf Sprechzeit legen als auf Design und technische Spielereien. Denn für Geschäftsleute ist es viel riskanter, ein Gespräch wegen mangelnder Batteriekraft abbrechen zu müssen als für Privatleute.

Wir gingen aber noch einen Schritt weiter. Die Gruppe der »Business-Profis« war uns noch nicht exklusiv genug. Denn dazu gehörten auch viele graue Mäuse mit blasser Haut, dunklen Ringen unter den Augen und nervösen Magenbeschwerden. Dieser Gruppe will niemand angehören. Nein, wir meinten mit Business-Profis jene erfolgreichen Lebenskünstler, die mit ein paar raffinierten »Deals« mehr erreichen als andere durch jahrelange, harte Arbeit. Unser Profi sollte wie ein bürgerlicher Bohemien sein, der flink durch das Geschäftsleben surft und sein Leben dabei noch bestens zu genießen weiß. Mit dieser Strategie wollten wir die übermächtigen Wettbewerber ausbremsen.

Der Erfolg

Das *S4 Power* eroberte den italienischen Markt im Sturm:
- Die Marktanteile stiegen von 3 Prozent im Oktober 1996 auf 11 Prozent im Januar 1997.
- Im selben Zeitraum wuchs die Distribution von 35 Prozent auf 85 Prozent.

2. Fallstudie: Siemens-Handy S6

Die Aufgabe

Nach dem *S4-Power*-Erfolg beauftragte uns *Siemens*, die Einführung eines neuen Handys in Italien zu begleiten: das *S6*. Optisch wirkte das neue Handy ziemlich groß und flach, verfügte aber über einige imponierende »innere Werte«. Es gab fünf große Verkaufsargumente, die uns einiges Kopfzerbrechen bereiteten, weil jedes von ihnen mit einem Schönheitsfehler behaftet war:

1. Flache Form: Das *Siemens S6* ist zwar das flachste Gerät auf dem ganzen Markt, ist aber leider so lang und breit geraten, dass es insgesamt sogar größer wirkt als die Wettbewerber.
2. Leichtgewicht: Das *S6* wiegt nur 160 Gramm, während die Konkurrenzprodukte bis zu 250 Gramm auf die Waage bringen. Ein guter Anknüpfungspunkt für eine Positionierung, dachten wir anfangs, aber dann stellten wir fest, dass es einen noch leichteren Konkurrenten gab.
3. Einfache Handhabung: Das *S6* bietet ein fünfzeiliges, grafisches Display, das nicht nur Buchstaben und Zahlen, sondern auch grafische Symbole darstellen kann. Sie helfen dem Benutzer durch das Menü, ohne dass er eine Gebrauchsanweisung lesen muss. Aber Vorsicht: Ein solch einfaches Handy kann sehr leicht als Anfängergerät oder sogar als Spielzeug abgestempelt werden, zumal das *S6* auch recht günstig im Preis ist.
4. Verbesserte Übertragungsqualität: Nur das *S6* ist mit Hi-Fi-Lautsprecher und Geräuschfilter ausgerüstet. Beides verbessert die Übertragungsqualität, aber leider nur geringfügig. In erster Linie hängt die Übertragungsqualität bekanntlich vom Netz ab.
5. GSM Phase II: GSM ist das Fachkürzel für das »digitale« Mobiltelefonnetz, das sich technisch vom altmodischen »analogen« Netz abgrenzt. Es ermöglicht Serviceleistungen wie Mailbox, automatische Anrufweiterschaltung, abrufbare Staumeldungen oder Börsenkurse. Das *Siemens S6* ist das erste Handy im Markt, das technisch auf die Leistungen der GSM Phase II vorbereitet war. Das ist für den Verbraucher allerdings schwer zu verstehen und daher eine wenig reizvolle Neuigkeit.

So weit die Fakten. Was machen wir nun damit?

Die Herausforderung

Eine Markenpositionierung darf bekanntlich nur einen großen Gedanken enthalten – und nicht fünf verschiedene Argumente. Wir könnten also jetzt das stärkste der fünf Argumente auswählen und daraus eine große Verkaufsstory entwickeln. Die britischen *Siemens*-Manager waren so vorgegangen und hatten das *S6* als »das leichte Handy« positioniert – aber leider nur mit bescheidenem Erfolg. Es kann doch nicht angehen, die vielen technischen Vorzüge einfach unter den Tisch fallen zu lassen. Wir könnten es uns natürlich einfach machen und die fünf Verkaufsargumente zu einem Paket schnüren, nach dem Motto: »Fünf gute Gründe, das *Siemens S6* zu kaufen.« Aber erfahrungsgemäß funktionieren solche unfokussierten Ansätze nicht. Welcher Verbraucher kann und will sich schon einen Bauchladen voller Argumente merken? Also: *Wie können wir die Summe aller Vorzüge in einer glasklaren Positionierung bündeln?*

Die Strategieentwicklung

Nachdem wir die Verkaufsargumente vorwärts und rückwärts diskutiert haben, entscheiden wir, die Perspektive zu wechseln. Wir müssen aus der Sicht des Verbrauchers denken. Wie soll er das Produkt wahrnehmen? Wir prüfen verschiedene Wachstums-Codes und stoßen auf das Klassen-Prinzip *(Portal 3: »Wahrnehmung und Programmierung«)*: »Positionieren Sie Ihr Produkt in eine andere Qualitätsklasse, als der Verbraucher vermutet hätte ...« Das bringt uns auf die große Idee:

Wir etablieren das S6 als Prototyp einer neuen Handy-Generation:

- *Das Siemens S6 präsentiert sich also in »eine Klasse für sich«, in der es (noch) keine Konkurrenz gibt.*
- *Gleichzeitig deklassieren wir alle Wettbewerbsprodukte auf einen Schlag als veraltete Klasse (ohne dies direkt auszusprechen).*

Eine solche Klassifizierung greift fundamental in den Kauf-entscheidungsprozess des Verbrauchers ein: Statt mehrere Handys mit all ihren spezifischen Leistungsmerkmalen müh-sam gegeneinander abzuwägen, steht der Verbraucher nun plötzlich vor einer ganz einfachen Frage: Soll ich ein Handy der alten oder neuen Generation kaufen? – Die Entscheidung dürfte ihm leicht fallen.

Jetzt ist eines wichtig: Wir müssen den Anspruch einer »neu-en Generation« auch mit Fakten *beweisen*. Am besten eignet sich dafür die Tatsache, dass unser *S6* zum ersten Mal die Kri-terien der »GSM Phase II« erfüllt. Diese Tatsache verwenden wir aber nicht als Nutzenargument, sondern »nur« als Beweis für die neue Generation. Der Verbraucher muss also gar nicht im Detail verstehen, was damit gemeint ist und was er davon hat.

Der Erfolg

Nachdem die *S4-Power*-Kampagne den *Siemens*-Marktanteil von 3 Prozent auf 11 Prozent gesteigert hatte, wuchs er nun auf 25 Prozent. Beide Kampagnen zusammen deckten einen Zeitraum von nur 8 Monaten ab. Das Mediabudget lag mit ca. 3,2 Mio. DM erheblich unter Marktdurchschnitt. Ein weiterer Beweis, dass eine starke Strategie mehr wert sein kann als zusätzliche Media-Millionen.

3. Fallstudie: Siemens-Handy S10

Die Aufgabe

Die osteuropäischen Märkte öffnen sich. Immer mehr Konzer-ne gründen Niederlassungen in Polen, Rumänien, Ungarn, Tschechien und der Türkei. *Siemens* will nun in Tschechien ein hochpreisiges Business-Handy einführen, das *S10*, insbe-sondere für kapitalkräftige westliche Manager. Das erste Han-dy der Welt mit Farbdisplay! Das klingt zwar nach einer Sen-sation, aber wir müssen vorsichtig sein:

1. Die Farbeffekte sind so blass, dass wir sie bei Tageslicht kaum erkennen können.
2. Eine Marktforschung zeigt, dass Geschäftsleute an einem Farbdisplay gar nicht interessiert sind. Sie halten das für eine Spielerei, die keinerlei sinnvolle Funktion erfüllt.

Die anderen technologischen Merkmale – vom Geräuschfilter bis zur Memofunktion – sind mittlerweile längst Standard in der Branche.

Die Herausforderung

Eines ist klar: Wir müssen das *S10* über die Farbe profilieren. Zunächst denken wir darüber nach, ob wir der Farbe nicht doch eine Funktion zuweisen können. Vereinfachen farbige Symbole auf dem Display nicht die Verständlichkeit? Denken Sie an die Formel 1, wo Anweisungen an die Fahrer mit farbigen Flaggen kommuniziert werden. Nichts vermittelt Informationen schneller als Farben. Aber die Formel-1-Analogie ist natürlich weit hergeholt. Sehr unwahrscheinlich, dass wir die Geschäftsleute in Tschechien damit zum Kauf des *S10* animieren können. Wir können auch nicht die schillernde Farbbrillanz ausloben, geschweige denn eine abermals neue Handy-Generation. Das würde zwar viele Neugierige in die Telekommunikationsläden locken, aber die meisten wären von den blassen Farben des *S10* enttäuscht. Ein Gesichtsverlust für *Siemens* – und ein Vertrauensverlust in einem Zukunftsmarkt. Unsere Herausforderung wurde immer mehr zu einem Paradox: *Wie machen wir das Farbdisplay zu einem Kaufgrund, ohne jedoch allzu hohe Erwartungen an die Farbbrillanz zu wecken?*

Die Strategieentwicklung

Jetzt beginnt die strategische Diskussion. Jedes gute Produkt ist verkäuflich. Aber wie lösen wir das Paradoxon? Wir diskutieren verschiedene Wachstums-Codes und stoßen immer wieder auf das »Stolz«-Prinzip *(Portal 2: »Normen und Werte«)*. Wir müssen die Geschäftsleute bei ihrer Ehre packen. Die Idee:

*Wer als Geschäftsmann heute noch in Schwarz-Weiß tele-
foniert, hat längst den Zug verpasst, hat die Zeichen der Zeit
missverstanden, macht sich vielleicht sogar lächerlich. So
wollen wir die Eitelkeit der Verbraucher provozieren: Ihr Stolz
soll es ihnen in Zukunft verbieten, die veraltete Schwarz-
Weiß-Technologie zu kaufen. Das S10 wird so zum Handy
der Wahl!*

Hier haben wir ein starkes Kaufmotiv: Geschäftsleute ver-
langen das Farbdisplay, weil es gegen ihre Ehre ist, ein
Schwarz-Weiß-Display ab sofort tabu ist. Der Clou dabei: Wir
machen das Farbdisplay indirekt zu einem zwingenden Verkaufsargument, ohne jedoch überzogene Erwartungen an die
Farbbrillanz zu wecken.

Der Erfolg

Siemens schlägt in Tschechien alle Rekorde. Der Marktanteil
für *Siemens*-Handys steigt innerhalb von 5 Monaten von 2 Prozent auf 18 Prozent.

So weit die drei Fallstudien aus unserer eigenen Agenturpraxis. Sie verdeutlichen, wie vielfältig man die Wachstums-Codes
innerhalb einer einzigen Branche anwenden kann. Und sie zeigen, wie man die Wachstums-Codes den spezifischen Produkteigenschaften, Marktbedingungen und Zielgruppen
anpassen kann. Jetzt folgen drei Übungsbeispiele mit fiktiven
Marken, die beweisen, dass sich mithilfe der Wachstums-
Codes sogar fast unlösbare Probleme elegant lösen lassen.

4. Übungsbeispiel: Ein Erkältungsbad

Das Problem

Naturgarten ist eine Traditionsfirma, die seit über hundert Jahren Naturarzneien herstellt. Darunter ist auch ein Erkältungsbad, das bei Husten, Schnupfen, Kopf- und Gliederschmerzen

Linderung verspricht. Wie wirkt das Produkt? Der Wirkstoff Eukalyptus-Menthol wird über die Nase inhaliert und gleichzeitig über die Haut in den Blutkreislauf transportiert.

Der Markt der Erkältungsbäder ist stark rückläufig, verliert jedes Jahr 15 bis 20 Prozent, was sich deutlich in den Absatzzahlen von *Naturgarten* bemerkbar macht. Immer weniger Verbraucher glauben, dass Erkältungsbäder wirklich helfen. Sie können sich nicht vorstellen, dass Wirkstoffe tatsächlich über das Badewasser in ihren Kreislauf gelangen. Ein weiteres Problem besteht darin, dass viele Verbraucher gar nicht an Erkältungsbäder denken, wenn sie erkältet sind, sondern an Nasensprays, Hustensaft oder Grippemittel. Erkältungsbäder sind nicht »top-of-mind«. Und im Supermarkt oder einer Drogerie fallen sie auch nicht unbedingt ins Auge, sondern verschwinden fast neben all den Schaumbädern, Ölbädern, Pflegebädern, Entspannungsbädern, Vitalisierungsbädern usw. Kein Wunder, dass der Verbraucher sie leicht übersieht.

Die Lage ist ernst. *Naturgarten* muss sich gegen zwei dominierende Wettbewerber behaupten. Die Nummer 1 ist *Medikura*, gefolgt von *Aquasan*. *Naturgarten* bildet mit großem Abstand das Schlusslicht. Alle drei Kontrahenten verwenden den gleichen Wirkstoff, nämlich Eukalyptus-Menthol. Aber leider weist ausgerechnet unser *Naturgarten*-Bad eine geringere Dosierung auf als die Konkurrenz. In dieser Hinsicht können wir die Wettbewerber also nicht übertrumpfen. Aber es kommt noch schlimmer. Der Marktführer *Medikura* profiliert sich lautstark als die Nr.1 im Markt und gewinnt damit das Vertrauen der Verbraucher. Es ist ja auch plausibel, dass die Nr. 1 irgendetwas besser machen muss als die anderen. Aber auch *Aquasan* hat einen starken Trumpf in der Hand. Die Marke steht seit Jahrzehnten für die traditionsreiche medizinische Wassertherapie. Eine vergleichbare Bäderkompetenz kann unser *Naturgarten* schwerlich aufholen. Auch im Bereich der Werbung setzen die beiden Wettbewerber einen hohen ästhetischen Standard. In den TV-Spots sehen wir gläserne Badewannen, viel nackte weibliche Haut, sanfte Beleuchtung und hören dazu anheimelnde klassische Musik.

Also: Der Markt schrumpft und die beiden einzigen nennenswerten Wettbewerber scheinen in jeder Hinsicht unschlagbar. Jetzt sind *Sie* dran. Finden Sie eine Markenpositionierung, mit der *Naturgarten* die mächtigen Wettbewerber an die Wand spielen kann. Das Problem ist lösbar. Aber mit welchem Wachstums-Code?

Diskussion des Problems

Eine Volksweisheit sagt, dass der Durchschnittsmensch zweimal im Jahr an einer Erkältung leidet. Für Deutschland mit seinen 80 Millionen Bewohnern hätten wir – rein theoretisch – 160 Millionen Kaufanlässe. Wie kann es also sein, dass unser bescheidener Markt für Erkältungsbäder rückläufig ist? Wir finden eine verblüffend einfache Erklärung, wenn wir versuchen, in den Kopf der Verbraucher zu sehen. Wo hat er denn die »Erkältungsbäder« abgelegt – in der geistigen Schublade der Bäder oder in der Schublade der Erkältungsmittel? Tatsächlich ordnen die meisten Leute ein Erkältungsbad eher den Bädern zu, und das aus guten Gründen:

- Im Supermarkt stehen die Erkältungsbäder bei den allgemeinen Badezusätzen und nicht bei den Erkältungsmitteln.
- Die beiden starken Wettbewerber positionieren sich wie typische Bäder: nämlich mit gläsernen Badewannen, nackter Haut, kosmetischer Ästhetik usw.

So wird der Verbraucher dazu gedrängt, Erkältungsbäder mehr als Badezusatz zu sehen – und weniger als Erkältungsmittel. Die Folgen sind schlimm:

1. Wer erkältet ist, sucht zuerst in der geistigen Schublade der Erkältungsmittel nach einer geeigneten Therapie. Dort ist unser *Naturgarten*-Produkt jedoch nicht abgelegt, wird also einfach vergessen. Das Gleiche geschieht im Supermarkt. Wenn unser Produkt bei den allgemeinen Badezusätzen steht, sind seine Marktchancen gering.

2. Aber selbst die wenigen, die im Bäderregal auf *Naturgarten* stoßen, werden verunsichert. Weil die Verbraucher Badezusätze viel mehr mit einer kosmetischen und weniger mit

einer medizinischen Wirkung assoziieren. Je stärker sich ein Erkältungsbad als Bad profiliert (so wie *Medikura* und *Aquasan*), desto weniger glaubt der Verbraucher an ihre medizinische Heilkraft.

3. Die Verbraucher verbinden mit Bädern ein recht spezifisches Verwendungsverhalten, das gar nicht zu unserem *Naturgarten*-Produkt passt, nämlich:

   • Badezusätze werden selten genommen, einmal pro Woche oder seltener, während *Naturgarten* während einer etwa siebentägigen Erkältungsperiode möglichst häufig genutzt werden sollte;

   • Badezusätze werden sehr stark von Frauen bevorzugt (Verhältnis 2:1), während *Naturgarten* für beide Geschlechter gleichermaßen gedacht ist;

   • Badezusätze werden von älteren Leuten bevorzugt, während *Naturgarten* genauso die jugendlichen Verbraucher gewinnen will.

Ein möglicher Lösungsweg

Aus der Problemdiskussion geht hervor: *Naturgarten* muss aus der geistigen Schublade der Bäder heraus! Wir gelangen also zu einer Kategoriestrategie (Portal 3: »Wahrnehmung und Programmierung«). Sie empfiehlt uns, nach einer anderen geistigen Schublade zu suchen, in der sich *Naturgarten* besser entfalten kann: *nämlich die geistige Schublade der Erkältungsmittel.* Gleichzeitig empfehlen wir den Vertriebsmitarbeitern, dafür zu sorgen, dass *Naturgarten* zukünftig im Regal der Erkältungsmittel untergebracht wird (während *Medikura* und *Aquasan* möglichst bei den Bädern bleiben). Das hat große Vorteile:

1. *Naturgarten* befindet sich bei den Erkältungsmitteln in einem vielfach größeren Markt als bisher. Als wohltuende Ergänzung zu anderen Erkältungspräparaten bietet es enorme Wachstumschancen.

2. Wenn jemand erkältet ist, wird er in Zukunft viel eher an Naturgarten denken als an *Medikura* oder *Aquasan* (die *Bäder*).

Auch die ganze Werbung muss in der medizinisch sachlichen Tradition von Erkältungsmarken gestaltet sein, also demonstrativ anders als die kosmetische bzw. erotische Werbung von *Medikura* und *Aquasan*.

So weit der erste Teil der Strategie. Jetzt müssen wir uns mit der Frage beschäftigen, wie sich *Naturgarten* gegenüber anderen Erkältungsmitteln profilieren kann. Vergessen wir nicht: Bei einem Erkältungsbad kann sich der Verbraucher gar nicht vorstellen, wie die Wirkstoffe aus dem Badewasser in seinen Organismus gelangen. Die sachliche Erklärung ist relativ einfach: Das heiße Badewasser öffnet die Poren – und die Wirkstoffe dringen ein. Das ist uns aber zu sachlich, zu wissenschaftlich. Wir suchen nach einer faszinierenderen Deutung dessen, was passiert. Etwas, das die Fantasie der Verbraucher anregt, das ihre Neugier weckt, das sie beschäftigt. So entdecken wir die Magie, die in unserem *Naturgarten*-Produkt steckt (das Magie-Prinzip, vgl. Portal 1: »Nutzen und Vorteile«):

Naturgarten etabliert das »Inhalieren mit dem ganzen Körper«. Jeder weiß, dass die Haut atmet. Warum sollte sie also nicht inhalieren können? Diese Idee verdeutlicht dem Verbraucher, auf welchem Wege die Wirkstoffe in den Körper gelangen. Die Leute haben von Kind auf gelernt, wie gesund Inhalieren gegen Erkältungen ist. Was ist magisch daran? Die Vorstellung der inhalierenden Haut passt auf den ersten Blick nicht zum konventionellen Lebenswissen der Verbraucher. Darin steckt eine faszinierende Unmöglichkeit, die der Verbraucher entdecken will. Wir versprechen viel mehr als nur die sachliche Aussage, dass Wirkstoffe die Haut penetrieren. Gegenüber anderen langweiligen Erkältungsmitteln bietet Naturgarten *also den Bonus, dass es etwas Neues zu entdecken gibt.*

Fassen wir noch einmal zusammen: Wir haben *Naturgarten* aus dem kleinen Markt der Bäder in den großen Markt der Erkältungsmittel positioniert (das »Kategorie-Prinzip«). Innerhalb des Erkältungsmittelmarktes sticht Naturgarten nun durch seine magische Wirkung hervor, weil es nämlich »Inhalieren mit dem ganzen Körper« ermöglicht (das »Magie-Prinzip«). Wir

haben also zwei Wachstums-Codes zu einem »Supercode« verknüpft.

Sicherlich ist der von uns vorgeschlagene Lösungsweg nicht
der einzig richtige. Vielleicht haben Sie eine ganz andere
Lösung gefunden. Prüfen Sie vor allem, ob sie einer Prüfung
durch den gesunden Menschenverstand standhält.

5. Übungsbeispiel: Ein Radiosender

Das Problem

Jetzt geht es um einen fiktiven Radiosender namens *Ultrawave,* der vermarktet werden soll. Er wurde vor zehn Jahren
gegründet und ist heute Marktführer in seiner Region. Auffällig ist, wie lebendig das Programm gestaltet ist:
- Die Moderatoren profilieren sich durch schlagfertigen Witz
  und freche Wortgefechte. Es sind echte Persönlichkeiten, die
  jedoch oft ins Plaudern geraten – auf Kosten der musikali-
  schen Beiträge.
- Die Zuhörer werden in das Programm eingebunden: Sie dürfen täglich zu bestimmten Zeiten Anekdoten zum jeweili-
  gen Thema des Tages erzählen. Außerdem gibt es ein »Blind-
  Date«-Forum, wo junge Leute ihren Traumpartner finden
  können.
- *Ultrawave* bietet hörerfreundlichen Service, z. B. Warnungen vor Radarfallen.
- Das Programm ist immer live – auch nachts werden keine
  Tonbänder abgespielt.
- Neue Songs werden schon gespielt, bevor sie Hits sind. Man
  geht also das Risiko ein, auch schon mal am Geschmack
  des Publikums vorbeizuzielen.
- Regelmäßig werden große Promotions veranstaltet. Beispielsweise können die Hörer bei einer regional inszenier-
  ten Schatzsuche ein kleines Vermögen verdienen. Aber nur,
  wenn sie ständig *Ultrawave* hören, denn dort erhalten sie
  die heißen Tips für die Schatzsuche.

Lange Zeit war das *Ultrawave*-Konzept sehr erfolgreich, besonders unter den 20- bis 39-Jährigen. Das ändert sich jedoch, als ein anderer Sender, der auf nationalen Expansionskurs geht, in unsere Region eindringt: *Radiostar*. Hinter diesem Sender rotiert eine perfekte Marketingmaschinerie. Jede Woche berichten neue Zeitungsberichte, wie *Radiostar* Schritt für Schritt das ganze Land erobert. Hinter diesem Sender steht ein ganzes Regiment voller Marketingexperten, die ihr Produkt perfekt auf den Massengeschmack zugeschnitten haben.

- Es werden fast nonstop Hits gespielt. »Easy listening« heißt die Devise. Niemand braucht sich lange auf Wortbeiträge zu konzentrieren. Das kommt bei den Hörern gut an und spart viel Geld.
- Die wenigen Moderatoren sind weich gespülte Profis ohne Ecken und Kanten, die nicht das Risiko eingehen, irgendjemanden durch flapsige Sprüche zu verletzen. Die Moderatoren werden auch fast nur für Nachrichten eingesetzt. Nachts spielt die Musik von computergesteuerten Tonbändern.
- Neue Songs werden erst gespielt, wenn sie sich als Hits durchgesetzt haben. Denn jeder Song soll den Geschmack der breiten Masse treffen. Warum ein Risiko eingehen?
- Auch sonst werden hauptsächlich die unvergänglichen Hits des vergangenen Jahrzehnts gespielt.
- Spiele, Promotions und sonstige Unterhaltungsbeiträge sind auf ein Minimum reduziert.

Auch in der *Ultrawave*-Region funktioniert das optimierte Erfolgskonzept für *Radiostar*, besonders bei der breiten Hörerschaft der 30- bis 50-Jährigen. Eine Marktforschung zeigt, warum: »Früher habe ich auch viel *Ultrawave* gehört«, lautet der typische Kommentar abtrünniger Hörer. »Aber heute ist mir das zu laut und zu wild. Deshalb bin ich zu *Radiostar* gewechselt.« Die Marktanteile von *Radiostar* wachsen monatlich, *Ultrawaves* Festung ist bedroht.

Das große Kernproblem besteht darin, dass den abtrünnigen Hörern anscheinend das *Radiostar*-Programm tatsächlich besser gefällt als das von *Ultrawave*. Jeder von ihnen hat offenbar irgendwann bewusst entschieden, dass ihm der neue Sender *Radiostar* mehr Hörvergnügen bereitet. Daran ist nicht zu rütteln. Ein solches persönliches Urteil lässt sich schwer widerlegen. Wir können also nicht einfach argumentieren, dass *Ultrawave* bessere Musik, mehr Unterhaltung oder mehr Qualität bietet. Was folgt daraus? Muss *Ultrawave* sein bisheriges Erfolgskonzept ändern, um es dem neuen Emporkömmling anzupassen? Nein, das kommt nicht infrage. Das würde bedeuten, sich dem kleineren Gegner *Radiostar* kampflos zu ergeben und zukünftig in seinem Windschatten zu reisen, ohne ihn überholen zu können.

Ein unlösbares Problem? Sicherlich nicht. Entwickeln Sie eine Strategie für *Ultrawave*, um seine Marktanteile nicht nur gegen *Radiostar* abzuschotten, sondern den neuen Gegner mit souveräner Geste auch in seine Schranken zu verweisen.

Der erste Lösungsweg

Zuerst müssen wir das komplexe Problem vereinfachen. Was macht jeden der beiden Sender aus? Wie kann man sie möglichst plakativ gegeneinander abgrenzen? Wir gleichen die beiden Senderprofile immer wieder gegeneinander ab, bis wir einen plakativen Gegensatz gefunden haben: Ultrawave *ist jung – und* Radiostar *ist alt.* Lassen Sie uns das prüfen.
Was macht *Ultrawave* so jung?
• Seine jüngere Zielgruppe;
• seine witzige, spritzige, lockere Moderation;
• sein spontanes Live-Programm;
• seine vielen Spiele und Promotions.
Und was macht *Radiostar* alt?
• Seine etwas ältere Hörerschaft;
• das ruhige, gesetzte, weich gespülte Programm;
• der Verzicht auf brandaktuelle Titel (die noch keine etablierten Hits sind).
Jetzt haben wir die Basis für eine Strategie geschaffen. Hier stoßen wir auf einen viel versprechenden Gedanken: Jung und Alt – das sind nicht nur die Profile der beiden Sender, sondern

ebenso die Profile der beiden Hörerschaften, nach dem Motto: »Sage mir, welchen Sender du hörst, und ich sage dir, wer du bist.« Die Wahl des Senders sagt etwas Wichtiges über seinen Hörer aus! Diese Überlegung führt uns zu einer »Charakter«-Strategie *(Portal 4: »Identität und Selbstdarstellung«).* Die Idee:

Wir werten Ultrawave-Hörer *als »jung im Kopf« auf und brandmarken* Radiostar-Hörer *als »alt im Kopf«. Wohlgemerkt, hier geht es nicht um das biologische Alter: Ein Achtzigjähriger kann durchaus jung im Kopf sein – und ein Zwanzigjähriger durchaus ein »Kopfgreis«. Mit dieser Strategie spalten wir die Bevölkerung in zwei Lager: die Jungen, die* Ulrawave *hören, und die Alten, die* Radiostar *bevorzugen. Wer also seine geistige Jugendlichkeit demonstrieren will, für den ist* Radiostar *plötzlich tabu. Dabei gibt es einen besonderen Clou: Wir tabuisieren den Moment, wo jemand von* Ultrawave *zu* Radiostar *wechseln will. Denn dieser Moment ist in Zukunft ein Alarmsignal dafür, plötzlich alt zu werden. So ähnlich wie der 30., 40. oder 50. Geburtstag für viele Leute die Schwelle zum Älterwerden bedeutet.*

Die Idee »Jung im Kopf« löst eine ganze Ideenlawine für die praktische Umsetzung aus: Im Mittelpunkt steht eine große Promotion – unter dem Motto: »Der *Ultrawave*-Age-Check: Wie alt bist du wirklich?« Ein Promotionteam zieht durch alle Kneipen, Bars und Cafés der Region und führt mit den Gästen einen kleinen provozierenden Psychotest durch, um ihr wahres Alter zu ermitteln. Stellen Sie sich das Gelächter vor, wenn sich herausstellt, dass der 25-jährige Student im Kopf schon 68 ist – oder die 70-jährige Dame im Kopf noch süße 18! Unweigerlich kommt dabei zur Sprache, dass »die Jungen« im Allgemeinen *Ultrawave* hören und »die Alten« *Radiostar* bevorzugen. Wer im Kopf unter 30 geblieben ist, bekommt einen eigenen *Ultrawave*-Pass, der sein geistiges Alter ausweist. Damit gibt es vergünstigte Eintrittskarten für die junge Kultur in der Region: Konzerte, Vernissagen, Avantgarde-Theater usw.

Die Promotion lässt sich exzellent im Radioprogramm fortsetzen. Beispiel: Eine junge Hörerin ruft an und beschwert sich:

»Mein Freund ist 23 und geht abends mit Socken ins Bett. Das kommt mir ganz schön alt vor. Könntet ihr mal sein wahres Alter herausfinden?« Natürlich können das die *Ultrawave*-Moderatoren. Sie rufen den jungen Mann tagsüber im Büro an und führen den »Age-Check« durch – zur Gaudi seiner Freundin, seiner Arbeitskollegen und der gesamten Hörerschaft. So wird es im Laufe der Monate immer peinlicher, als »alt im Kopf« entlarvt zu werden – und gleichzeitig immer weniger akzeptabel, *Radiostar* zu mögen. *Ultrawave* bleibt die Nummer eins!

Der zweite Lösungsweg:

Jetzt schieben wir die Jung-versus-Alt-Strategie beiseite. Denn es gibt noch eine andere Möglichkeit, *Ultrawave* und *Radiostar* plakativ gegeneinander abzugrenzen. Ultrawave *ist der heimische Sender,* Radiostar *der fremde.*
- *Ultrawave* ist schließlich das *Original,* das in über 10 Jahren zum Teil der regionalen Kultur geworden ist.
- Das Programm wird in der Region selbst produziert, und zwar von Moderatoren, die in der Region aufgewachsen sind.
- Radio *Ultrawave* »liebt« seine Heimat. Darum ist sein Programm auf die Leute der Region zugeschnitten. Hörer kommen selbst zu Wort und sind ein Teil des Programms. *Ultrawave* geht auf sie ein, interessiert sich für sie, erzählt ihre Geschichten.

Ebenso offensichtlich ist, inwiefern *Radiostar* der *fremde* Sender ist:
- Es handelt sich um den Eindringling, der von außen in die Region kommt.
- Anstatt auf die Menschen der Region speziell einzugehen, produziert *Radiostar* ein mehr oder weniger einheitliches Programm für die ganze Nation.
- Man spürt: Das Programm ist nicht »mit Liebe« gestaltet, sondern mit sterilem Marketingkalkül optimiert.

Auf einer solchen Plattform bietet es sich erfahrungsgemäß

an, als Wachstums-Code den »Emotions-Transfer« einzusetzen *(Portal 5: »Emotionen und Liebe«)*. Das heißt in unserem Fall:
   Wir zapfen die stolzen Heimatgefühle der Bevölkerung an, um sie mit Ultrawave *zu verschmelzen. Die Leute sollen diesen Sender aus Liebe und Verbundenheit zur Heimat bevorzugen. Gleichzeitig repositionieren wir* Radiostar *als den fremden Eindringling, der das Vertrauen und die Sympathie der Bevölkerung mit einem ausgeklügelten Standardkonzept zu erschleichen versucht. So bauen wir eine emotionale Barriere gegen* Radiostar *auf mit dem Ziel, dass die Menschen diesen Sender demonstrativ boykottieren. Obwohl das Programm durchaus seine Vorteile haben mag.*

Wir haben nun zwei Wachstums-Codes vorgestellt, mit denen sich *Ultrawave* sehr effektiv gegen *Radiostar* behaupten kann. Interessanterweise stehen in beiden Fällen nicht die Programmvorteile im Vordergrund, sondern rein emotionale Qualitäten.

6. Übungsbeispiel: Ein Lippenpflegestift

Das Problem

Jeder kennt das: Bei nassem, kalten Wetter oder bei starker Sonne fühlen sich die Lippen rauh und spröde an. Dagegen gibt es seit über hundert Jahren einen speziellen Lippenpflegestift mit dem fiktiven Namen *Softlip*. Das Produkt enthält eine reine Fettformel ohne aktive Wirkstoffe. Aber es hilft. Jahrzehntelang war unser Produkt das einzige seiner Art. Der Name *Softlip* wurde quasi zum Synonym einer ganzen Kategorie (ähnlich wie *Pampers* für Windeln). Doch die Zeiten ändern sich: Seit zwei Jahren gibt es einen aggressiven Wettbewerber im Markt, *Liposan*. Er enthält neben dem reinen Fett auch einen medizinischen Wirkstoff, der die Heilung der Lippen beschleunigt. *Liposan* positioniert sich daher als die moderne, wirksamere Alternative zu unserem »altmodischen« Traditionsprodukt. *Liposan* trifft so den Nerv der Zeit und erobert innerhalb weniger Monate fünf, zehn und schließlich sogar fünfzehn Prozent des Marktes. Warum sollen die Leute überhaupt noch *Softlip* kaufen? Schließlich weiß doch jeder, dass da nichts weiter drin ist als eine reine Fettformel. – Stellen Sie sich vor, Sie wären für die Vermarktung von *Softlip* zuständig. Wie würden Sie vorgehen, um die rasante Ausbreitung von *Liposan* zu verhindern? Was würden Sie tun, um den gefährlichen Gegner in seine Schranken zu verweisen? Bedenken Sie dabei bitte: Die traditionelle Formel soll nicht verändert werden. *Softlip* bleibt ein reiner Fettstift. Was tun Sie?

Unser Lösungsvorschlag

Eines müssen wir einsehen: Wir können *Liposan* nicht übertrumpfen. Wenn wir also nicht *besser* sein können, dann müssen wir eben anders sein. Hier knüpft eine strategische Diskussion an, die uns schließlich zum Revier-Prinzip führt, mit dem wir den gefährlichen Gegner repositionieren wollen *(Portal 3: »Wahrnehmung und Programmierung«)*.

Wir drängen Liposan *in das kleinste mögliche Revier zurück: als Medikament für kranke Lippen! Diese hoch spezialisierte Nische macht vielleicht 5 Prozent des Marktes aus. Jetzt können wir die verbleibenden 95 Prozent des Marktes für* Softlip *besetzen: als Lippenpflege für jeden Tag. Die Konsequenzen sind leicht vorstellbar: Nur wenige Leute, die sich selbst eingestehen wollen, an chronisch kranken Lippen zu leiden, werden wohl oder übel zu unserem Marktgegner* Liposan *greifen.*

Wir sehen: Das Revier-Prinzip hilft *Liposan*, bis zu 95 Prozent des Marktes abzustecken und den Gegner in seiner neuen Nische zu kontrollieren. Bestechend daran ist, dass wir *Liposan* nicht frontal angreifen, den Gegner also nicht diffamieren. Ganz im Gegenteil: Wir verstärken seine Wirksamkeitspositionierung sogar, und zwar bis zu dem Punkt, wo sie zu einem Bumerang wird: Aus dem wirksamen Lippenstift wird ein »Medikament«, das für den Alltagsgebrauch kaum noch infrage kommt.

FAZIT

Wir haben sechs verschiedene Anwendungen der Wachstums-Codes durchgespielt: drei Fallstudien aus unserer Agentur – und drei Übungsbeispiele. Dabei sind folgende Erkenntnisse noch einmal deutlich geworden:

1. Wachstums-Codes bieten einen *praktischen* Nutzen, und zwar für Produkte und Dienstleistungen aller Art. Für Handys ebenso wie für Erkältungsbäder, für Radiostationen ebenso wie für Lippenstifte.

2. Für individuelle Problemstellungen können Sie maßgeschneiderte Strategien ableiten. Sagen Sie nicht: »Mein Problem ist zu *speziell* oder zu *schwierig*, um es mit Wachstums-Codes zu lösen.« Das wäre ungefähr so, als würde ein Mathematiker behaupten: »Diese Aufgabe ist zu speziell oder zu schwierig, um sie mit Hilfe von *Formeln* zu lösen.« Tatsache ist: Je komplizierter die Aufgabe, desto mehr Chancen verspricht eine systematische Lösungsmethode.

3. Wachstums-Codes sind keine »Zauberformeln«, ersetzen also nicht das eigene Nachdenken. Aber sie stimulieren den Gedankenprozess, bringen eine Lawine neuer Gedanken und Ideen ins Rollen. Und sie kommen mit hoher Sicherheit zu einer Lösung, die tatsächlich im Markt durchschlägt.

Wachstums-Codes im Internet-Zeitalter

In den vergangenen Jahren stieß unsere Idee, den Erfahrungsschatz der weltbesten Marken zu erschließen, nicht immer auf
Verständnis. Manche »alte Hasen« im Marken-Business wehren sich sogar vehement dagegen. Was soll es noch über die
Marke zu lernen geben, was nicht schon längst bekannt wäre?
Auch der Gedanke, eine Markenpositionierung mit Methode
zu erarbeiten, beunruhigt manche konservative Gemüter. Für
sie klingt das Wort Methode nach »Kästchendenken« oder
»Standardlösungen«.

Aber die Zeiten ändern sich. Zwar wird im Marketing auch
heute noch so manche millionenschwere Entscheidung aus
dem Bauch heraus getroffen. Doch die Zukunft gehört dem
»Knowledge-Management«. Gemeint ist der globale Trend, das
gesammelte Wissen einer Firma oder sogar einer ganzen Branche in einer gigantischen Datenbank zentral zu verwalten und
verfügbar zu machen. Stellen Sie sich vor, Sie könnten über
dieses gesammelte Wissen verfügen, um Ihr aktuelles Marke-
tingproblem zu lösen!

Das Marketingportal im Internet

Das Internet spielt auch fürs Business eine immer stärkere Rolle. Mehr und mehr Transaktionen werden über das Netz abge-
wickelt. Auch Marketingprofis werden in Zukunft auf ein Marketingportal im Internet zugreifen, das ihnen Zugang zu allen
Neuigkeiten, Trends, Forschungen, Services und Partnern rund
um das Verkaufen verschafft. Ein solches Marketingportal wird
folgende Bereiche abdecken:

1. Positionierungsberatung,
2. Marketingplanung,
3. Direktmarketing,
4. Verkaufsförderung und Promotion,
5. Public Relations,
6. Marktforschung,
7. Media

und einiges mehr.

Viele Beratungsleistungen werden elektronisch errechnet. Dabei greift ein Großcomputer auf eine zentrale Datenbank zu, in der zigtausend Vermarktungsfallstudien mit all ihren strategischen Ideen, Schachzügen und Manövern hinterlegt sind. Über das Marketingportal können aber auch typische Agenturleistungen abgerufen werden: von der Entwicklung einer Produktbroschüre bis zum maßgeschneiderten Kinofilm. Wichtig ist, dass dabei nicht kreative Leistungen, sondern die Projektabwicklung einer strengen Effizienz unterworfen sind. Werbeagenturen können ihre Energien also in Zukunft noch stärker auf ihr kreatives Ergebnis konzentrieren.

Das Angebotsspektrum des Marketingportals wird umfassend sein. Hier ein kleiner Vorgeschmack ...

1. Positionierungsberatung

Per Mausklick ruft der Kunde ein Expertensystem auf, den so genannten elektronischen Berater. Er verwickelt den Kunden in einen individuellen Dialog, ähnlich wie ein menschlicher Gesprächspartner. »Wie heißt Ihre Marke?« – »Wer ist die Zielgruppe?« – »Was ist Ihr Marketingziel?« und so weiter. Aus den Multiple-Choice-Antworten errechnet der Computer jeweils die nächste Frage, um das Vermarktungsproblem des Kunden möglichst genau einzukreisen. Nach bis zu 20 Fragen greift der Berater auf seine Datenbank zu und schlägt nach der blw-Methode einen Wachstums-Code vor, um das Problem zu lösen. Fallbeispiele illustrieren, wie man den Wachstums-Code anwendet – ähnlich wie in diesem Buch.

2. Marketingplanung

Der elektronische Berater kann für den Kunden einen individuellen Marketingplan errechnen, der auf
- die Produktart,
- das Marketingziel,
- die Zielgruppe,
- das Budget,
- die Region,
- einen vorgegebenen Zeitraum

und etliche weitere Variablen zugeschnitten ist. Das System setzt seine Lösung aus vielen Millionen Strategievarianten zusammen und konzipiert einen grafisch gestalteten Marketingplan, der diverse Maßnahmenpakete in einem vorgegebenen Zeitraster anordnet und dabei auch noch Synergieeffekte optimiert.

3. Direktmarketing

Das Marketingportal verfügt über ein Portfolio bewährter Mailingtypen, die der Kunde online bestellen kann. Der Auftrag wird von dem Portalanbieter online entgegen genommen, an einen Texter aus dem Kreativnetzwerk gemailt und innerhalb weniger Tage zum Festpreis fertiggestellt – auf Wunsch auch in mehreren Sprachen. Der Kunde kann, wenn er möchte, die Adressen seiner Zielgruppe auf den Bildschirm laden und auf Etiketten ausdrucken, denn das Marketingportal ist mit internationalen Adressbrokern vernetzt. Der Rechner schlägt sogar unaufgefordert neue Zielgruppen vor, mit denen der Kunde Kontakt aufnehmen sollte.

4. Verkaufsförderung und Promotion

Viele Verbraucher treffen ihre Kaufentscheidung erst im Geschäft, am so genannten Point-of-Sales (POS). Im Marketingportal gibt es einen elektronischen Berater, der ständig neue Ideen und Vorschläge generiert, wie man neue Kaufimpulse im Handel setzen kann. Es wird aber auch möglich sein, online seine eigene maßgeschneiderte Promotion zu entwickeln und per Mausklick eine Promotionagentur mit der Durchführung zu beauftragen.

5. Public Relations

Ein elektronischer Assistent hilft dem Kunden, Pressemeldungen zu verfassen. Hinterlegt sind Mustertexte für die verschiedensten Anlässe sowie die E-Mail-Adressen und Ansprechpartner der wichtigsten Fachzeitschriften. Innerhalb von 20 Minuten ist es möglich, bis zu 150 Redaktionen anzumailen und mit Nachrichten zu versorgen.

6. Marktforschung

Das Marketingportal informiert seine Kunden unaufgefordert über neue Branchenstudien und Publikationen, die per Mausklick bestellt werden können. Jeder kann allerdings auch seine eigenen Marktrecherchen durchführen – mit einem virtuellen »Agenten«, der das Internet systematisch nach individuellen Suchanfragen durchforscht, zum Beispiel: »Warum ist die Milch weiß?« Der mit künstlicher Intelligenz ausgestattete »Agent« kehrt mit einer Liste voller Dokumente aus allen Teilen der Welt zurück, die fertig zum Ausdrucken sind.

7. Media (in Vorbereitung)

Hinter dem Marketingportal stehen auch professionelle Mediaagenturen, die nach den Vorgaben des Kunden einen optimalen Mediaplan errechnen - mit Anzeigen, TV, Zeitungen, Zeitschriften, Plakat und Kino. Die übliche Mediaprovision – bis zu 15 Prozent des Mediabudgets – fließen über das Marketingportal an die Kunden zurück.

Wer sind die Kunden eines solchen Marketingportals?

1. Mittelständische Unternehmen:

Sie wollen professionelles Marketing-Know-how günstig einkaufen, um sich im Wettbewerb besser behaupten zu können. Außerdem können sie alle typischen Werbe- und Marketingdienstleistungen günstig aus einer Hand erhalten.

2. Konsumgüterhersteller/Großunternehmen:

Sie verknüpfen das Marketingportal mit ihrem firmeneigenen Intranet bzw. für Datawarehousing-System. Hier fließen alle internen Marketingdaten zusammen und werden durch die oben beschriebenen externen Leistungen ergänzt.

3. Dienstleistungsunternehmen:

Hier geht es beispielsweise um Großbanken, Versicherungen, Messeveranstalter. Sie sehen das Marketingportal als Service für ihre mittelständischen Kunden, mit dem sie sich von den Wettbewerbern differenzieren können.

4. Institutionen, Organisationen, Regierungen:

Nationale und internationale Wirtschaftsministerien denken heute schon darüber nach, wie sie ein Marketingportal für die Wirtschaftsförderung einer Region oder eines ganzen Landes einsetzen können.

Das Marketingportal nutzt die zukunftsweisende One-to-one-Technologie. Damit kann sich das System individuell auf jeden Kunden einstellen – auf seine Branche, seine Firma, sein Corporate Design, seine persönlichen Interessenschwerpunkte. Das Marketingportal lernt den Kunden im Laufe der Zeit immer besser kennen und versorgt ihn unaufgefordert mit frischen Informationen. Beispiel: Ein Kunde arbeitet im Modebusiness und bekommt eines Morgens unaufgefordert den Vorschlag, die anstehende Pariser Modemesse zu besuchen. Auf dem Monitor seines Computers erscheinen nicht nur die Termine und Fristen, sondern gleichzeitig auch das Angebot für den Bau eines Messestandes zum Festpreis. Alle Daten sind durch die modernsten »Firewalls« vor fremden Zugriffen sicher.

Ein solches Marketingportal, wie oben beschrieben, ist keine visionäre Zukunftsfantasie: Den Prototypen davon gibt es heute schon – im Internet unter www.white-lion.de. Hinter diesem Portal finden Sie auch die blw-Methode und die Wachstums-Codes wieder. Sie sind Teil eines elektronischen Positionierungsberaters.

Die Wachstums-Codes im Internet

Schauen wir uns noch einmal genauer an, wie der elektronische Positionierungsberater funktioniert. Wie kann er dazu beitragen, Markenprobleme mithilfe von Wachstums-Codes zu lösen?

Dazu ein Beispiel: Angenommen, Sie wollen ein Colorwaschmittel namens *Clear* (fiktiver Name) vermarkten. *Clear* war zwar das erste Colorwaschmittel im Markt, wird aber mittlerweile von dem mächtigen Wettbewerber *Shiny* ins Abseits gedrängt. Denn *Shiny* sorgt durch seine revolutionäre neue Formel für sichtbar mehr Glanz als *Clear*. Die Verbraucher sind begeistert: *Shiny* erobert 70 Prozent des Marktes, während *Clear* langsam den Boden unter den Füßen verliert.

Glauben Sie, dass *Clear* noch zu retten ist? Wenn ja, mit welcher Positionierung? Denken Sie ruhig einen Moment darüber nach, bevor wir uns anschauen, wie der elektronische Berater an ein solches Problem herangeht.

Wir beginnen damit, den Produktnamen und die wichtigsten Marketinginformationen einzugeben. Dann verwickelt uns der Berater in folgenden Dialog:

Screenshot 1:

Welcher Branche, welchem Markt oder welcher Kategorie rechnen Sie *Clear* zu? Bitte antworten Sie so genau wie möglich, aber nur mit einem Stichwort: _____

Das ist schnell erledigt. *Clear* ist, wie wir wissen, ein *Colorwaschmittel*. Die Antwort tragen wir in die Leerzeile ein. Nächste Frage:

Was war die *bisherige* Markenstrategie (bzw. Positionierung) für *Clear*? Anders gefragt: Warum sollen die Verbraucher *Clear* gegenüber dem Wettbewerb bevorzugen?

Hier erkundigt sich der Berater nach der bisherigen Strategie, damit wir sie hinterher mit der neuen Strategie vergleichen können. Was tragen wir hier ein? Momentan scheint es nur ein einziges Verkaufsargument zu geben, nämlich: Clear *ist der Erfinder der Colorwaschmittel. Der Verbraucher soll* Clear *also aufgrund seiner längeren Erfahrung bevorzugen.* Wir wissen natürlich, dass diese Strategie ein bisschen »schwächelt«. Aber etwas Besseres ist im Augenblick nicht in Sicht. Weiter gehts:

Wer sind die wichtigsten Wettbewerber, von denen *Clear* Marktanteile gewinnen möchte?
1. der eigene Markt (also *Colorwaschmittel*)
2. Sonderfall: ein bestimmter oder einige wenige Hauptwettbewerber, nämlich _____
3. Sonderfall: ein verwandter oder ein ganz anderer Markt, nämlich _____

Wir entscheiden uns für die *zweite* Option und tragen dort *Shiny* als Hauptwettbewerber ein. Gegen ihn wollen wir *Clear* positionieren, denn *Shiny* beherrscht bekanntlich 70 Prozent des Marktes und bietet daher für uns das größte Wachstumspotenzial. – Mal sehen, auf welche strategische Fährte der Berater nun geht:

Screenshot 4:

Worin besteht die größte Stärke des Hauptwettbewerbers (also *Shiny*) am ehesten?
1. in einem besonders guten Qualitätsimage;
2. in einem starken emotionalen Image.

Ganz klar: Wir entscheiden uns für die erste Option, denn *Shiny* steht für Qualität, nämlich perfekte Farbbrillanz. Die zweite Option träfe eher auf Marken zu wie beispielsweise Zigaretten, die sich über emotionale Markenwelten profilieren. Jetzt bohrt der elektronische Berater weiter in die Tiefe:

Screenshot 5:

Hat der Hauptwettbewerber (also *Shiny*) eine erkennbare Schwäche, die dem Verbraucher vielleicht noch gar nicht richtig bewusst ist?
1. Ja
2. Nein

Leider »nein« – wir klicken die zweite Option an. So einfach kommen wir nicht davon. *Shiny* hat keine offensichtliche Schwäche. Wie können wir uns dennoch gegen diese Marke durchsetzen? Der elektronische Berater lässt sich nicht beirren.

Screenshot 6:

Worin liegen die wichtigsten Stärken des Hauptwettbewerbers (also *Shiny*) im Vergleich zu *Clear*? Bitte ein Stichwort: _____
Beschreiben Sie diese Stärken nun bitte etwas ausführlicher (bitte maximal fünf Sätze):

_____

Jetzt müssen wir Farbe bekennen: Als *Shinys* größte Stärke tragen wir »*höchste Farbbrillanz*« ein. Die Erläuterung dazu: Shiny *bietet aufgrund einer revolutionären neuen Formel mehr Farbb*rillanz *als* Clear. Wir sind fertig. An dieser Stelle beendet der elektronische Berater den Dialog und errechnet ein Lösungskonzept, in dessen Mittelpunkt ein Wachstums-Code aus der blw-Methode steht. Der folgende Text erscheint auf dem Bildschirm, fertig zum Ausdrucken:

Positionierung des Colorwaschmittels Clear:

Die Situation:
Die Märkte sind ständig in Bewegung. Die Innovationszyklen werden immer schneller, die Wettbewerber aggressiver. Vor diesem Hintergrund ist es notwendig geworden, die bisherige Positionierung für *Clear* zu überdenken.

Der Verbraucher soll Clear *aufgrund seiner Kompetenz bevorzugen. Denn* Clear *ist der Erfinder der Colorwaschmittel.*

Die neue Werbestrategie soll möglichst noch gezielter auf neues Wachstum ausgerichtet sein. Welchen Grund können Sie der Zielgruppe geben, sich bewußt für *Clear* – und damit gegen die Konkurrenz (nämlich *Shiny*) – zu entscheiden?

Der Wachstums-Code: das Umdeutungs-Prinzip
Clear sollte die größte Stärke des Marktgegners *Shiny* (höchste Farbbrillanz) in eine Schwäche umdeuten, von der sich *Clear* dann positiv abgrenzen kann.
Um welche Stärke geht es? *Shiny* bietet aufgrund einer revolutionären neuen Formel mehr Farbbrillanz als *Clear*.

Der Berater hat also einen geeigneten Wachstums-Code iden-tifiziert: *das Umdeutungs-Prinzip.* Wir sollen also *Shinys* Farb-brillanz in eine Schwäche umdeuten ... Aber wie? Die Antwort fällt nicht schwer: Hohe Farbbrillanz entsteht natürlich durch *Chemie*! Damit können wir *Shiny* packen. Der Verbraucher soll lernen, *dass* Shiny *für chemische Farb*brillanz *steht.* Und das Beste ist: *Shiny* selbst unterstützt diese negative Umdeu-tung, wann immer sie ihre neue chemische Formel auslobt. Wir können also erreichen, dass sich *Shinys* eigene Marken-strategie in einen Bumerang verwandelt.

So weit der eine Teil der neuen Strategie. Der elektronische Berater empfiehlt darüber hinaus, *Clear* jetzt positiv von *Shiny* abzugrenzen. Das ist plötzlich ganz einfach: Clear *steht näm-lich für natürliche Farbbrillanz.* Das heißt nichts anderes, als dass Clear weniger Chemie verwendet als der Hauptwettbe-werber.

Und so geht es weiter. Der Positionierungsberater nennt die Wachstums-Codes und zitiert das Fallbeispiel einer Sieger-marke, die damit groß geworden ist.

So weit die Empfehlungen des elektronischen Beraters. Hat er Recht? Was glauben Sie, was die Verbraucher lieber kaufen wollen: die strahlenden, aber »chemischen« Farben von *Shiny* – oder die etwas matteren, aber »natürlichen« Farben von *Clear*, dem Erfinder der Colorwaschmittel? Eben! Millionen Hausfrauen wollen keine »Chemie« auf der Haut tragen, weder für sich selbst noch für ihre Familie. Sie werden also mit hoher Wahrscheinlichkeit *Clear* kaufen.

Am Anfang sah das Markenproblem von *Clear* fast unlösbar aus. Doch mit dem elektronischen Berater sind wir relativ ein-fach auf die richtige Spur gelangt. Vielleicht hätten Sie auch ohne elektronische Hilfe eine Lösung gefunden. Aber wahr-scheinlich hätte es viel länger gedauert. Vielleicht hätten Sie auch externe Profis engagiert und für deren Beratung ein fünf- oder sechsstelliges Honorar bezahlt.

Jetzt bedenken Sie bitte noch, dass wir nur einen mikrosko-pisch kleinen Ausschnitt aus dem Positionierungsberater vorgestellt haben. Für das gleiche Problem hätten wir eine Vielzahl anderer Lösungswege ausprobieren können.

Wir stehen am Anfang einer großen Entwicklung. Eines unserer Ziele liegt darin, jedes Jahr Hunderte neuer Siegermarken mit ihren Erfahrungen in die Datenbanken einzuspeisen und die elektronische Beratung über die Jahre immer weiterzuentwickeln. Wir sehen sogar eine Parallele zur Entwicklung von Schachcomputern. Auch sie wurden mit den Erfahrungen und Regeln der besten Schachpartien aller Zeiten gespeist – bis der Großrechner »Big Blue« zum ersten Mal den Schachweltmeister Kasparow bezwang. Der Computer konnte also mit einer strategischen Methode mehr ausrichten als Kasparow mit seinem genialen Verstand. Warum sollte eine ähnliche Entwicklung im strategischen Marketing nicht möglich sein?

---

*Falls Sie das Marketingportal
einmal kennen lernen wollen...*

www.white-lion.de

Literaturverzeichnis

Der Weg zu einer neuen Methode

Aaker, David A., Positioning Your Brand, Business Horizons, 25 (May/June 1982)

Aaker, David A., Management des Markenwerts, Frankfurt am Main 1992

Abraham, Magid/Lodish, Leonard, Advertising Works. A Study of Advertising Effectiveness and the Resulting Strategies and Tactical Implications, Chicago, IL: Information Ressources, 1989

Arndt, J. (Hg.), Insights into Consumer Behavior, Boston 1968

Bandura, A., Principles of behavior modification, New York 1969

Barthes, Roland, Mythologies, Paris 1957. Mythen des Alltags, Frankfurt/Main 1964

Behrens, G., Konsumentenverhalten, 2. Aufl., Heidelberg, 1991

Berelson, B./Steiner, G. A., Menschliches Verhalten, Grundlegende Ergebnisse empirischer Forschung, Bd. I: Forschungsmethoden/Individuelle Aspekte, 3. Aufl. (1974), Vol. 2: Soziale Aspekte, 1. Aufl. (1972), Weinheim 1972/1974

Bettmann, James R., An Information Processing Theory of Consumer Choice, Reading, MA: Addison-Wesley, 1979

Bettmann, J. R./Johnson, E. J., Consumer Decision Making, in: Robertson, T. S. und H. H. Kassarjian (Hg.) Perspectives in

Consumer Behavior, Englewood Cliffs, NJ: Prentice-Hall, 1991, S. 50-84

Biel, Alexander L., Converting Image Into Equity, in: David A. Aaker and Alexander L. Biel (Hg.), Brand Equity & Advertising, Hillsdale, NJ: Lawrence Erlbaum Associates, 1993

Brehm, S. S./Kassin, S. M., Social Psychology, Boston u. a. 1990

Chattopadhyay, A./Basu, K., Humor in Advertising. The Moderating Role of Prior Brand Evaluation, in: Journal of Marketing Research, Vol. 27, No. 4, S. 466-476, 1990

Chattopadhyay, Amitava/Alba, Joseph W., The Situational Importance of Recall and Inference in Consumer Decision Making, Journal of Consumer Research, 15 (June 1988)

Cheskin, L., How to predict what people buy, New York 1957

Clark, L. H. (Hg.), Consumer behavior. Research in consumer reactions, New York 1958

Crimmins, James C., Better Measurement and Management of Brand Equity, Fourth Annual ARF Advertising and Promotion Workshop, February 12-13, 1992

Dichter, Ernest, The Strategy of Desire, New York 1961. Strategie im Reich der Wünsche

Dichter, Ernest, Handbook of Consumer Motivations. The Psychology of the World of Objects, New York 1964

Diehl, Joerg M., Motivationsforschung im Bereich des Konsumentenverhaltens, in: Todt (Hg.): Motivation, 1977, S. 237-289

Dieterich, M., Konsument und Gewohnheit, Heidelberg 1986

Dieterle, G. S., Verhaltenswirksame Bildmotive in der Werbung, Heidelberg 1992

Domizlaff, H., Die Gewinnung des öffentlichen Vertrauens, Hamburg 1992

Dröge, Franz/Weißenborn, Rainer/Haft, Henning, Wirkungen der Massenkommunikation, Münster 1969, Frankfurt/Main 1973

Engel, J. F./Blackwell, R. D./Kollat, D.T., Consumer Behavior, Hinsdale, Illinois 1978, 3rd edition

Farquhar, Peter H./Han, Julia Y./Herr, Paul M./Ijiri, Yuji, Strategies for Leveraging Master Brands, Marketing Research (September 1992), S. 32-43

Fishbein, M./Ajzen, I., Belief, Attitude, Intention and Behavior. An Introduction to Theory and Research, Reading, Mass.: Addison-Wesley, 1975

Fishbein, M./Ajzen, I., Attitudes towards Objects as Predictions of Single and Multiple Behavioral Criteria, in: Psychological Review, Jan 1974

GWA (Hg.), So wirkt Werbung in Deutschland, Frankfurt 1994

GWA (Hg.), Wie man den Erfolg von Werbung mißt, Frankfurt 1994

GWA (Hg.), Effizienz in der Werbung 1996, Frankfurt 1996

GWA (Hg.), Effizienz in der Werbung 1993, Frankfurt 1992

GWA (Hg.), So wirkt Werbung im Marketing-Mix. Die neue Effektivität der Werbung. Empirische Studie von GWA/GfK, Frankfurt/Main 1997

Heckhausen, H., Motivation und Handeln, 2. Aufl., Berlin u. a. 1989

Heckhausen, H., Motivation und Handeln, Berlin 1980

Heller, Eva, Wie Werbung wirkt. Theorien und Tatsachen, Frankfurt/M. 1996

Herber, H.-J., Motivationspsychologie, Stuttgart 1976

Herrmann, A., Produktwahlverhalten, Stuttgart 1992

Herzig, O. A., Markenbilder/Markenwelten. Neue Wege in der Imageforschung, Wien 1991

Holzschuher, Ludwig von, Psychologische Grundlagen der Werbung, Essen 1956

Hovland, Carl I. u. a., Communication and Persuasion, Yale University Press, New Haven, Conn., 1953

Hoyer, W. D./Brown, S. P., Effects of Brand Awareness on Choice for a Common, Repeat-Purchase Product, in: Journal of Consumer Research, Vol. 17, S. 141-148, 1990

Hull, C. L., Principles of behavior, New York 1943

Interbrand Group, World's Greatest Brands. An international review, John Wiley & Sons, New York 1992

Janik, A./Rieke, R./Toulmin, S., An Introduction to Reasoning, 2nd ed., New York/London 1979

Johnson, Tod, The Inherent Value of Brands. Results From Over Fifteen Years of Brand Loyalty Data, Third Annual ARF Advertising and Promotion Workshop

Jones, J. P./Brandes, B./Haller, P., How to Measure Sales Success by Media Advertising, Frankfurt/Main 1995

Jones, J. P./Brandes, B./Haller, P., So wirkt Werbung in Deutschland. When Ads work. The German Version, Frankfurt/Main 1995

Kanfer, Frederick H./Goldstein, Arnold P., Möglichkeiten der Verhaltensänderung, München, Wien, Baltimore: Urban & Schwarzenberg, 1977

Kaufmann, K., Kognitiv-hedonistische Theorie menschlichen Verhaltens. Versuch einer Integration verhaltenstheoretischer Ansätze, Diss. Mannheim 1975

Kotler, Philip L., Marketing Management, 9th ed. Upper Saddle River, NJ: Prentice Hall, 1997

Kroeber-Riel, W./Meyer-Hentschel, G., Werbung. Steuerung des Konsumentenverhaltens, Würzburg 1982

Kroeber-Riel, Werner, Konsumentenverhalten, Saarbrücken 1996

Kroeber-Riel, Werner, Konsumentenverhalten, 5. Aufl., München 1992

Kroeber-Riel, Werner, Bildkommunikation. Imagerystrategien für die Werbung, München 1993

Kroeber-Riel, Werner, Strategie und Technik der Werbung, 4. Aufl., Stuttgart u. a. 1993

Kroeber-Riel, Werner, Strategie und Technik der Werbung. Verhaltenswissenschaftliche Ansätze, 4. Aufl., Stuttgart u. a. 1993

Krugman, H. E., What Makes Advertising Effective? Harvard Business Review, 53, März/April, S. 96-103, 1975

Lattin, J. M./Bucklin, R. E., Reference Effects of Price and Promotion on Brand Choice Behavior, in: Journal of Marketing Research, Vol. 26, No. 3, S. 299-310, 1989

Lebensmittel-Praxis, Extraheft 3/97, Frankfurt 1997

Light, Larry, Bringing Research to the Brand Equity Process, ARF Brand Equity Workshop, February 15-16, 1994

Lindgren, H. C., Einführung in die Sozialpsychologie, Weinheim, 1973

Loudon, D./Della Bitta, A. J., Consumer Behavior. Concepts and Applications, 4th ed., New York 1993

Mahnkopf, D., Systematische Theorie sozialen Konsumverhaltens. Versuch einer systematischen Theorie sozialen Konsumverhaltens als allgemeine Theorie sozial-strukturell bestimmten Verhaltens ökonomischer Relevanz, Diss. Freiburg i. Br. 1969

Martineau, Pierre, Kaufmotive, Düsseldorf 1959

Maslow, A. H., A Theory of Human Motivation, in: Leavitt, H. J./Pondy, L. R. (Hg.), Readings in Managerial Psychology, Chicago/London 1964, S. 6 ff.

Maslow, Abraham, Motivation and Personality, 2nd ed. New York: Harper & Row, 1970

Mayer de Groot, R. U., Imagetransfer, Hamburg 1987

Mayer, A./Mayer, R. U., Imagetransfer, hg. vom Spiegel-Verlag, Hamburg, 1987

McGuire, W. J., Nature of Attitudes and Attitude Change, in: Handbook of Social Psychology, New York 1968

McNeal, J. U., Dimensions of Consumer Behavior, New York 1969

Meffert, H., Markenstrategien als Waffe im Wettbewerb, in: Henzler, H. (Hg.), Handbuch Strategische Führung, Wiesbaden, S. 581-610, 1988

Meffert, H./Heinemann, G., Operationalisierung des Imagetransfers, in: Marketing ZFP, 12. Jg., Nr. 1, S. 5-10, 1990

Meffert, H./Schürmann, U., Werbung und Markterfolg. Eine empirische Untersuchung auf der Grundlage von Experteneinschätzungen im Markenartikelbereich, Gemeinschaftsstudie von Institut für Marketing, GWA und A. C. Nielsen GmbH, Münster 1991

Ogilvy, David, Was ich von der Werbung gelernt habe, Vortrag auf dem 1. Deutschen Kommunikationstag und BDW-Kongreß 1979, Berlin

Parsons, T., Shils, E. A., Toward a General Theory of Action, Cambridge/Mass. 1951

Pawlik, K., Dimensionen des Verhaltens, Bern/Stuttgart 1968

Reeves, Rosser, Werbung ohne Mythos, München 1963

Reiter, G., Strategien des Imagetransfers, in: Jahrbuch der Absatz- und Verbrauchsforschung, 37. Jg., Nr. 3, S. 210-222, 1991

Rieke, R. D./Sillars, M. O., Argumentation and the Decisions Making Process, New York, London, Sydney, Toronto 1975

Rokeach, M., Attitude Change and Behavioral Change, in: Public Op. Quart. 30, 1967

Roselius, Ted, Consumer Ranking of Risk Reduction Methods, Journal of Marketing, 35 (January 1977), S. 56-61

Rosenstiel, Lutz von, Psychologie der Werbung, Rosenheim 1969

Rossiter, John R./Percy, Larry, Advertising and Promotion Management, New York: McGraw-Hill, 1987

Schiffman, L. G./Kanuk, L., Consumer Behavior, 5th ed., London u. a. 1994

Schirner, Michael, Werbung ist Kunst, München 1988

Schramm, Wilbur, The Process and Effects of Mass Communication, University of Illinois Press, Urbana, Ill. 1954

Schulz, Roland, Kaufentscheidungsprozesse des Konsumenten, Wiesbaden 1972

Schulz, Roland/Brandmeyer, Klaus, Marken-Bilanz. Das Markenbewertungssystem, Nielsen Marketing Research 1989

Settle, R. B./Alreck, P. L., Why they buy. American Consumers Inside and Out, New York u. a. 1986

Sheth, J. N., Models of Buyer Behavior. Conceptual, Quantitative and Empirical, New York u. a. 1974

Six, B., Effektivität der Werbung, in: Irle (1983), 2. Halbbd., S. 341-386, 1983

Smith, George Horsley, Motivation Research in Advertising and Marketing, McGraw-Hill Book Company, Inc., New York 1954

Söllner, Walter J., Modelle zur Werbewirkungsprognose für Konsumgüter. Markenartikel, Gruner + Jahr. Schriftenreihe Bd. 19, Hamburg o. J. (ca. 1975)

Sollwedel, Inge, Appelle an Träume und Triebe. Mutterliebe

durch Babypuder. Konsum als weibliche Lebenserfüllung, in: Publik, Nr. 11, 2.7.1978

Spiegel, Ausgabe 37/97

Steffenhagen, H., Markenbekanntheit als Werbeziel, in: Zeitschrift für Betriebswirtschaft, 46. Jg., Nr. 10, S. 715-734, 1976

Steffenhagen, H., Wirkungen absatzpolitischer Instrumente. Theorie und Messung der Marktreaktion, Stuttgart 1978

Thomae, Hans (Hg.), Die Motivation menschlichen Handelns, Köln/Berlin 1965

Todt, Eberhard u. a. (Hg.), Motivation, Heidelberg 1977

Todt, Eberhard u. a., Motivation, Stuttgart 1977

Trommsdorff, V., Konsumentenverhalten, 2. Aufl., Stuttgart 1993

Walker, Chip, How Strong Is Your Brand, Marketing Tools (January/February 1995), S.46-53

Watzlawick, P./Beavin, J. H./Jackson, D. D., Menschliche Kommunikation, Formen, Störungen, Paradoxien, 7. unveränderte Aufl., Bern 1969

Watzlawick, P./Beavin, J. H./Jackson, D. D., Menschliche Kommunikation. Bern/Stuttgart/Wien 1985

Watzlawick, P./Weakland, J./Fisch, R., Lösungen. Zur Theorie und Praxis menschlichen Wandels, 4. Aufl., Bern 1974

Weiner, B., Motivationspsychologie, 2. Aufl., München 1988

Weiner, B., Human Motivation. Metaphors, Theories and Research, Newbury Park u. a. 1992

Wilkie, W. L., Consumer Behavior, 3rd ed., New York u. a. 1994

Wilkie, William L., Consumer Behavior, 2nd ed., New York: John Wiley & Sons, 1990

Wiswede, Günter, Motivation des Kaufverhaltens, in: Hoyos, Kroeber-Riel u. a., 2. Aufl. 1990

Yovovich, B. G., What is your brand really worth? Adweek's Marketing Week (August 8, 1988)

Yovovich, B. G., Hit and Run. Cadillac's Costly Mistake, Adweek's Marketing Week (August 8, 1988), S. 24

ZAW, Werbung in Deutschland 1997, Bonn 1997

Portal 1: Nutzen und Vorteile

Aronson, E./Turner, J. A./Carlsmith, J. M., Communicator Credibility and Communication Discrepancy as Determinants of Opinion Change, Journal of Abnormal and Social Psychology, 67/1963, S. 31-36

Baseheart, J./Miller, G. R., Source Trustworthiness, Opinionated Statements, and Response to persuasive Communication. Speech Monographs, 1/1969, S. 1-7

Bochner, St./Insko, Ch. A., Communicator Discrepancy, Source Credibility, and Opinion Change. Journal of Personality and Social Psychology, 4/1966, S. 614-621

Burda GmbH (Hg.), Typologie der Wünsche. Strukturen von Zielgruppen und deren Kommunikationsverhalten, Offenburg 1996

Di Vesta, F. J./Merwin, K. W., Complex Learning and Conditioning as a Function of Anxiety, Journal of Experimental Psychology, 45/1953, S. 120-125

Dieterle, G., Die Suche nach verhaltenswirksamen Bildmotiven für eine erlebnisbetonte Werbung, Bd. 34 der Reihe Konsum und Verhalten, Heidelberg 1992

Fine, B. J., Conclusion-drawing, Communicator Credibility, and Anxiety as Factors in Opinion Change, The Journal of Abnormal and Social Psychology, 54/1954, S. 369-374

Goldberg, Marvin E./Hartwick, Jon, The Effects of Advertiser Reputation and Extremity of Advertising Claim on Advertising Effectiveness, Journal of Consumer Research, 17 (September 1990), S. 172-179

Greenberg, B. S./Miller, G. R., The Effects of Low-credible Sources on Message Acceptance. Speech Monographs 33/1966, S. 127-136

Hovland, Carl I./Weiss, Walter, The Influence of Source Credibility on Communication Effectiveness, in: Public Opinion Quarterly, Issue 15, 1951

Janis, Irving L./Feshbach, Seymour, Effects of Fear-Arousing Communications, in: Journal of Abnormal and Social Psychology, Nr. 48, 1953. Auswirkungen angsterregender

Kommunikation, in: Irle (Hg.): Texte aus der experimentellen Sozialpsychologie, 1969

Konert, F.-J., Vermittlung emotionaler Erlebniswerte. Eine Markenstrategie für gesättigte Märkte, Heidelberg, Wien 1986

Kroeber-Riel, Werner, Innere Bilder. Signale für das Kaufverhalten, absatzwirtschaft, 29, Nr. 1, S. 50-57, 1986

Kroeber-Riel, Werner, Erlebnisbetontes Marketing, in: Belz, S. 1137-1151, 1986

Norris, D. G., Ingredient Branding: A Strategy Option with Multiple Beneficiaries, in: Journal of Consumer Marketing, Vol. 9, No. 3, S. 19-31, 1992

Perelman, Ch., Logik und Argumentation (Reihe: Philosophie/Wissenschaftstheorie), Königstein/Ts. 1979

Powell, F. A., Source Credibility and Behavior Compliance as Determinants of Attitude Change, Journal of Personality and Social Psychology, 2/1965, S. 669-676

Ries, Al/Trout, Jack, Positioning: The Battle for Your Mind, New York: McGraw-Hill Book Company, 1985

Scheid, D., Die Verwendung von Angstappellen in der Werbung, Arbeitspapiere des Instituts für Konsum- und Verhaltensforschung im Institut für empirische Wirtschaftsforschung an der Universität des Saarlandes, Heft 24 (Juli 1973)

Schulze, G., Die Erlebnisgesellschaft, Frankfurt/Main, 1992

Silberer, G., Werteforschung und Werteorientierung, Stuttgart 1990

Weinberg, P., Erlebnismarketing, München 1992

Weinberg, P./Gröppel, A., Emotional Benefits in Marketing Communication, in: Irish Marketing Review 4, S. 21-31, 1989

Portal 2: Normen und Werte

Abelson, R. P. u. a. (Hg.), Theories of Cognitive Consistency. A Source Book, Chicago 1968

Argyle, M., Social Pressure in Public and Private Situations, in: JASP 54, 1957

Aronson, E., Sozialpsychologie. Menschliches Verhalten und gesellschaftlicher Einfluß, Heidelberg 1994

Asch, S. E., Effects of Group Pressure upon the Modification and Distortion of Judgement, in: Guetzkow, H. (Hg.): Groups, Leadership, and Men, Pittsburgh 1951

Bruhn, M., Das ökologische Bewußtsein der Konsumenten. Ergebnisse einer Befragung im Zeitvergleich, in: Meffert, H./Wagner, H. (Hg.), Ökologie und Unternehmensführung, Arbeitspapier Nr. 26 der Wissenschaftlichen Gesellschaft für Marketing und Unternehmensführung

Dahlhoff, H.-D., Wertorientierungen von Verbrauchern, in: Haase und Molt, S. 130-152, 1981

Fazio, Russell/Zanna, Mark, Direct Experiences and Attitude Behavior Consistency, in: Advances in Experimental Social Psychology, Vol. 14, Leonard Berkowitz (Hg.) New York: Academic Press, 1981, S. 161-202

Fazio, Russell H./Sanbonmatsu, David M./Powell, Martha C./Kardes, Frank R., On the Automatic Activation of Attitudes, Journal of Personality and Social Psychology, 50 (February 1986), S. 229-238

Festinger, L./Schachter, S./Back, K. W., Social Pressure in Informal Groups, New York 1950

Gergen, K. J./Bauer, R. A., Interactive Effects of Self-esteem and Task Difficulty on Social Psychology, New York 1972

Goldberg, S. C., Three Situational Determinants of Conformity to Social Norms, Journal of Abnormal and Social Psychology, 49/1954, S. 325-329

Haley, J., Die Psychotherapie Milton H. Ericksons, München 1988

Hillmann, K. H., Soziale Bestimmungsgründe des Konsumentenverhaltens, Stuttgart 1971

Hoegl, S., Preisschwellen und Preispolitik, Planung und Analyse 1989, 16, S. 371-376

Höger, A., Der Zusammenhang von Preis und Kaufverhalten, in: Planung und Analyse 19, S. 46-50, 1992

Kiesler, Ch. A., Attraction to the group and conformity of group norms, in: JP 31, 1963

Kiesler, Ch. A., The psychology of commitment, New York/London 1971

Kluckhohn, C., Values and Value-Orientation in the Theory of Action, in: Parsons und Shils, S. 388-433, 1962

Lewin, K., Group Decions and Social Change, in: Maccoby, E. E./Newcomb, T. M./Hartley E. L. (Hg.): Readings in Social Psychology, 3rd ed. New York 1958

Maddocks, M., Conspicuous on-consumption, in: The Christian Science Monitor, March, 19, 1981, S. 22 (zit. nach: American Council on Consumer Interests, Newsletter Vol. 29, No. 5, May 1981)

Mahnkopf, D., Systematische Theorie sozialen Konsumverhaltens, Mainz 1969

Martin, J./Lobb, B./Chapman, G. C./Spillan, R., Obedience under Conditions Demanding Self-Immolation, Human Relations, Volume 29, Number 4, 1976, S. 345-356

Milgram, S., Obedience to Authority, New York 1974

Milgram, S., Behavioral Study of Obedience, J. Abnorm. Soc. Psychol., 67, 1963

Moran, William T., Insights from Pricing Research, in: E. B. Bailey (Hg.), Pricing Practices and Strategies. New York: The Conference Board, 1978, S. 7-13

Pitts, R. E./Woodside, A. G., Personal Values & Consumer Psychology, Lexington 1984

Rokeach, M., Beliefs, Attitudes and Values, San Franciso 1968

Rokeach, M., The Nature of Human Values, New York 1973

Rokeach, M., Understanding Human Values, London/New York 1979

Schürmann, P., Werte und Konsumverhalten, München 1988

Sherif, M., The Psychology of Social Norms, New York 1936

Spieker, H., Gesellschaftliche Bedingungen umweltbewußten

Konsums, Arbeitspapier der Forschungsgruppe Konsum und Verhalten, Paderborn 1990

Steiner, I. D., Reactions to Adverse and Favorable Evaluations of one's self, in: JP 36, 1968

Sternthal, B./Dholakia, R. u. a.,The Persuasive Effect of Source Credibility: Tests of Cognitive Response, Journal of Consumer Research, 4, H. 4, 1978, S. 252-260

Portal 3: Wahrnehmung und Programmierung

Brinton, C., The Lives of Talleyrand, New York, 1936, S. 190

Carpenter, G. S., Perceptual Positioning and Competitive Strategy in a Two-Dimensional, Two-Brand Market, in: Management Science, Vol. 35, No. 9, S. 120-143, 1989

Dieterich, M., Konsument und Gewohnheit, Heidelberg 1986

Eibl-Eibesfeld, I., Der vorprogrammierte Mensch. Das Ererbte als bestimmender Faktor im menschlichen Verhalten, München u. a. 1985

Gorn, G. J./Jacobs, W. J. u. a., Observations on Awareness and Conditioning, in: Wallendorf und Anderson, S. 415-416, 1987

Hoyer, Wayne D./Brown, Steven P., Effects of Brand Awareness on Choice for a Common, Repeat-Purchase Product, Journal of Consumer Research, 17 (September 1990), S. 141-148

Kaas, K.-P./Dietrich, M., Die Entstehung von Kaufgewohnheiten bei Konsumgütern, Marketing-ZFP, 1, H. 1, S. 13-22, 1979

Kahnemann, D./Tverski, A., Rational Choice and the Framing of Decisions, Journal of Business 1986, S. 251-278

Kannacher, V., Habitualisiertes Kaufverhalten von Konsumenten, München 1982

Kebeck, G., Wahrnehmung: Theorien, Methoden und Forschungsergebnisse der Wahrnehmungspsychologie, Weinheim 1994

Mandl, H./Gruber, H., Das träge Wissen, in: Psychologie heute 20, 9, S. 64-69, 1993

Mayer, R. U., Produktpositionierung, Köln 1984

Neumann, P./von Rosenstiel, L., Die Positionierungsforschung für die Werbung, in: Tietz, B. (Hg.), Handbuch der Werbung, Band 1: Rahmenbedingungen, Sachgebiete und Methoden der Kommunikation und Werbung, Landsberg am Lech, S. 767-837, 1981

Produktdifferenzierung durch emotionale Konditionierung, Saarbrücken, Institut für Konsum- und Verhaltensforschung an der Universität des Saarlandes 1978

Roth, G., Das Gehirn und seine Wirklichkeit, Frankfurt/Main 1994

Shimp, T. A., Neo Pavlovian Conditioning and its Implications for Consumer Theory and Research, in: Robertson, T. S. und H. H. Kassarjian (Hg.) Perspectives in Consumer Behavior, Englewood Cliffs, NJ: Prentice-Hall, 1991, S. 162-187

Shimp, T. A./Stuart, E. W., A Program of Classical Conditioning. Experiments Testing Variations in the Conditioned Stimulus and Context, in: Journal of Consumer Research, 18, S. 1-12, 1991

Stuart, E. W./Shimp, T. A., Classical Conditioning of Consumer Attitudes: Four Experiments in an Advertising Context, Journal of Consumer Research, 14, Nr. 3, 1987, S. 334-349

Warner, Fara, P & G. Breaking with Tradition Promotes Products as a Category, Wall Street Journal (April 25, 1995), S. B8

Watzlawick, Paul, Wie wirklich ist die Wirklichkeit? München 1976

Weinberg, P., Habitualisierte Kaufentscheidungen von Konsumenten, Die Betriebswirtschaft, 39, S. 563-571, 1979

Portal 4: Identität und Selbstdarstellung

Adlwarth, Wolfgang, Formen und Bestimmungsgründe presti-
gegeleiteten Konsumverhaltens, München 1983

Baudrillard, Jean, Das andere Selbst, Wien 1987

Bedford, John Herzog von, Book of Snobs, London 1965

Birdwell, A. E., A Study of the Influence of Image Congruence
on Consumer Choice, in: Journal of Business, Vol. 41, 1968,
S. 76-88

Broch, T. C., Communicator-recipient Similarity and Decision
Change, Journal of Personality and Social Psychology,
1/1965, S. 650-654

Byrne, D., The Attraction Paradigm, New York: Academic Press
1971

Cooley, C. H., The Social Self. On the Meaning of »I«, in: Gor-
don, C./Georgen, K. J. (Hg.): The Self in Social Interaction,
New York 1968«

Festinger, L., A Theory of Social Comparison Processes, in:
Human relations, 7, 1954

Goffmann, Erving, Symbols of Class Status, in: British Journal
of Sociology, Vol. 2, 1951

Güttner, Gisela, Identifikationsmodelle und Konsumverhalten,
in: Bergler (Hg.): Marktpsychologie 1972

Hermanns, A., Die Mode-Marke. Zur Anwendbarkeit des
Markenartikelkonzeptes in der Bekleidungsmode, in: Jahrbuch der Absatz- und Verbrauchsforschung, 38. Jg., Nr. 4,
1992

Hoffmann, H.-J., Kleidersprache, Frankfurt u. a. 1985

James, Frank E., I'll Wear the Coke Pants Tonight, They Go
Well With My Harley-Davidson-Ring, Wall Street Journal
(June 6, 1985), Sect. 2, S. 31

Kagan, J., The Concept of Identification, Psychol. 65, 1958

Kreikebaum, H./Rinsche, G., Das Prestigemotiv in Konsum und
Investition, Berlin 1961

Lilli, Waldemar, Die Hypothesentheorie der sozialen Wahrnehmung, in: Frey (Hg.): Kognitive Theorien der Sozialpsychologie, 1978

Mayer, Anneliese/Mayer, Ralf Ulrich, Fach & Wissen: Image-transfer, Hamburg 1987

Mitscherlich, Margarete, Das Ende der Vorbilder. Vom Nutzen und Nachteil der Idealisierung, München 1978

Murray, Henry, Explorations in Personality, Oxford Book Company Inc., New York 1938

Plummer, Joseph T., How Personality Makes a Difference, Journal of Advertising Research, Vol. 24 (December 1984/January 1985), S. 27-31

Ross, I., Self-concept and Brand Preference, in: Journal of Business, 44, 1971, S. 38-50

Schulz, W., Prestige und Konsum, Werbeforschung & Praxis, 4, S. 127-136, 1990

Séguéla, Jacques, Hollywood wäscht weißer. Werbung mit dem Starsystem, Landsberg am Lech 1983

Sieverding, Monika, Attraktion und Partnerwahl. Geschlechtsrollenstereotype bei der Partnerwahl, Report Psychologie, 7/1988

Sirgy, Joseph M., Self Concept in Consumer Behavior: A Critical Review, Journal of Consumer Research, 9 (December 1982), S. 287-300

Solomon, Michael R., The Role of Products as Social Stimuli. A Symbolic Interactionism Perspective, Journal of Consumer Research, 10 (December 1983), S. 319-329

Specht, G., Selbst-Image des Konsumenten und Marketing-Management, in: Hax, K./Pentzlin, I. (Hg.): Instrumente der Unternehmensführung, München 1973, S. 110-128

Veblen, Th., The Theory of the Leisure Class, New York 1899

Watzlawick, Paul, Die Möglichkeit des Andersseins, Stuttgart: Huber, 1977

Portal 5: Emotionen und Liebe

Allen, C. T./Machleit, K. A., On Assessing the Emotionality of Advertising via Izard's Differential Emotions Scales, in: Houston, S. 226-231, 1988

Allen, C. T./Machleit, K. A., A Comparison of Attitudes and Emotions as Predictors of Behavior at Diverse Levels of Behavioral Experience, in: Journal of Consumer Research, Vol. 18, No. 4, 493, 504, 1992

Amelang, Manfred (Hg.), Attraktion und Liebe, Göttingen 1991

Argyle, M., The Psychology of happiness, London: Methuen

Baudrillard, Jean, Von der Verführung, München 1992

Behrens, G., Kommunikative Beeinflussung durch emotionale Werbeinhalte, in: Mazanec, Scheuch, 1984

Bottenberg, E. H., Emotionspsychologie. Ein Beitrag zur empirischen Dimensionierung emotionaler Vorgänge, München 1972

Buck, R., Human Motivation and Emotion, 2. Aufl., New York u. a. 1988

Creel, R. E., Endology: The Science of Happiness, New Ideas in Psychology, 1983

Dichter, Ernest, The Strategy of Desire, New York 1961

Drieseberg, T. J., Lebensstil-Forschung, Heidelberg 1995

Edell, Julie A./Burke, Marian C., The Power of Feelings, Journal of Consumer Research, 14 (1987), S. 421-433

Eibl-Eibesfeld, Irenäus, Liebe und Hass. Zur Naturgeschichte elementarer Verhaltensweisen, München: Piper, 1982

Fellows, E. W., Happiness. A Survey of Research, Journal of Humanistic Psychology, 6, 1966

Fournier, Susan, Understanding Consumer Brand Relationships, Working paper 96-018, Harvard Business School, Harvard University, Cambridge, MA, S. 3

Friedrich, B., Emotionen im Alltag. Versuch einer deskriptiven und funktionalen Analyse, München: Minerva-Publikationen, 1982

Friedstad, M./Thorson, E., Emotion-Eliciting Advertising. Effects on Long Term Memory and Judgement, in: Lutz, S. 111-116, 1986

Fromm, Erich, Die Kunst des Liebens, Frankfurt am Main, Berlin: Ullstein

Gerhards, J., Soziologie der Emotionen, Weinheim u. a. 1988

Heller, Agnes, Theorie der Gefühle, Hamburg: VSA-Verlag, 1980

Holbrook, M. B./Batra, R., Assessing the Role of Emotions As Mediators of Consumer Responses to Advertising, Journal of Consumer Research, 14, S. 404-420, 1987

Izard, Carroll E., Die Emotionen des Menschen. Eine Einführung in die Grundlagen der Emotionspsychologie, 2. Aufl., Weinheim u. a. 1994

Kirchler, E./Hoelzl, E., Vom Austausch zum Altruismus. Profitorientierung versus spontane Angebote in interpersonellen Beziehungen, Gruppendynamik, 26. Jg., Heft 4, 1995, S. 457-465

Kroeber-Riel, Werner, Erotik verführt zum Konsum. Das verfehlte Leitbild der Verbraucheraufklärung, Wirtschaftswoche, 28, S. 50-52, 1974

Luhmann, Niklas, Liebe als Passion, Frankfurt am Main 1982

Moser, Klaus, Sex-Appeal in der Werbung, Göttingen 1997

Murstein, Bernhard I., Theories of Attraction and Love, New York 1971

Plutchik, R., The Emotions, revised Edition, Lanham u. a. 1991

Plutchik, R., The Psychology and Biology of Emotions, New York u. a. 1994

Plutchik, R./Kellerman, H., Emotion. Theory, Research and Experience, Vol. 4: The Measurement of Emotions, San Diego u. a. 1989

Plutchik, Robert/Kellerman, Henry (Hg.), Emotion. Theory, Research and Experience, New York: Academic Press, 1980

Rosenberg, M. J., An Analysis of Affective-Cognitive Consistency, in: Rosenberg, M.J. u. a.: Attitude Organization and Change, New Haven 1960

Scherer, Klaus R., On the Nature and Function of Emotion. A Component Process Approach, in: Scherer, Klaus R.: Vocal

Affect Expression. A Review and an Model for Future Research, Psychological Bulletin, 99, 1986, in: Scherer &
Schneider, Funkkolleg, Studienbegleitbrief

Schmidt-Atzert, L., Emotionspsychologie, Stuttgart u. a., Neu-
auflage in Vorbereitung, 1981

Schneider, K./Dittrich, W., Evolution und Funktion von Emotionen, in: Scherer, 1990, S. 41-114

Stemmler, G., Psychophysiologische Emotionsmuster, Frank-
furt/M., Berlin, New York, Nancy: Lang 1984

Stendahl, Über die Liebe, Baden-Baden 1994

Ulich, D., Das Gefühl. Eine Einführung in die Emotionspsychologie, 2. Aufl., München u. a. 1989

Ulich, D./Mayring, P., Psychologie der Emotionen, Stuttgart
1992

Volpert, W., Zauberlehrlinge. Die gefährliche Liebe zum Computer, München: dtv, 1988

Personen- und Sachregister